革命イランの教科書メディア

革命イランの教科書メディア

イスラームとナショナリズムの相剋

桜井啓子著

岩波書店

まえがき

「知は力なり」。これは、パフラヴィー朝(一九二五〜七九年)時代の国定教科書の表紙に刻まれた標語である。一九七九年のイスラーム革命を境にこの標語が変わった。新しい標語となったのは、「教育は信仰なり」である。信仰とは、いうまでもなくイスラームへの信仰を指す。

この二つの標語は、パフラヴィー朝とイスラーム共和国(一九七九年〜　)という二つの体制の教育に対する姿勢を象徴している。パフラヴィー朝時代の標語の出典である『シャー・ナーメ(王書)[1]』は、神話王朝にはじまるイランの建国から、アラブの侵入によってサーサーン朝ペルシアが滅亡するまで歴代五〇人の王の治世を詠った壮大な民族叙事詩である。ロスタムをはじめ、この作品に登場する王者や勇者たちは、ペルシア民族の英雄であり、模範である。さらに、そこに綴られたペルシア語は、イランがイスラーム化する過程で、混入していったアラビア語彙を極力排した純粋ペルシア語の手本とみなされてきた。パフラヴィー朝時代にペルシアの代表的文化遺産に位置づけられた『シャー・ナーメ』は、王権崇拝や民族的自尊心、愛国心を学習するための最良の教材として、教科書に頻繁に引用されてきた。

パフラヴィー朝時代の教育政策は、ペルシア民族の英知を絶賛する一方で、多くのイラン人が拠り所とするイスラームに対しては最小の評価しか与えなかった。そのために何百年もの間、マドラサの名で知られる神学校[2]を拠点にイスラーム諸学の研究と教育活動に携わってきたウラマー(イスラームの諸学を修めた学者たち)の反発を招いた。イスラーム革命によって王制を倒し、国家権力を奪取したイスラーム法学者たちが、文化のイスラーム化を最優先課題としてきたのは、このようなパフラヴィー朝のイスラーム軽視の姿勢を戒めるためである。新政権はイスラームを復権させるとともに、パフラヴィー朝時代に鼓舞されたペルシア・ナショナリズムを否定し、これを支えるために頻繁に引用されてきた作品を教材から排除した。当然のことながらフェルドウスィーの名も『シャー・ナーメ』も教科書から姿を消した。

こうして二〇世紀初頭まで共存してきたペルシアの民族伝統とイスラームという普遍的な宗教伝統は、近代国家の形成を目指す二つの体制下で、拮抗や対立を強いられてきた。教科書の表紙に刻まれた二つの標語は、それを象徴している。

しかし、このような対立の構図が、一九八八年のイラン＝イラク戦争の停戦、一九八九年のホメイニーの他界を経て、一九九〇年代に入る頃から微妙に変化し始める。一九八八年頃から専門家による社会科教科書の再検討が公に議論されはじめ、一九九三年頃には新版の教科書が出版されるようになった。この改訂で最も注目に値するのは、フェルドウスィーの復活である。『シャー・ナーメ』は民族の偉大なる文化遺産として再び教科書に引用されるようになった。パフラヴィー朝が始まって以来、対立を余儀なくされてきたイスラームとナショナリズムの新たな共存が模索されはじめたのである。

ところで、このように国定教科書が、国民の共有する知の在り方を決定づける重要な役割を担うようになったのは、一九六三年、王制時代の内閣が国定化決議を承認してからのことで、この決議後、ただちに教育省の管理下に国定教科書の編集が開始された。以後、初等、中等教育機関で使用する国定教科書が順次発行され、全国一律にその使用が義務化されていった。このような状態は、一九七九年の革命で王制が廃止され、イスラーム共和制になってからも変わっていない。つまり一九六三年以降、「何を教えるか」あるいは「何を教えないか」という教育内容の選択は、一貫して教育省に委ねられてきた。これらのことから、国定教科書を、国の文化政策の根幹を担う「国家的メディア」とみなすことができるであろう。

本書は、一九六三年の国定化以降、「国家的メディア」としての性格を強めていったイランの教科書を制度と内容の両面から分析したものである。第一章では、「教科書」というメディアの特質を論じながら、本書の視点を明らかにしている。第二章では、イランの教育史のなかで、国定教科書制度の成立と発達の過程を位置づけている。第三章から第五章では、教科書が国定化された一九六三年から革命で王制が崩壊するまでの時期に使用されていた教科書と一九七九年の革命から後一〇年余り使用されてきた教科書内容を国家権威、共同体像、服従の形態という三つの視点から分析している。第六章では、ポスト・ホメイニー期の到来とともに芽生えた一九九〇年代の新しい傾向について検討し、第七章で本書の分析を包括する。

(1) フィルドゥスィー著、黒柳恒男訳『王書』(平凡社、一九九四年)四三九頁。
(2) 現在、イランでは、「マドラサ」という呼称は、公立学校を含む学校全般に適用されるために、神学校に対しては、「ホウゼエ・エルミーエ」(houze-ye ʻelmīye)という呼称を使用することが多い。

目　次

第六章 ポスト・ホメイニー時代

イラン暦，皇帝暦について

イラン暦(ヒジュラ太陽暦)は，預言者モハンマドが聖遷(ヒジュラ)を実行した西暦622年の春分(3月21日)を元旦とする暦であり，以下のような12の月から成る．

イラン暦を西暦に換算する場合は，ファルヴァルディーン月からデイ月10日頃までは，621年を足し，デイ月11日頃からエスファンド月までは，622年を足す．したがって，年月日の全情報が記載されている場合にだけ，正確に西暦に換算することができる．また，教科書の出版年に関しては，煩雑さを避けるために年度で表示した．

皇帝暦は，アケメネス朝のキュロス大王の即位年(西暦紀元前559年)の春分を元旦とする太陽暦で，1976年3月14日から1978年8月27日の間，公式に採用されていた．皇帝暦2535年＝イラン暦1354年＝西暦1976/77年

イラン暦の月名

1月	farvardīn	3月21日～4月20日	31日
2月	ordībehesht	4月21日～5月21日	31日
3月	khordād	5月22日～6月21日	31日
4月	tīr	6月22日～7月22日	31日
5月	mordād	7月23日～8月22日	31日
6月	shahrīvar	8月23日～9月22日	31日
7月	mehr	9月23日～10月22日	30日
8月	ābān	10月23日～11月21日	30日
9月	āẕar	11月22日～12月21日	30日
10月	dey	12月22日～1月20日	30日
11月	bahman	1月21日～2月19日	30日
12月	esfand	2月20日～3月20日	29日

第一章　教科書の社会学的考察

一　教科書への視点

1　イランの国定教科書

一九七九年のイスラーム革命によってイランでは、親米的なパフラヴィー朝が倒れ、イスラーム法学者の統治するイスラーム共和国が誕生した。(1)近代化を志向していた国王のモハンマド・レザー・シャーに代わってイラン政治の表舞台に登場したアーヤトッラー・ホメイニーは、狂信と反動の権化とみなされ、彼を最高指導者とするイスラーム共和国は、西側の論理とは相容れない「イスラーム原理主義」国家イメージの原型となってきた。このようなイラン・イメージは、ホメイニーをはじめとするウラマーたちによる政権運営や国際社会に対する挑戦的な発言、ヴェールに身を隠したイラン女性たちの姿やイスラームの戒律に従った人々の生活風景などの映像に依拠しつつ、形成されてきたものである。このようなイメージは、イスラーム革命から二〇年近く経過した現在でも、さほど変化していない。しかし、現実のイランは、「イスラーム原理主義」国家というレッテルだけでは捉えることのできない多様な側面を持っているばかりでなく、歳月を経るなかで、それなりの変化を遂げている。

本書は、教科書が国定化された一九六三年から革命でパフラヴィー朝が崩壊するまでの王制期、一九七九年のイスラーム共和国の成立からホメイニーの死に至る一九八〇年代末頃までの革命期、ポスト・ホメイニー時代が到来する一九九〇年代という三つの時代に、イランの公教育における「主たる教材」である国定教科書がどのように発行されてきたのか、またこの時代の政治変動が教科書のなかでどのように描かれ、説明されてきたのかを、小学校(dabestān)および中学校に相当するガイダンス課程(doure-ye rāhnamāʾī-ye taḥṣīlī)の国語、社会、宗教の教科書を中心に、一部、高校(dabīrestān)の国語、社会の教科書等も加えて分析したものである。国語、社会、宗教といった人文系教科書を分析の中心に据えたのは、政治や社会の変化が最も強く反映されているからである。また表1-1に示したように、これらの教科は学習全体から見てかなり高い比重を与えられてきたことがわかる。

ところで本書が国定教科書という素材に着目した第一の理由は、イスラーム革命やホメイニーの死など、政治的な枠組みに大きな変化が生じるたびに教科書が改訂され、加筆修正がおこなわれてきたからである。イランでは、王制期の一九六三年に内閣で教科書の国定化が承認されて以来、初等教育から中等教育終了に至るまでの全課程・全教科の教科書が国定化され、公立・私立を問わず、全国一律にその使用が義務づけられてきた。つまり一九六三年以降、国定教科書の学習は、全国の若年層の「共通体験」となったのである。次代を担う若年層の「共通体験」としての教科書学習の内容に生じた変化は、イラン社会の変動を理解するためには、ぜひとも視野に含めたいものの一つであると考えた。

第二に、革命から二〇年近い歳月が経過するなかで、すでに相当量のイラン研究が蓄積されてきている。専門性の高い研究の場合には、ペルシア語の新聞、雑誌、書籍、あるいはテレビ、ラジオなども検討対象に加え、多面的なイラン像の抽出が試みられており、その成果はイスラーム革命を射程に入れた政治分析から経済、社会、思想、文化に至るまで多様な領域で積み重ねられてきた。しかし、これらの研究によっても、まだ十分に明らかになっていないものがあるとすれば、それは革命によって変化したであろう国家の姿が国民にどのように伝えられ、あるいは説明されてきたのかという点であると思われる。

パフラヴィー朝時代の一九六三年にはじまる「白色革命」、一九七九年のイラン・イスラーム革命、一九八〇年

表 1-1　パフラヴィー朝期，イスラーム共和国における教科別授業時間数

パフラヴィー朝期　小学校の授業時間数(週あたり)

	第1学年	第2学年	第3学年	第4学年	第5学年
宗教・道徳	2	2	3	3	3
ペルシア語	12	12	9	9	8
算　数	3	3	4	4	5
理科・保健	2	2	3	3	3
社　会	2	2	3	3	3
図画・工作	5	5	4	4	4
体育・音楽	2	2	2	2	2
計	28	28	28	28	28

イスラーム共和国　小学校の授業時間数(週あたり)

	第1学年	第2学年	第3学年	第4学年	第5学年
コーラン	-	-	2	2	2
宗教・道徳	-	3	3	3	3
ペルシア語	12	9	9	8	8
算　数	5	5	5	5	5
理科・保健	3	3	3	3	3
社　会	-	-	2	3	3
図　画	2	2	1	1	1
習　字	-	-	1	1	1
体　育	2	2	2	2	2
計	24	24	28	28	28

パフラヴィー朝期　ガイダンス課程の授業時間数(週あたり)

	第1学年	第2学年	第3学年
宗教・道徳	3	3	3
国語・文学	6	5	5
科　学	5	5	5
職業準備教育	4	4	4
数　学	5	5	5
アラビア語	-	1	1
社会科学	3	3	3
外国語	4	4	4
体育・安全教育	2	2	2
芸　術	2	2	2
計	34	34	34

イスラーム共和国　ガイダンス課程の授業時間数(週あたり)

	第1学年	第2学年	第3学年
コーラン	2	2	2
宗教・道徳	3	3	3
アラビア語	2	2	2
社　会	1	1	1
歴史・地理	3	3	3
国語・文学	5	5	5
外国語	3	3	3
数　学	5	5	5
科　学	5	5	5
芸　術	1	1	1
職業・技術教育	4	4	4
体　育	2	2	2
計	36	36	36

出典：パフラヴィー朝期のものは，文部省・外務省両省派遣アジア教育協力調査団報告書『イランの教育』昭和48年10月，pp. 31-32. 小学校の時間数は1969年以降のもの．ガイダンス課程の時間数は，明記されていないが1972年調査時のもの．イスラーム共和国のものは，Ministry of Education, *Educational System of the Islamic Republic of Iran*, 1985, pp. 31-32.

から八八年まで続いたイラン＝イラク戦争という激動と混乱の時代に、一般の人々は、どのような国家像を与えられ、またそのなかでどのような役割を期待されてきたのであろうか。本書では公教育における「主たる教材」として、王制時代から今日に至るまで国民と支配者との関係、国家に対する国民の義務を明確に描き続けてきた国定教科書の記述を手がかりにこの問題を探ろうと試みた。

第三に、革命後に実施された大がかりな教科書改訂を契機に、教科書内容の分析を含む教科書研究の成果が少しずつ公表されている。しかしながら、これらの研究には、国定教科書を支えている制度的な側面に対する分析が欠落していること、さらには、教科書というメディアとそれ以外の出版物との本質的な相違を考慮したうえで記述内容が評価されていないなどの傾向がみられる。

特に、教科書は、将来を担う児童や若者に対して、国家が組織的に情報を提供する特殊なメディアであることから、そこには他のメディアにはみられない目的や制約が存在する。したがって、教科書が有するさまざまな特性、教科書という形態のメディアを生み出した歴史的な背景、さらにはそれが、世界的に普及するに至った過程などを考慮したうえで、イランの教科書を分析する必要があろう。そうすることで教科書に着目する意味がより鮮明になると考えたからである。

2　教科書の一般的特性

教科書の内容を分析するという研究のスタイルは、かなり一般的なものであるが、これまで教科書に記載されている事柄や記述の仕方が論じられる場合に、必ずしも教科書の特性が十分に配慮されてきたとはいいがたい。しかし、教科書の記述は、他のメディアには要求されない教科書固有の役割に基づいて取捨選択されていることから、この点への配慮が必要であろう。

まず始めに、ここではイランにおける教科書の発達とそれが果たしてきた役割を考察する前提として、われわれが一般に「教科書」と呼んでいるメディアに共通する特性、特に教科書の普及を促した歴史的諸要因、公教育のなかで教科書が果たしてきた役割を確認しておきたい。

現在、世界各国で使用されている教科書は、活字によって印刷されたものである。活字の普及は、いうまでもなく近代産業の発達によって実現したものであり、それまでの口頭文化や手書き文化に代わる新しいメディアとして登場した。活字を媒体とするメッセージの伝達は、口頭によるものとは異なった作用を及ぼすことは、多くの研究者によって指摘されている。オングによれば、活字が一般化するまで人々の知的世界を支配していたのは、聴覚であり、西洋の手書き文化も常に聴覚の文化すなわち口頭文化と境界を接していた。換言すれば、手書きのテキストは、一人で読む時にさえ音読されていたことから、人々の思考と表現の世界は聴覚によって支えられていたといえる。

ところが、印刷の発達によって、人々は、視覚への依存を深めることになる。印刷がもたらした影響は、声の文化に基づく修辞学を教育の中心から追放し、かわって数学的な分析、作図や図表の利用を通じて、知識の計量化を促進した。また、印刷は、辞書を生み出し、言語の本質はテキストにあるという言語感覚を強化した(2)。マクルーハンは、印刷された言葉が人々に与える数々の影響について指摘しているが、そのなかで本書の関心からみて特に重要なのは、活字のもつ画一性と反復性である。画一的なイメージの反復を可能にする技術である活字の普及は、さまざまな地域の均質化を通して、国家主義、産業主義、マス市場、識字教育といった近代世界の特徴を推進していった(3)。民族の言葉は、活字という形で視覚化されることによってはじめて、ナショナリズムの波及拡散を促した(4)。

このような特徴をもつ活字文化は、出版を支える近代産業の発達と、印刷物を消費する識字人口によって支えられているが、イランを含む発展途上国では、出版を支える産業基盤が脆弱であったり、出版物を消費する識字人口が限られている。さらに、手書きから活字へ、活字から電子メディアへと段階をおって新しいメディアが導入された西洋社会と異なり、未だに圧倒的な非識字人口を抱える途上国社会では、活字メディアの普及に先駆けて、テレビやラジオなどの浸透がみられる。このような状況のなかで、教科書は、国家規模で組織的に配給されている特殊な活字メディアである。さらに教科書は、一般書籍や新聞、雑誌などの活字メディアとは異なった数々の特徴を持っている。次にこの点を確認することにしたい。

教科書と一般の書籍とを区別するものは何か。片岡徳雄は、教科書を次のように定義している。

「計画的な教育活動のおこなわれているあらゆる領域において用いられる、カリキュラム(教育課程)上の具体的な教材を組織的に配列した、学習者用図書である。ただし、近代国家においては、教科書は国家からある種の規制を受ける場合がある(5)」。

教科書と一般図書との相違を形式、内容、執筆・使用方法、役割から整理すると、概ね次のようになる。

まずはじめに、教科書の形式や内容選択の特徴として計画性、組織性、持続性を指摘することができる。教科書は、学年ごと、教科ごとに計画的、段階的に執筆された教授ならびに学習のための書物である。教科書は、情報源であるとともに、情報やデータ間の関係(6)、さまざまな知識の体系や法則などを解説する。また、設問を通して学習方法や問題の解決、応用方法も教える。教科書は、読み物、問題集、解説書、辞典、資料集のいずれでもなく、極めて特殊な構成をもっている。

第二に、教科書は執筆過程においても、他の書籍には見られない特徴をもつ。通常、教科書は、教育省や教育委員会などの公的機関が定めたガイドラインにしたがって複数の専門家が作成する。著名な学者が執筆者や編者として名を連ねることが多いが、彼らが何を担当し、またどの程度関与したのかは明らかにされない。教科書の文体や内容は、編集の過程で統一されるために、個々の執筆者の個性や学問的な見解の痕跡を見出すことは困難である。

したがって、教科書は、書き手の顔が見えない書物といえる。

第三に、教科書は一般に、有償、無償にかかわらず学校から配付ないし指定され、その使用が義務づけられている。国定教科書の場合には、全国で同一の教科書が使用される。教科書に対する規制が緩やかであったり、副教材の導入に熱心な国でも、依然として教科書は、教室における「主たる教材」として、概ね使用が義務づけられている。(7)

第四に教科書には、一般の書物にはない強制力が存在する。教育に従事する教師という職業が、しばしば「聖職」とよばれるように、教育活動を本質的に善であるとする価値観は広く浸透している。このような教育観は、教科書に対する批判を牽制する傾向に作用する。教科書の説明や情報に対する専門家や圧力団体の批判は、通常は教室にまで持ち込まれることはない。教科書に記された規範や価値観に対して疑問を挟むことは歓迎されないばかりか、時に非常な危険を伴うことさえある。なぜならば、教科書の背後には、何らかのかたちで教科書を管理する公的機関が存在しているからである。

第五に、教科書には、反復性という特徴がある。教科書は、学年に応じて平易な説明からより複雑な説明へと表現を変えながら、同じテーマを繰り返し扱う傾向があるが、暗記学習の伝統が強い場合には、反復性はより強化される。(8)

第六に、テレビ、ラジオ、新聞、雑誌、書籍などのメディアを通じた情報伝達は、発信者が受信者に向けて直接に、また一方的になされる。これに対して、教科書の情報は、教師に媒介されて受信者である生徒に届けられる。その際、教師は、解説を加えたり、暗記を要求することで、生徒の理解や記憶を促進させようとする。

第七に、教科書以外のメディアを通じた情報の取得は、個人の選択に依っているために、年齢、階層、性別などのばらつきが生じる。これに対して教科書の使用は、年齢、性別、階層、地域の別なく全国の子どもたちに強制されているために、人々に選択の余地はない。

第八に、書籍、雑誌、新聞など教科書以外の活字メディアの普及率が低いほど、子どもたちが接する活字メディアのなかに占める教科書の割合は高くなる。本書の分析の対象となるイランは、書籍の普及率そのものが低いうえに、公共図書館などの数も限られているために[9]、教科書は子どもたちが触れることのできる数少ない活字メディアとなる。さらに教科書を含む、書籍一般に対する国家の統制・管理が厳しいために、補助教材や児童用図書も教育省や関連諸機関の管理下にあって、概ね教科書と見解を同じくしていることから、教科書を通じて伝達される価値を補強する可能性が高い[10]。

第九に、教科書以外のメディアは、児童向けに特別に編集された例外的なものを除けば、大半が成人を対象としたものである。これらのメディアは、娯楽、教養、ニュース等、内容や形式は多岐に及ぶが、比較的短期的な効果を狙ったものである。これに対して、若年層を対象とした教科書は、長期的な視野から次代の担い手の人格形成に影響を与えることを目標としている。

これらは、世界中の学校で現在使用されている教科書に当てはまる一般的な特徴であるが、教科書そのものは、次に述べるように西洋近代という特殊な歴史的環境の産物なのである。

3　教科書の歴史

教科書の特性を知るためには、教科書という形態の出版物を生み出した歴史的な背景についても言及する必要があろう。今日、教科書は学校教育における不可欠な教材として世界中に浸透している。しかしながら、このような教科書中心の教育は、それほど長い歴史をもっているわけではない。また教科書は、はじめから現代のような国家の管理するテキストでもなかった。教育という営みは人間の歴史とともに始まったと考えられているが、そのほとんどは文字を介さないものであった。[11] もちろん、近代的な学校制度が確立される以前にも、文字の習得を目的とする学習機関がなかったわけではない。[12] これらの教育機関では多様な形態の書籍が、教材として使用されてきたが、それらは、教育目標や学習者のレベルに応じて組織的・意図的に編纂された教授用図書ではなく、内容、知識の配列、発行形態のいずれにおいても私たちが現在、学校で使用している教科書とは、非常に異なったものであった。

一五世紀半ば、ヨーロッパでは、製紙技術と活版印刷技術の発展がもたらした印刷革命により、手書き本に代わって、印刷本が大量に出版されるようになり、[13] それとともに今日、我々が、教科書と呼ぶような形態の印刷物の原型[14]ができあがった。教育の世界では、口述中心の教育から活字を媒介とする教育が浸透したことや教育の担い手が教会から世俗の学校へ移っていったことにより、教育目的や教育方法にも変化がみられるようになった。挿絵や図式を盛り込み、教材配列によって近代教科書の原型を作ったとされるコメニウス(一五九二〜一六七〇年)の『世界図絵』が誕生したのは、一六五八年である。[15] 活字による新しい形態の教科書は、一九世紀後半から二〇世紀にかけてヨーロッパで確立されていった国民教育制度を支える基礎的教材として普及した。教科書内容も組織的なカリキュラム[16]に基づいて編纂されるようになり、国民の均質化や統合の促進に重要な役割を果たすことになる。

公教育制度の確立によって、人々の教育を受ける権利が、国家によって保障されるようになるが、それは同時に、教育を国家に委ねることでもあった。そして、近代国家の枠組みのなかで発達してきた公教育は、その枠組みを維持し発展させることを教育目標とするようになる。そのために公教育の教材として開発されてきた教科書には、国家への忠誠心、国民としての自覚、国民相互の連帯意識の育成といった事柄が重要な教育課題として取り込まれてきた。教科書は、子どもたちが国家という抽象的な枠組みを理解したり、国家を権威あるものとして認識するような教材を積極的に取り入れてきたことで必然的に「国家的メディア」としての性格を強めていった。

教科書は、国家統合を促進するうえでも重要な役割を担ってきた。どの国の教科書にも、「私たちの国」「私たちの土地」「私たちの祖先」「私たちの歴史」「私たちの文化」などという表現が頻出する。この「私たち」という集団の創出に重要な役割を果たすのが国語教育であり、歴史教育である。「私たち」という表現は、人々をまとめるための表現であるが、それは同時に「私たち」と呼べない人々を排除する表現でもある。国家という枠組みのなかで発達してきた公教育は、国境によって「私たち」とそれ以外の集団を区別してきた。

教科書は、近代国家を支える産業社会とも密接な関係にあり、教師の授業内容、水準、進行速度を拘束することによって、教育内容を均質化しながら、全体として教育水準の向上に寄与してきたとされる。[17] 教科書の普及による教育内容の均質化は、やや逆説的に聞こえるが、生徒の差異化のためにも重要な役割を担ってきた。全国の同年齢の生徒が、同じ水準の教科書を学ぶという条件が整うことによって、はじめて平等な競争がおこなわれたと主張することができる。生徒は、試験によって学習成果を測定され、その結果は、得点として数量化されて、ランク付けされる。学校での成績は、最終的には卒業、進学の可否を左右し、職業を獲得する際に最も重要な評価基準となる。科学技術の進歩は、高度に専門分化した職業構造を作り出した。学歴と職業の関係はますます密接となり、学歴の高低はそのまま職業を中心とする階層構造に反映されるようになった。このような現象は先進国に限らず、途上国にもみられ、各国で学歴競争を激化させてきた。義務教育終了後の進学希望者数は、イランを含め世界的な規模で増加の一途を辿っている。[18] 公教育は、国家規模で学歴に基づく人材配置システムを作り上げることによって、近代産業社会を支えてきたのである。

4　発展途上国の教科書出版

公教育制度が近代西洋の産物であるように、教科書を中心とする教授方法もまた近代西洋において考案され、高度な印刷・製本技術と経済力に支えられて普及してきたものである。この近代西洋で発達した教育のスタイルは、やがて列強の植民地となったアジア＝アフリカ諸国にも、導入されることになる。宗主国となった国々は、植民地行政を末端で支える現地エリートを育成するために、現地に学校を設立し、宗主国の言語による教育をおこなってきた。宗主国の持ち込んだ教科書の内容は、植民地となった現地の実情とはかけ離れたものであった。一九世紀、西洋社会で発達した公教育が、国民の教育水準を向上させるとともに国内の統合に寄与してきたのとは反対に、植民地に導入された学校は、一握りの西洋化された特権集団を作り出し、エリートと民衆の格差を増大させた。植民地とならなかったイランの場合にも、西洋型の近代学校を導入する際に、西洋の教科書がそのまま、あるいは翻訳されて使用された。

第二次世界大戦後、アジア＝アフリカ諸国は、長い植民地支配から解放され、独立を達成した。しかし、宗主国からの政治的な独立は、経済的、文化的な独立を保障するものではなく、独立国家の運営に多くの課題を背負うことになった。官僚はもとより、発展の担い手となる技術者や熟練労働者を育成するために、植民地時代に宗主国によって導入された教育制度や教育内容を、途上国の実情に沿うものに変革する必要があった。独立運動を通じてナショナリズムが高揚し、文化的な自律が希求されるなかで、自国の執筆者による現地語の教科書出版に着手する途上国が見られるようになった。特に、一九六〇年代頃から途上国全般で、エリートの養成を優先する高等教育偏重型の少数精鋭教育から、就学児童数の増大を目標とする初等教育優先の教育政策への転換がみられ、それにともなって、国産の教科書を開発しようとする動きが活発化した。質のうえでは輸入教科書の方が格段にすぐれてはいたが、登場人物の名前や生活習慣が西洋のものであったり、途上国の現状が反映されていないなど、国民の基礎教育をおこなうのに不適切とみなされたからである。

このような流れのなかで、教科書の国内生産を奨励する途上国が増えていったが、それにともなって教科書出版に必要な人材、技術、財源、流通システム等において途上国が抱えている問題も明らかになった。教科書を出版するためには、執筆者の他にも、挿絵画家、編集者、印刷や製本の技術者などの人材が必要となるだけでなく、教科書の印刷や製本を大量に処理できる工場が運営できなければならない。さらに、これらの前提には教科書を印刷する用紙の確保がある。現在、印刷用紙の八〇%が先進国で生産されているために、多くの途上国が印刷用紙の大半を輸入に頼っている。しかし、外貨不足から紙の購入が滞ることも多く、慢性的紙不足に悩まされている国も少ない。[19]

教科書出版を軌道にのせるうえで多くの困難に直面してきた途上国は、教科書水準の向上と慢性的教科書不足を解決するために、輸入と国産という二つの選択肢の間を揺れ動いてきた。輸入の利点は、なんといっても欧米で開発された最先端の教科書を手に入れることができる点にある。特に植民地時代に英語やフランス語を教育言語としていた国では、翻訳の必要もない。また、国内の教科書市場が小さい国では、多大な投資をして国内で出版するよりも経済的であることが多い。さらに、旧植民地への教科書の輸出によって利益を得てきた多国籍出版社は、市場を維持するために、近年、先進国向けに作成した教科書を輸出するのではなく、各国の要望を反映させた教科書の開発を試みたり、現地に子会社を設立し、現地の専門家の協力を得て、教科書出版をおこなうなどの戦略を採ることで、現地の要求を積極的に取り入れる姿勢を示してきた。[20]

その一方で、稀少な外貨を教科書購入に投入しなければならないこと、先進国への依存を増大させること、自国の現状が教科書に十分に反映されないこと、国内の出版産業の発展を阻害することなどの欠点があるために、国産の教科書出版を望む国が増えている。この方法の利点は、教科書にナショナルな価値を盛り込んだり、自国の現状に即した内容編成ができるところにある。しかし、現実には、教科書の執筆、編集を担当する専門家の不足や時代遅れの印刷設備などの問題を抱えているために国際的な水準からみて必ずしも満足な教科書作りができないという難点がある。

教科書を輸入する場合にも、国内で出版する場合にも必要なのが、教科書配付制度の確立である。教科書を配付するための交通網の整備、教科書を保管するための倉庫、これらを管理するスタッフが必要となる。また、教科書をすべての生徒に配付するためには、無償給付ないし貸与制を採用するか、非常に廉価で販売しなければならない。そのためには、どうしても政府主導の教科書制度を確立する必要がある。限られたエリートのみが学校に通っていた時代には、民間の出版会社が、他の書籍と同様に教科書を出版することが多かった。しかし、公教育制度の導入を契機に、教科書需要が飛躍的に増大したために公的機関による教科書管理の必要性が強く認識されるようになった。教科書に政府が介入することの利点は、教科書の輸入費用ないしは出版経費の一部ないし全部を国家予算で補塡することができる点にある。政府は、教科書価格をできるかぎり押さえるために、教科書の印刷に必要な用紙の輸入関税率を引き下げたり、執筆者に対する著作権使用料の支払を軽減するために原稿を買い上げたり、政府雇用の執筆者を採用するなどの措置を採ることができる。(21)

しかし、このような政府主導の教科書出版に対しては通常、民間の教科書会社が激しく抵抗する。安定した市場をもつ教科書出版事業から締め出されることによって、民間出版会社の活力が減退し、出版事業全般が低迷するからである。また、政府主導による教科書出版が実現すると、当然のことながら教科書内容に対する国家管理も強化されることから、教育内容の画一化、政治的な偏向などの問題が出現する。

多くの問題を抱える途上国に対して、世界銀行は積極的な援助をおこなってきた。(22)世界銀行の教科書出版に対する援助は、一九六〇年代に始まり、教育開発援助費全体に占める教科書出版援助費の割合は、一九七四年以前は六%であったのが、一九八三年には四三%にも上昇している。

世界銀行は、一九六五年から八三年までに四八件の教科書出版プロジェクトを手掛けた。その多くは、カリキュラムの作成、編集、出版、配付などのいずれかを対象とする援助であったが、インドネシアとフィリピンでは、教科書編集から配付に至るまでを対象とする包括的な教科書開発プロジェクトが実施された。世界銀行の援助は、資金提供にとどまらず、教科書出版を軌道に乗せ、制度化させるために出版プロジェクトそのものを指導する。専門家の派遣をはじめ、現地スタッフの教育、教科書作成への助言などその活動は多岐に及ぶ。途上国の教科書出版が直面している数々の問題の背景には、上述のような経済的・技術的な南北格差に加え、学校教育におけるカリキュラムの流れそのものをリードしている欧米と、それを受け入れざるをえない状況にある途上国の間に知識や情報の格差も存在している。

二　教科書の研究

1　教科書研究の対象

本書の分析視点について説明する前に、すでに膨大な蓄積のある教科書研究の視点や方法をごく簡単に紹介したい。教科書研究の主要な対象は、(一)教科書内容、(二)教科書制度、(三)教科書の影響力、の三つに分類できるが、実際の研究は、二つないし三つの領域にまたがっている場合が多い[23]。また、四番目として、国際的な視野からみた教科書出版をめぐる諸問題、特に先進国と途上国間の南北問題や国際機関による途上国支援の問題などを加えることができるであろう。

教科書研究のなかで最も一般的なのが、第一の教科書内容に関する研究であろう。教科書内容の分析にもさまざまなスタイルがある。教科書内容の歴史的な変遷を扱ったもの[24]、教科書のなかの特定の項目を対象とする項目別内容分析[25]、諸外国の教科書を相互に比較する国際比較研究[26]、教科書知識のイデオロギー性の解明を目的とする研究、教科書の記述からその社会の価値体系や信条体系に接近しようとするもの[27]など、が代表的なスタイルといえよう。

分析の対象となるのは、使用される単語の頻度であったり、[28] 掲載されている文章の構造、[29] あるいは、教科書に採用されている教材の種類や性格、掲載されている挿絵や写真、教材の配列など、多岐に及ぶ。

第二の教科書制度とは、教科書の発行と採択を管理する制度を指す。公的機関がこの制度に介入する程度や方法は、国や地方自治体によって異なる。国家が排他的に管理しているのが国定教科書である。国定教科書の場合、国家の利益を優先したかたちでの内容選択が、教育の国家統制の問題として研究されてきた。民間の出版社が作成した教科書の草稿を公的機関が審査し、適格とされたものだけを教科書として発行することを許可するのが検定制度である。検定制度の場合には、複数の教科書の存在は認められるものの、検定の在り方しだいで、国定教科書と同様に国家目標に忠実な内容となるために、検定基準や検定方法などが問題となってきた。

検定制度にみられるような内容規制はおこなわず、発行されている教科書のなかから公的機関が教科書として適当なものを選んで、そのリストを公表し、各学校がそのなかから採択するのが認定制度である。最後に、公的機関が一切、関与しないのが、自由発行・自由採択制である。認定制度や自由発行・自由採択制の場合には、私企業である教科書会社の存在が重要な意味をもつ。教科書会社は、さまざまな利益団体、市民団体、宗教団体などの圧力を受けながら、最大の利潤を追求する。[30] このような状況のなかで教科書内容がどのような基準で取捨選択されているのかが主要な関心事となっている。

第三の教科書の影響についての研究は、教室での教科書の使用方法や学習者が教科書内容をどのように受け止めたかなどを問題とする。教科書制度や教科書内容の分析が、主に教科書を準備し、これを生徒に提供する側の在り方を問題としているのに対して、これらの研究は、教師と生徒の相互作用のなかで実際に教科書がどのように使われているかなど、教科書利用の実態ならびに教科書学習の影響に関心が向けられている。このような視点からの研究を進めていくためには、アンケート調査や教育現場での参与観察など、方法的な模索も必要となる。

第四の研究は、教科書出版をめぐる先進国と途上国の関係や国際的機関による教科書出版援助等を扱ったものである。戦後、急速に教育人口が増大した発展途上国は、短期間に莫大な数の教科書を準備する必要に迫られた。しかし、ほとんどの国が教科書を出版するのに十分な人材、技術、財源を持たなかった。その結果、自力で廉価な教科書の生産を成功させた少数の国を除き、ほとんどの途上国が先進国から教科書を輸入するか、あるいは世界銀行、ユネスコなどの国際機関の援助を受けることになった。各途上国の教科書出版の現状と課題を多角的に分析し、教科書出版事情を改善するための処方箋を見出すことが、今後の課題といえよう。

2 イランの教科書研究

革命直後に大がかりな教科書改訂が実施されたことから、近年、イランの教科書内容に着目した研究が増えている。その多くは、イラン国内で教育研究に携わっている人々によるもので、教科書改善のための提言を目的としている。イランの教育政策に直接、関わりのない研究者、特に祖国を離れた研究者によるものには、イデオロギー分析や体制批判的な要素も含まれる。しかし、研究が増えているとはいえ、外部の者が利用できる資料や情報が非常に限られているために、教科書政策については不明な点が多い。

ここでは、主だった研究をテーマごとに、(一)教科書編纂史、(二)教科書出版の比較制度論、(三)教科書改善を目的とした調査研究、(四)教科書のイデオロギー、(五)教科書が描く女性像、に分類し、それぞれの特徴や問題点などを整理してみたい。

教科書編纂史　イランの教育について言及している書籍や論文から得ることのできる教科書に関する情報はごく断片的なものであり、それらを掻き集めても教科書の歴史を描くことは極めてむずかしい状況にある。そのような中で「教科書発達小史」[31]は、教科書の歴史について基礎的な情報を提供してくれる唯一のものである。この研究は、一八五一年に設立されたイラン初の近代的な教育機関であるダール・アルフォヌーン(dār al-fonūn)[32]の時代から革命後の一九八〇年代初頭に至るまでの間に世俗の初等、中等教育機関において使用されてきた教科書の変遷を辿ったものであり、そこでは、教育省の教科書政策をもとに、第一期(ダール・アルフォヌーンが設立された一八五一年から一九二〇年まで)、第二期(一九二〇年から一九四一年)、第三期(一九四一年から一九六二年)、第四期(一九六二年から一九七九年の革命勃発まで)、第五期(革命から現在まで)の五期に区分し、各時代の特徴を説明している。

イランではじめて出版されたペルシア語の教科書は、ダール・アルフォヌーンのイラン人教師や当校の卒業生たちが欧米の本を翻訳、編集したものであった。レザー・シャーの時代に相当する第二期には、教育省が初めて小学校一年生用から四年生用の教科書の発行を試みている。第三期は、教科書発行の自由化による混乱期と位置づけられている。第四期は国定教科書制度が確立した時期に相当し、第五期には革命による大幅な教科書改訂が実施された。

この時代区分によって、教科書の変化は明確になるが、各時代において教科書制度を拘束していた諸条件について十分に説明されているわけではない。今後、教科書制度の変化を促してきた諸要因を解明していくために、各時代の教科書制度をその時々の政治的・社会的な状況のなかで位置づける作業が必要となるであろう。

教科書出版の比較制度論　イランの教科書制度を西ドイツの教科書制度と比較し、それぞれの特徴を明らかにしたのが、「イラン・イスラーム共和国およびドイツ連邦共和国のカリキュラム立案制度の比較研究[33]」である。この論文の筆者モハンマディーは、カリキュラムの立案過程を、(一)カリキュラムの立案場所、(二)カリキュラム立案への参加者層、(三)カリキュラムの見直しや修正、という三つの尺度から分析するモデルを作成し、イランとドイツのカリキュラム立案過程を比較し、イランの教科書出版体制がドイツよりも中央統制的であることを明らかにした。イランでは、一般に教師の教科書への依存度が非常に高いにもかかわらず、大学教授や専門家らがカリキュラムの立案から教科書編集に至るすべての作業を担当し、現場教員の意見を教科書に反映させる機会がほとんど設けられていない。その結果、教科書内容が、理論的かつ公式的なものに偏向し、生徒の関心から乖離する傾向にあると指摘している。

この研究は、イランの教科書づくりの特徴を比較制度論から浮き彫りにした貴重な研究である。この研究に、教科書出版に関わる諸機関において実際に教科書づくりを担当している人々の専門、経歴、所属、政治的・社会的な立場などの具体的なデータを加えることができれば、イランの教科書出版を拘束している諸条件が一層明らかになるであろう。

教科書改善を目的とした調査研究　教科書改善を目的とする調査研究は、各教科に課せられた教育目標をより効果的に達成するために、教科書に掲載する内容の選択、提示の仕方、設問、学習量などが、生徒の年齢や関心、理解力から見て適切であるかどうかを批判的に検討し、教科書編集に従事する人々に対して何らかの提案をおこなうことを目指している。このような研究は、教科書編集に携わる教育専門家たちによっておこなわれることが多い。ここでは、この種の研究を二例、紹介する。

「ガイダンス課程社会科教科書の内容と量の決定における効果的諸要因」(34)は、教科書編集者、教育専門家、教師へのアンケートをもとに、現在使用されているガイダンス課程の社会科教科書の適正を検討した研究である。アンケートには、社会科教科書のカリキュラム立案者や編集者からみて、教科書の内容や量を決定するためにはどのような原則や基準が有効か。カリキュラムを実践する立場にある教師からみて、現在の教科書内容は、立案されたカリキュラムの基準と一致しているか。カリキュラム立案者や編集者の見解と教師の見解との間に相違があるか。教師は、ガイダンス課程の社会科教科書を教えるにあたって、特別な問題に直面しているか。社会科教科書の内容と教員養成のカリキュラムとが一致しているかなどの質問が並んでいる。

アンケート結果の分析から、この論文は、カリキュラム作成や教科書編集に、現場教員が継続的に参加協力することが望ましく、社会科とその他の教科との関連性をより強化する必要があると結論づけている。また現行のガイダンス課程の三冊の社会科教科書のなかには、生徒がそれ以前に学習した内容と釣り合っていないために生徒が理解できないような議論が掲載されていることや、ガイダンス課程三年の教科書に掲載されている憲法についての説明、なかでも司法や高等司法委員会に関する部分は、生徒の関心を引くことがかなり困難であることなどを指摘している。この他にもイスラーム共和国の対外政策を論じている箇所は不必要であるからこれを削除することが望ましいなど、具体的に提案している。また、現行の教科書の学習量が過多であるかどうかについては、教師、専門家、教科書編集者の間で見解の相違がみられたため、今後、さらに詳細な調査が必要であると述べている。

「小学校宗教教科書の内容提示方法に対する評価[35]」は、革命後に出版された宗教の教科書が学習者の思考様式にどのような影響を与えるかを分析したものである。この論文は教科書が提供する内容と設問は、提示の仕方によって学習者に全く異なる影響を与えるという前提に立脚し、学習者の思考力を発展させるような内容や設問を「積極的」とし、学習者の思考を減退させ、そのかわりに暗記力を開発するような内容や設問の出し方を「消極的」と分類し、一九九〇年度版の小学校二年から五年までの宗教教科書の内容と設問を章ごとに評価し、分析している。著者の結論は、全体に「積極的」な内容や設問の提示の仕方が、不足しているというものである。さらに信仰心の育成と戒律の遵守を重んじる宗教教育においては、暗記が適しているとみられる傾向にあるが、宗教教育の目的は、単なる伝統や社会規範への服従ではなく、人格的な発達を促すような思考力を養うことであるから、今後、教科書編集をしていく際に教育内容を「積極的」にしていくための工夫が必要であると主張する。

教科書のイデオロギー　教科書内容を拘束しているイデオロギーを明らかにすることは、教科書研究の重要な領域である。特にイランのような国定教科書の場合には、教科書に託された国家の意図が問題となる。新体制が、革命後直ちに教科書改訂に着手したのは、教科書が体制のイデオロギーの伝達媒体であるからに他ならない。イスラーム共和国の樹立後に改訂された教科書は、新体制を擁護する立場とこれに反対する立場の双方の研究者によって分析されてきた。

新政権による教科書改訂を批判する立場から書かれた「イラン・イスラーム共和国における教科書」[36]は、改訂によって王制時代の教科書内容にどのような追加・削除・変更が加えられてきたかを検討している。この論文の筆者マティーニーは、改訂された教科書は、イスラーム法学者による支配を正当化しようとするあまり、イラン史に登場するすべての王に悪魔(tāghūt)の烙印を押したり、フェルドウスィーの存在を無視するなど、イランの文化遺産をことごとくイスラームの文化伝統に置き換えようとするなどの無理が多いと指摘する。

これとは反対に、イスラーム共和国の教育目標を擁護する立場から執筆されたのが「革命後のイランの教育哲学」[37]である。イラン教育省の国際教育制度研究局長の地位にある筆者は、革命前の教育はイスラームの脆弱化、無神論・多神論の普及、君主制、資本主義の推奨が目的であったとし、それがどのように教科書内容にあらわれていたのかを例示する。革命後は、良きイスラーム教徒を育てることが教育の最優先課題であることから、ムスリムの歴史やムスリム諸国の状況についての学習により多くの紙面を割くよう配慮していると説明する。

王制、イスラーム共和制のいずれかの擁護ないし批判を直接の目的とはせずに、両体制下で出版されてきた教科書に投影されているイデオロギーの比較を試みているものに「イラン・イスラーム共和国の教育・文化政策」[38]がある。この論文は、教育制度を国家のイデオロギー装置の主要な下位システムと位置づけ、軍事に次ぐ規模をもつ第三世界の教育制度は、若者の政治的社会化に非常に大きな影響を与えているとみる。

王制時代の教科書は、パフラヴィー朝を古代ペルシア帝国の栄光と近代化のイデオロギーの混合物によって正当化しようとしていた。王制時代の教科書のトーンは楽天的で、モハンマド・レザー・シャーの個人崇拝と体制への黙従が強調されていた。それに対して、イスラーム共和国の教科書は、特定の個人ではなく聖職者集団の権威を強調し、殉教や犠牲をいとわない行動によって体制への忠誠を表現することを奨励している。また、金曜礼拝、モスク、墓地などを拠点に執り行われる各種の宗教的な儀礼を政治活動の場として紹介しているのが特徴である。両体制の教科書を比較した場合に、王制時代の教科書が描くペルシア帝国のモデルは、古代の栄光を過度に強調したもので、多くの限界をもっていたことは明らかである。それと同様の限界が革命後の教科書に描かれているイスラームのモデルにも存在しているが、支配者個人よりもイデオロギーを強調したモデルであることから、前者よりも持続の可能性をもっていると結論づけている。

「イラン・イスラーム共和国における生徒の社会化[39]」は、イスラーム共和国が、体制に献身的に奉仕する若者を育成するためにどのような教育をしているのかを分析したものである。この論文は、学校教育を通じて伝達される知識や価値の源泉は教科書にあるとの認識に基づき、教科書内容を、(一)新しいイスラーム的人間の属性、(二)政治信条、(三)文化的な価値、(四)役割のモデル、という四つのカテゴリーにおいて分析している。そのなかで、革命後の教科書は、役割のモデルとして非宗教的な科学者、作家、詩人などを一切排除し、体制の必要とする人間形成を徹底して追求していることを明らかにしている。筆者メフラーンは、このような教育姿勢と、世俗的、西洋的な教育を受けた人々が家庭で子どもたちに伝達する価値とが、共存しえるのかが問題であると指摘する。

「イランにおけるイスラーム革命と教育[40]」は、革命後に出版された国語と宗教の教科書からイスラーム共和国の理想とするムスリム像を抽出し、それが、他の政府系メディアや非政府系機関を通じて伝達される価値と調和しているか否かを探ろうとしたものである。著者は、革命後の教科書内容の特徴を明らかにしたうえで、教科書、金曜礼拝の説教、政府の出す布告や法との間には、強い一致性が存在すると結論づける。この論文は、革命後の教科書を分析するなかで、いくつかの興味深い特徴を指摘している。それは、イスラーム共和国における教育の最優先課題は、唯一神への深い信仰と預言者の存在に対する確信を育てることにあるが、この目標は、ムスリム向けの教科書のみならず、キリスト教徒、ユダヤ教徒、ゾロアスター教徒が共用する宗教的少数派用の宗教教科書においても堅持されているというものである。

「体制の正当性と高校教科書」[41]も、教科書を政治的社会化の手段の一つと位置づけ、革命前および革命後の高校の社会科学系および人文系の教科書を、(一)世俗主義対宗教性、(二)経済成長対経済的公正、(三)同盟対非同盟、(四)現状維持君主制対民衆革命主義、という四つのカテゴリーにおいて分析し、両体制のイデオロギーの相違を明確にしながらも、それぞれがともに政治体制の正当化のために、教科書を利用してきたことを明らかにしようとした。

「イラン・イスラーム共和国の教科書のイデオロギー」[42]は、イスラーム共和国の教科書のなかで、イランとイスラーム、ならびにシーア派とスンナ派という二つの概念がどのように関係づけられているかを考察したものである。この論文は、サーサーン朝の王ホスロー・パルヴィーズが、預言者モハンマドからの手紙を受け取った際に、自分の名前が文頭になかったという理由で立腹し、読まずに破いたという逸話を記した歴史教科書の記述を引用しつつ、教科書は、利己的で横暴な王の反イスラーム的な態度と、一般の人々のイスラームに対する好意と愛情とを区別して語ることで、イランとイスラームとの親密な関係を示そうとしていると分析する。また、教科書は、イスラームに敵対する勢力に備えるために、シーア派とスンナ派の平和的共存や連帯を印象づけようとしていると指摘する。

教科書が描く女性像　「イランの教科書における性別役割の社会化」[43]は、六つの仮説を検証するために小学校国語教科書(革命前一九六九年度、革命後一九八六年度)の内容と挿絵を比較している。この論文では、革命後の政権は、女性隔離やイスラーム化の推進、結婚の奨励、産児制限への消極的対応などの傾向をもっていることから、革命後の教科書には、以下のような傾向がみられるはずだという仮説が立てられている。それは、(一)公的な役割を果たす女性の姿を描く機会の減少、(二)男女が共同で活動している状況を描くことの減少、(三)主婦業を強調し、家庭外で働く女性を描くことが減少、(四)結婚の奨励、子沢山で親戚づきあいの盛んな家庭、家庭で男性が経済的にも意志決定においても主導権をもつ姿を描くことが増加、(五)男女ともにイスラーム的服装で登場することが増える、(六)男女の気質の相違をより明確に描く、というものである。

分析の結果、挿絵の人物の服装や公共の場における男女隔離に関しては、仮説どおり、顕著な変化が見られたものの、登場する女性の職業にはあまり変化がみられなかった。革命後の教科書は、革命前の教科書と同様に、専門職の女性、特に知的職業に従事している女性を相対的に高い割合で描いている。また、革命後の教科書に、大家族や子沢山の家庭がより多く描かれているという傾向はみられず、革命前と同様に核家族を中心とした記述が目立っていた。また家庭における男性の役割は、革命後、伝統的、ステレオタイプ的な役割への言及が減り、反対に家庭で世話をしたり、指図をする男性の姿が描かれるようになったと指摘している。

「イランの小学校教科書における性役割イメージの文化的効果」[44]は、中央政府が管理する教科書に、ウラマーたちの要求する性役割分業がどれだけ反映されているかを明らかにしようとしたものである。分析するにあたって、教科書内容と挿絵のなかから役割や活動に関わる記述を拾い出し、四人の研究者(男性二人、女性二人)が、経済、家庭、レクリエーション、科学、芸術、社会、政治、宗教、パーソナリティーのカテゴリーに分類した。

その結果、男性は、経済、科学、スポーツ、レクリエーション、宗教活動に関わる社会的、政治的存在として描かれているのに対して、女性は、多くの場合、家庭のなかで家事と育児に従事するものとして描かれている。男性には、勇敢、強靭、活動的といった属性が与えられる反面、摩擦をもたらしたり、逸脱者としても描かれる。これに対して女性の登場人物は、老人や障害者であったり、感情に左右されやすい人物として描かれる場合がある。さらに女性から積極性という属性が奪われ、もっぱらそれは男性のものとして描かれるようになったと指摘している。

このようにイランの教科書研究は多様な関心に支えられているが、これらの研究に概ね共通する特徴は、どの研究者も教科書が体制のイデオロギーの伝達媒体であることを認めている点であろう。その場合に、教科書に含まれている政治的メッセージは、アプリオリに体制のイデオロギーとみなされており、特定の社会階層、社会集団、民族集団の利害が代表されているのではないかといった議論は、現在のところなされていない。その理由の一つは、教科書が国内の階層間の社会・経済的な関係について言及することが極端に少ないことに起因すると思われる。例えば、歴史教科書の場合、王朝の興亡を中心とする時代区分と歴史叙述が中心をなし、イランと諸外国との交易や通商といった事柄以外に社会史や経済史的な視点から歴史の変動が叙述されることはない。また、イラン社会に存在する利害対立について言及される場合にも、都市と農村、地主と小作、抑圧者と被抑圧者といった極めて単純化された二項対立が用いられており、集団間の複雑な経済的利害の存在を想起させるような記述が極めて少ない。

もう一つの特徴は、革命前後の教科書を比較した研究は、教科書のなかで繰り返される政治的な表現に依拠して、両体制のイデオロギー的な差異を強調する傾向にある。しかしながら、革命後の政権は、徹底した王制批判にもかかわらず、教科書制度、教科書の形式、カリキュラムなど、多くの点で王制時代に制度化されてきたものを継承していることから、その背後に何らかの共通性を見出そうとする作業も必要であろうと思う。そこで、王制時代の教科書と革命後の教科書との差異だけでなく、両者の共通性に目を向けることを本書の課題としたい。

三 「国家的メディア」としての国定教科書

1 「国家的メディア」の役割

教育省が排他的に管理する国定教科書は、以下で言及するような各種のメディアと同様の目的をもった「国家的メディア」[45]の一つとみなすことができる。ここでいう「国家的メディア」とは、国家のメッセージや国家的象徴の伝達のために積極的に利用されるメディアのことである。

近代国家は特定の領域を排他的に支配する最高の権威であることを知らしめるために、数多くのメディアを利用してきた。国家権威を象徴するような建造物や広場の建築。国家の記憶を刻む記念碑の設置。国家の歴史的遺産の展示や文化遺跡の保存公開。戴冠式、閲兵式、大統領就任式、独立記念祭、指導者や戦没者の慰霊祭などの挙行。国家の価値を高め、また国家との一体感を高揚させる各種文化活動。国家のイデオロギーをあらわす標語の考案。対外的に国家の威信を顕示し、国威発揚を促すオリンピック、万国博覧会への参加、など。これらは、いずれも国家権威を誇示し、国家への忠誠を獲得することを目的としている。これらにはまた、国家に対して国民が採るべき態度を教育するという役割が課されている。[46]

イランにおいても、近代国家の形成に関心を抱くパフラヴィー朝のもとでこのような国家権威の象徴、あるいは、人々の国家への一体感を強化するための儀礼や象徴が創出されてきた。愛国心を鼓舞し、民族的自尊心を高揚させるためにイラン固有の文化遺産を掘り起こし、それらを新しい国家の象徴に作り替える作業が続けられた。フェルドウスィーの生誕一〇〇〇年[47]を記念した記念碑の建立をはじめ、古代イラン博物館、人類学博物館の建設、国民体育行事の開催などはレザー・シャーの治世におこなわれたものである。[48]第二次世界大戦の勃発と連合軍のイラン駐留によりこのような国家権威を顕示するような儀礼や活動は停滞したものの、一九六〇年代、モハンマド・レザー・シャーの権力が強化されるにつれて再び活発におこなわれるようになった。モハンマド・レザー・シャーの時代には王自身の権威を高揚させる象徴や儀礼が次々に考案された。

王制時代に考案されたこれらの儀式は、革命によって否定され、姿を消すことになるが、イスラーム共和国のもとでは、従来からイスラームの儀礼として、あるいはイスラームの象徴として存在していたものが、新しい国家のイメージや枠組みを正当化するために活用された。例えば、聖地カルバラー、三代イマーム・ホセイン、アーシューラー('āshūrā)、殉教といったシーア派の宗教シンボルは、政治用語として頻繁に使用されるようになり、またムスリムの安息日にあたる金曜日におこなわれる集団礼拝は国家儀礼としての性格を強めていった。(49)

このような各種の儀礼と並んで、近代国家が生み出した国家的象徴の伝達ならびに国家に対する国民の態度形成を促すうえで非常に大きな力をもつものに国家による教育活動がある。すでに述べたように学校教育は、教師と生徒による組織的、持続的、計画的な活動である。この学校において組織的、計画的に伝達される知識や価値体系の多くは、教科書というテキストに依拠している。イランの教科書は、教育省の管理下に出版される「国定教科書」であり、教科書知識は、公的な知識として強い拘束力をもっている。換言すれば、教科書という「国家的メディア」には、人格形成途上にある若年層に対する知識の伝達に加え、国家イメージの取得、国家権威の受容、国家への帰属意識の形成を促す機能がある。

イランの教育省がはじめて国定教科書の出版を手掛けたのは、一九二八年である。その後も、たびたび国定教科書の発行は試みられているが、必ずしも組織的、継続的なものではなかった。

これに対して、一九六三年以降の国定化は、教育省直属の教科書発行機関を設置するとともに印刷や配付制度も準備したうえで、小・中・高等学校ならびに師範学校のすべての教科書を組織的、継続的に発行し、全国一律にその使用を義務づけるという、より包括的なものであった。

この一九六三年の教科書国定化はイランの教科書にとって重要な転機であった。その理由は、国定化を契機に教科書の発行部数が飛躍的に増大したことである。識字人口も少なく、(50)書籍の流通が少ないイランで、教科書は、おそらく農村部にまで到達したはじめての活字メディアであったのではないか。教科書は、活字の権威、教育省の権威、さらにはその背後にある国家の権威を伝えるメディアとなった。特に、小学校教科書は、小学校の就学率を上昇させることを優先課題とする第三次開発計画(一九六二〜六八年)のもとで、無償給与されるようになり、全国の児童の手にわたった。さらには、国定化を契機に、教科書内容に国家のイデオロギーが強く反映されるようになった。つまり国定化によって教科書は、全国の生徒と教師を対象に国家のメッセージを組織的、継続的に伝達することができる「国家的メディア」としての性格を強めていった。

イランの教科書にとっての第二の転機は、革命後の教科書改訂である。改訂の目的は、教科書内容から王制擁護に繋がる記述を削除したうえで、新体制の標榜するイデオロギーとしてのイスラームを浸透させるための教材を導入することであった。新体制は、前体制から引き継いだ国定教科書制度を利用することで、この改訂作業を効率よく実施した。その結果、イスラーム共和制期の教科書は、王制期以上に厳しい国家管理体制下に発行される「国家的メディア」となった。

もちろん、「国家的メディア」としての教科書に描かれた理想の国家イメージは、現実の国家からは乖離したものである。また、成長期に教科書を通じて学習した国家イメージや秩序イメージが、生徒の世界観や倫理観にどれだけ影響を与えるのか、あるいは、他のメディアと比較して教科書がどの程度の影響力を維持するのかについて明らかにすることは、残念ながら本書の範囲を越えている。

そのような限界を認めつつ、本書では、「教科書」の学習を学校に通ったすべてのイラン人の「共通体験」として捉え、一九六〇年代から今日に至るまでの教科書内容の変遷から、世代による「共通体験」の変化を跡づけてみようと思う。

2　教科書内容の分析――本書の視点

異なる二つの体制下で発行された教科書を比較する場合に、両者の記述にみられる類似や相違を明らかにしなければならないが、その際に、類似や相違を体系的に説明するための視点が必要となる。「国家的メディア」としての教科書を通じて伝達される多様な国家的象徴は、国家に対する人々の服従意欲を引き出すことを目的としたものであることから、本書では「服従」という視点を軸に比較を試みることにしたい。

新政権が革命後ただちに教科書改訂に着手した理由は、何よりもまずモハンマド・レザー・シャーがもはや「服従」の対象ではないことを明確にする必要があったからである。そのためにシャーの政治的権威を剝奪し、王制の弊害を並べ立て、王制期に広められた価値観を反イスラーム的であるとして追放した。このように旧体制の権威を剝奪する一方、新体制の指導者となったイスラーム法学者を新しい「服従」の対象として紹介しなければならない。そのために、イスラーム法学者こそが、国民をあらゆる抑圧から解放する「指導者」であることを強調し、彼らを頂点とする支配体制であるヴェラーヤテ・ファギーフ(velāyat-e faqīh イスラーム法学者による統治)[51]の確立が、最善の選択であることを示そうとしている。

これらのことから、次のようにいうことができるであろう。革命とは、権力の担い手にとっては、新しい統治機構の確立と権威の構築過程であるが、政治的枠組みの変化に身を委ねる一般の人々にとっては、過去の指導者と訣別し、それまでの規範を否定したうえで、新しい指導者に忠誠を誓い、新しい規範を受け容れ、それにしたがって生きるすべを学ぶ過程である。「国家的メディア」としての教科書は、革命という政治変動の渦中にあって、受け身の存在でしかありえない若年層に対して、新しい指導者への服従や新しい枠組みへの適応方法を学習させるための教材である。

次に、この「服従」という視点から両体制の教科書内容を比較していく場合の方法について説明したい。繰り返しになるが、「国家的メディア」としての教科書を通じて伝達される多様な国家的象徴は、国家に対する人々の服従意欲を引き出すことを目的としたものである。そして、この目的を達成するために教科書は、次のような二つの関係において、人々の服従意欲を引き出そうとする。一つは、支配者対被支配者という垂直的な関係において、支配者への忠誠心を育てるものであり、もう一つは国民同士を結びつける水平的な関係において、相互の連帯意識を高めることである。

別の言い方をすれば、国家が人々から獲得することのできる服従の度合いは、(一)支配者の権威に対して被支配者が示す忠誠の度合いと、(二)国家という枠組みのなかに暮らす人々の間に共有される一体感の強さに依存する。

ところで、上述した支配者対被支配者という垂直的な関係と国民を相互に結びつける水平的な関係は、前者は権威の正当化の問題として、また後者は、国家統合の問題としてこれまでにも論じられてきたものであるが、本書では、これらを「服従の獲得」という観点から捉えることにしたい。

3　国家権力の正当化――「服従」への視点

イスラーム共和国における権力の正当化について、これまでに多くの研究者が論じてきた。その際、研究者たちの関心は、国王から権力を奪取したイスラーム法学者らが、いかなる根拠に基づいてイスラーム共和国の樹立を正当化してきたかに向けられていた[52]。つまり、政治権力を掌握した集団が、自らの正当性を被支配者に認めさせようとする際の、支配者側の論理を解明しようとしたものである。言い換えれば、権力の座に就いた者が、どのような論理によって自分たちの支配者としての資質を説明しているのか、あるいはどのような論理によって人々の同意や承認を得ようとしてきたのかを問題としているのである。その場合に着目されるのは、支配者が国家権威の究極的源泉を何に求め、その権威と自らの関係をどのように位置づけているか、またいかなる象徴によって自らの権威を表現しているのかといった点である。

以上は、権力を正当化するための支配者側からの働きかけに着目したものであるが、権威は、それを権威として認め、それに対して自発的に服従しようとする存在があってはじめて成立するものである。権威とは、権威を主張する者とそれを受容するものとの間に成立する関係において捉えられるべきものなのである。

周知のようにマックス・ウェーバーは、支配が正当化される際の根拠の相違に基づいて、「伝統的支配」「カリスマ的支配」「合法的支配」という支配の三類型を提示した。[53] ウェーバーの正当性概念の特徴は、「正当性は、人々の正当性に対する信念によってもたらされる[54]」というものである。つまり、ウェーバーの「正当性への信念」という考えは、支配者の権力行使を正当と認めるか否か、言い換えれば、支配者に権威を認めるか否かにおいて、被支配者の主体性を考慮した概念である。

河原宏は「マックス・ウェーバーの「正当性」の概念は、この権力と服従との結節点を捉えた概念」であると指摘している。「上からの権力支配は、下からの正当化によってささえられなければならないからである。だがそれにもかかわらず、マックス・ウェーバーの理論においても……上からの視点が優越している[55]」。このように権力の正当化は、それを正当と認める存在があってはじめて成立するものであるのだが、多くの場合、正当性を獲得しようとする側の論理に関心が集中する傾向にある。

同様の傾向は、王制とイスラーム共和制とを比較した研究にもみられる。権威の視点からイランの社会変動を幅広く研究するアルジョマンドは、イランにおける政治変動の動態を説明するためにウェーバーから支配の正当性原理という概念を援用している。彼は、イランでは、王権神授に基づく王の政治的支配とシーア派イスラームを正当性の拠り所とする宗教的支配が存在し、この全く異なる二つの正当性が共存したことによって、両者の力関係と規範の緊張が変動の誘因となったとの見解を示した。そして、政治権力と宗教権力の力関係において相対的にどちらが優勢かによって「神権政治(theocracy)」「教権制(hierocracy)」「皇帝法王主義(caesaropapism)」という三つの類型を提示し、これによってイランの政治変動を説明しようとした。[56] アルジョマンドの研究はイランの各王朝の性格をそれぞれが依拠してきた正当性の根拠から説明したものであるが、王朝が依拠する正当性の根拠に生じた変化を、それを受容する立場にある人々との関わりのなかで論じようとする視点は含まれていない。

では、被支配者による権威の受容という視点を取り込みつつ、権力の正当化の問題を捉えるためにはどのような方法がありえるのだろうか。本書の対象となる一九六〇年代から一九九〇年代のイランは、モハンマド・レザー・シャーの権威の確立、革命によるモハンマド・レザー・シャーの権威の崩壊、イスラーム共和国による新しい権威の構築、カリスマ的指導者ホメイニーの他界とその後の体制存続のための模索、という激しい変動を経験した。この政治変動の出発点でイランが国定教科書という媒体を獲得した意味は大きい。イランは、政治変動のたびに教科書の内容を改訂しつつ、一貫して国定教科書の発行を堅持し続けてきた。もちろん体制の変化のたびに、新しい権威を演出するという目的だけであるならば、教科書以外のメディアにおいても十分にその目的を果たすことができるであろう。あるいは、教科書以外のメディアの方が、自由度も高くかつ迅速な対応が可能ともいえる。しかし、教科書には、情報を一方的に発信する他のメディアにはない機能がある。「国家的メディア」としての教科書は、国家の権威を伝えるために多様なメッセージを発信することで「上からの正当化」を促進するが、それと同時に、国家の権威に忠誠を誓い、積極的に奉仕する国民の姿を描き、それを理想的人間像として子どもたちの意識のなかに内在化させることで、「下からの正当化」を促すという二つの働きをもっている。さらに、教科書のもつこの二つの役割は、教師のなかにも内在している。なぜならば、教師は、教室のなかでは、生徒の指導者として、また公教育の担い手として国家の権威を代弁し、為政者の意向を伝達する立場にあるが、その一方で、国家権威を称える行事や教育省の役人や高官などの来校の際には、国家に忠誠を尽くす模範的市民として、権威への服従を示すからである。

このような特徴に加え、教科書は、同じ支配者に服している多くの同胞が存在することを教える役割も担っている。現代世界に生きる人々は、自らの意志とは関わりなく、国家の一員として生きることを余儀なくされている。人々は、自らの属する国家の支配権力に服従するとともに、所属する国家に対して一体感を持つよう強いられている。[57]その背後には、権威の受容を強いる「逆らうことのできない力」[58]、つまり、逸脱に対する国家の物理的強制力が存在している。

しかしながら、一方で、このような国家に拘束されている状態を進んで享受しようとする態度が存在している。人々にとって国籍は与えられたものであって、わずかな例外を除いては変更することは不可能に近い。しかし、それにもかかわらず、そのような国家に拘束されている状態を肯定的に捉え、国家の要求に積極的に応えようとする態度が存在するのはなぜか。それは、国家には、物理的な拘束状態を自発的な帰属意識に転化させる作用があるからである。[59]この作用は、権威のもつ共同体形成能力に起因する。権威は、それに服する者の間に一体感を生み出す。[60]この一体感は、国家に拘束された人々の間に、合理的判断に基づく利害の一致や契約による結びつきを越えた共同体意識をもたらす。この共同体意識の存在が、人々から献身的服従を引き出すための土壌となる。[61]したがって、「自発的な服従」を必要とする国家にとって、この共同体意識を活性化することは重要な課題となる。そのために国家は、所属していることに積極的な意味を見出せるような共同体のイメージを創出し、それを人々の間に浸透させなければならない。これこそが「国家的メディア」としての教科書に課せられた役割である。

4　比較にあたって

これまで、「服従」という視点を取り込みつつ、教科書内容を分析することについて述べてきたが、次に、分析を進める際に着目しなければならない記述や表現について考えたい。「国家的メディア」としての教科書は、どのような記述や表現によって国家権力を正当化するのであろうか。国家権力を正当化するうえで、まず、求められるのは、国家というものが存在することを学習者に認めさせることであろう。一般に国家は領土、人、政治体の三つを不可欠の要素としていると考えられているが、「国家それ自体は、それを通して思い描くシンボリズムのほかには、なんら触知できる実在性を有さない」[62] 抽象的な存在である。[63] したがって、国家というものの存在を認知させるためには、さまざまな象徴を駆使しなければならない。国家が物理的強制力を合法的に独占する存在であることを示すには、警察、軍、裁判所など強制力を発動する機関の存在をアピールすればよい。[64] しかし、物理的な強制力に訴えることで獲得される服従は、国家が真に必要としている安定的で、持続的な服従とはなりえない。したがって、これらの象徴が使用される頻度は高くない。

「国家的メディア」としての教科書に期待されているのは、物理的強制力によってではなく、その価値によって人々の服従意欲を引き出すことである。[65] そのために、教科書は、支配者が権力の座にあることを論理的に説明するだけでなく、支配者が優れた能力、正義感、慈悲などの持ち主であることを印象づけることによって、支配者個人に対する情緒的な支持や尊崇の念を喚起しようとする。王制期の教科書は、国家権威を代表するモハンマド・レザー・シャーの偉大さを誇示する象徴が駆使された。同様に、イスラーム共和制期の教科書では、イスラーム法学者による権力奪取を正当化するための論理的説明とともに、彼らが宗教の領域のみならず、政治の領域においても権威ある存在であることを印象づけるための努力がなされている。したがって、教科書内容を分析する際には、これらの記述や表現が比較の対象となる。

次に、教科書に描かれた共同体のイメージを検討しなければならない。教科書は、すべての人々が、言語、宗教、民族などの相違を越えて、「国家という共同体」[66] の一員として互いに結ばれていることを教えようとする。歴史教育は、国籍を同じくする人々は、ただ偶然に同じ国家に所属しているのではなく、共通の祖先をもち、過去の栄光や苦難を共有してきた同胞であると教える。人々の繋がりは、長い歴史のなかで培われてきたものであって、それは決して変えることのできない真実として語られる。人々は、歴史の重みを受け容れざるをえず、また将来にわたってそれを維持し続ける義務を感じるよう教育されるのである。王制期の教科書とイスラーム共和制期の教科書には、明らかに異なった共同体像が描かれている。この相違を明確にするために、それぞれの教科書に描かれた共同体の歴史、共同体の絆、空間的な広がり、未来へ向けての使命などを比較する。最後に、支配者の権威を受け入れ、共同体の一員としての自覚と責任感を持った者が、服従の証として、あるいは忠誠の証としてどのような態度をとるべきなのかについての教科書の説明を比較する。それは、理想的国民像と言い換えることができるかもしれない。

(1) 「アーヤトッラー」とは、「神の徴」を意味するシーア派固有の称号で、特に学識の高いイスラーム学者に与えられる。

(2) W・J・オング「印刷、スペース、閉ざされたテキスト」(D・クローリー、P・ヘイヤー編、林進、大久保公雄訳『歴史のなかのコミュニケーション』新曜社、一九九五年)一三二〜一五三頁。

(3) M・マクルーハン著、栗原裕、河本仲聖訳『メディア論』みすず書房、一九九五年、一七三〜一八二頁。

(4) M・マクルーハン著、森常治訳『グーテンベルクの銀河系』みすず書房、一九九五年、三三三頁。

(5) 片岡徳雄編著『教科書の社会学的研究』福村出版、一九八七年、四〜五頁。

これ以外に、教科書という存在の社会的意味を重視した捉え方もある。例えば「教科書は、識字社会と産業社会の重要かつ興味深い人工物である。一方で教科書は、社会の構成員が子どもたちに伝えたい知識や価値についてのある種の国民的合意を反映しているが、他方では、学習心理学や教授法についてのその時代の考えを具体化したものでもある」。(Arthur Woodward, David L. Elliott, Kathleen Carter Nagel (eds.), *Textbooks in School and Society*, New York: Garland Publishing Inc., 1988, p. 1.)

(6) このような特徴を柴田義松は教科書の基本的機能として次のようにまとめている。(柴田義松編『教科書』有斐閣、一九八三年、一六頁)

(一)　生徒にとって価値ある真実の情報を選択し、伝達する情報機能。
(二)　生徒が自分の知識を構造化し、体系化するのを助ける構造化機能。
(三)　生徒に学び方(研究方法)を学ばせる学習法機能。

(7)　教科書のもつこのような特徴は、次のように表現することができる。「教科書は、いくつかの利益集団(専門家、著者、出版社、当局)によって配列され、編集された混成作品の一種であり、かつ、いくつかのユーザーグループ(教師、学生・生徒、保護者)を想定したものである。各グループの動機は、必ずしも同じではない」。(Egil Børre Johnsen, translated by Linda Sivesind, *Textbooks in the Kaleidoscope*, Norway : Scandinavian University Press, 1993, p. 22.)

(8)　イランには、暗記学習の強い伝統が存在していることについて指摘したものは多い。パフラヴィー朝時代、教育の分野で多くの業績を残したイーサー・サディーグは、一九三〇年代初頭に「教師は暗記や詰め込みの強調をやめるべきだ。教師は、暗記能力は道具にすぎないのであって、それ自体が目的ではないということに気づくべきだ」と記している。(Issa Khan Sadiq, *Modern Persia and Her Educational System*, New York : Columbia University, 1931, pp. 101-102.)

しかし、暗記の伝統はその後も根強く残っていることが指摘されている。一九六九〜七一年にテヘランの中学校でおこなわれた調査によれば、「教科書は、事実上暗記されていた。授業の大部分は、生徒が次々に教科書を読みあげ、残りの生徒は各自の教科書をおうことで費やされた。通常の授業や宿題とは、教科書をノートに数回、書き写すことだった」。(Patricia J. Higgins & Pirouz Shoar-Ghaffari, "Sex-Role Socialization in Iranian Textbooks", *NWSA Journal*, vol. 3, no. 2, 1991, p. 216.)

(9)　イランにおける活字メディアの普及状況について興味深い報告がある。それによると、イランの総人口のうち約三五%が読み書き能力をもち、都市人口の六五%以上が識字者であるが、一九七五年の *Iran Almanac* によると「平均的なイラン人が、読書に費やす時間は、わずか一年に二秒」である。一九七七年夏に全国から抽出した二五のサンプル地区を対象とする調査によると、五九%の学校が補助教材を全く所有していなかった。また、平均すると生徒二人につき学校図書館の本一冊の割合であった。学校の図書館だけでなく、公共図書館の数も限られ、利用率が悪いと報告されている。(Glenn D. Deckert, "The Availability and Circulation of Reading Materials in an Iranian City", *International*

Library Review, vol. 13, 1981. p. 43, p. 47.)

このようにイランでは活字メディアが未発達であるために、かえってラジオ、テレビ、カセットテープなどの音声を主体とするメディアが発達した。(Annabelle Sreberny-Mohammadi & Ali Mohammadi, *Small Media, Big Revolution : Communication, Culture and the Iranian Revolution*, Minneapolis : University of Minnesota Press, 1994, p. 37, p. 72.)

(10) 革命後『ロシュド』(*Roshd*)と呼ばれる学習雑誌が、教師や生徒向けに教育省から出版され、書店に並んでいる。『ロシュド』には、国語(*Roshd-e Adab-e Fārsi*)、社会(*Roshd-e 'Olūm-e Ejtemā'i*)といった各教科の他に、教師用(*Roshd-e Mo'allem*)、青年用(*Roshd-e Nowjavān*)などもある。これらは、各教科の情報や解説を掲載しているばかりでなく、特集や読み物を通じて少年少女にイスラーム共和国の標榜するイデオロギーとしてのイスラームを教化しようとしている。

(11) 先進国と呼ばれる国々においてさえ、今世紀にはいるまで文字は限られた人々のものであり、庶民は口頭文化の世界に暮らしていた。チポラの推計によると、一九世紀中頃のヨーロッパの非識字人口は、成人の約四五〜五〇%、ロシアでは、九〇〜九五%にも上った。(カルロ・M・チポラ著、佐田玄治訳『読み書きの社会史』お茶の水書房、一九八三年、六一頁)

比較的識字率が高いといわれた日本の場合も、一八七〇年頃の識字率は、各年齢層の男子の四〇〜四五%、女子の一五%程度と推測される。(R・P・ドーア著、松居弘道訳『学歴社会 新しい文明病』岩波書店、一九八七年、五五頁)

(12) 例えば、特権階級の子弟のための学校は、古代より存在していたし、聖職者、法律家、医師などの専門家を養成する機関もあった。また、民衆を対象に初歩的な読み書き、算術を教える学習機関も世界各地に存在していた。ヨーロッパのキリスト教世界では、何世紀もの間、各宗派の教会が宗教教育を目的とする初等教育機関を運営していた。

(13) W・J・オング、前掲「印刷、スペース、閉ざされたテキスト」一〇八〜一一一頁。

(14) 教科書というジャンルのパラダイムを作り出したのは、ペトルス・ラムス(一五一五〜七二年)である。彼は、ほとんどすべての学芸科目に当てはまる教科書というパラダイムを作った。教科書は、厳格な定義と分類ではじまり、さらに進んだ定義といっそうの分割へ進むという形式をとった。そして教科書内容についてのいかなる問題点も反論も教科書のなかでは触れられなかった。（W・J・オング著、桜井直文、林正寛、糟谷啓介訳『声の文化と文字の文化』藤原書店、一九九五年、二七五〜二七六頁）

(15) 彼の考案した絵入りの言語教科書は、各国の言語に翻訳され、欧米諸国を中心にその後、二〇〇年ものあいだ出版され続けてきた。（J・A・コメニウス著、井ノ口淳三訳『世界図絵』平凡社、一九九五年、三五四〜三五六頁）

(16) ヨーロッパにおいて現在のような初等・中等教育の教科課程の形式ができあがるのは、一九世紀以後のことである。古代ローマの修辞学校で学ばれていた文法、修辞、論理学、算術、幾何、天文、音楽は、中世の宗教学校において「七自由科」となり、長期にわたって支配的な学習科目とされてきた。しかしながら、近代になり、教育の中心がしだいに教会から世俗の学習機関に移り、また一般大衆も教育の対象とみなされるようになっていったことから、教育内容にも変化が生じた。教育の基本であった読み書き算盤に象徴されるような言語的教科や数理的教科に加え、理科、地理、歴史のような実科的教科、さらに図画、工作、音楽、体操、裁縫などの技能的教科が導入され、しだいに現在のような教科課程が形成されていった。（細谷俊夫『教育方法』岩波書店、一九九四年、一〇四〜一〇五頁）

(17) 特に経済的な理由からも有資格の教員が不足している途上国では、教科書の存在が教育水準の低下を防ぐうえで重要な役割を果たしている。教科書が不足している途上国を対象とする調査によると教科書の利用可能率と学力の間には、明確な相関関係があることが報告されている。（Adriaan M. Verspoor, "Using Textbooks to Improve the Quality of Education", in Joseph P. Farrell & Stephen P. Heyneman (eds.), *Textbooks in the Developing World*, Washington, D.C.: The World Bank, 1989.; *Textbooks and Achievement: What We Know*, World Bank Staff Working Paper, No. 298, 1978.)

(18) 発展途上国における高学歴志向とそれに伴う学歴のインフレーションについては、R・P・ドーア、前掲『学歴社会　新しい文明病』を参照。

(19) Paul Eastman, "The Raw Material: Paper", in Joseph P. Farrell & Stephen P. Heyneman (eds.), op. cit., p. 105. 桜井啓子「アジアの教科書出版」（『調査研究報告』学習院大学東洋文化研究所、第四三号、一九九五年）六三〜六四頁。

(20) 旧英領アフリカ諸国は、植民地時代には英国の教科書をそのまま使用していたが、第二次世界大戦後は、英国系出版社がアフリカ向けに開発した教科書を、輸入するようになった。一九四〇年代から五〇年代にかけてアフリカでも、ごく一部の教科書が現地出版されるようになった。しかし、一九六〇年代、七〇年代に英国の大手出版社六社が、教科書内容に現地の実情を反映させたり教科書の現地生産を促進することによって、アフリカでの市場を拡大した。これら英国系の出版社は、現地に子会社を設立し、五〇~七〇%の教科書を現地生産に切り替えた。その際に、株式を公開し、アフリカの人を経営スタッフに加えるとともに、アフリカの人による教科書執筆を奨励してきた。しかし、皮肉にも、英国系出版社の現地化の努力は、アフリカの民間会社から教科書出版の可能性を奪ってしまった。このような事態を憂慮し、国が直接に教科書出版を手掛けたところもある。けれども、国立の印刷会社といえども、先進技術をもった英国系印刷会社の影響を排除することは容易ではない。

ガーナ、ウガンダ、ザンビア、タンザニアおよびナイジェリアは、英国の出版社と経営協定を結ぶことでさまざまな援助を受け、現地語で執筆した小学校教科書の国産化を実現してきた。これは教科書の国産化、アフリカ化という観点からは明らかに前進であるが、これによって問題が解決したわけではない。いまなお数学や科学などの理科系科目は、英国の学校教科書をそのまま使用している。

また、英国の教科書の存在は、アフリカの国産教科書に不利な状況をもたらしている。国産の教科書は、体裁、印刷技術、配色、製本などにおいて、英国系出版社のものと比較すると著しく見劣りするばかりか、価格の点でも競合することができない。なぜならば英国系出版会社は、国際市場において質の高い紙を大量に仕入れ、最新の技術で安価に印刷することができるからである。最近では印刷経費の安い香港やシンガポールで印刷し、本国ならびにアフリカ諸国を対象に大量販売する会社もある。(Keith Smith, "Who Controls Book Publishing in Anglophone Middle Africa?", *Annals of the American Academy of Political and Social Science*, vol. 421, 1975. ; Philip G. Altbach & Gail P. Kelly (eds.), *Textbooks in the Third World*, New York : Garland Publishing, 1988. ; Philip G. Altbach, "Key Issues of Textbook Provision in the Third World", *Prospects*, vol. 8, no. 3, 1983.)

(21) インドは、地方言語による教育を認めており、各州政府が教科書出版を独占することで教科書の国内生産を実現させた。また、大学用の教科書に限られてはいるが、外貨の流出防止と国内の執筆者を保護するために、インド人による出版に対して費用の六〇%を助成する政策を打ち出した。この政策によってインドの教科書出版は飛躍的に発展し、非常に特殊な分野を除く学部ならびに大学院レベルの教科書の自給を達成した。さらには、高等教育を英語でおこなっている南アジア、東南アジア、中東、アフリカに教科書を輸出するまでになった。(Narendra Kumar, "The Indian Textbook Industry", in Joseph P. Farrell & Stephen P. Heyneman (eds.), op. cit., p. 131, pp. 134-135.)
その他、インドの教科書については、以下のものを参照。Krishna Kumar, "The Origins of Indian's Textbook Culture", in Philip G. Altbach & Gail P. Kelly (eds.), op. cit.; Philip G. Altbach, *Publishing in India, An Analysis*, Delhi: Oxford University Press, 1975.

(22) 世界銀行以外にも、一九六〇年代以降、東西両陣営が相対立する冷戦構造のなかで、ユネスコなどの国際機関、英国のブリティッシュ・カウンシルやアメリカのフランクリン図書計画などの非営利団体、その他、欧米の多国籍印刷会社などによる教科書出版援助が活発におこなわれた。詳細は、Philip G. Altbach (eds.), *Publishing and Development in the Third World*, New Delhi: Vistaar Publications, 1992. を参照。

(23) 教科書研究の分類方法は、多様である。例えば、片岡徳雄は、教科書の社会学的研究には、次のような比較的独立した三つの領域が認められるとしている。(片岡徳雄、前掲『教科書の社会学的研究』六頁)
(一) 教科書と時代や社会との関係。教科書に示された内容の分析を通して、その時代や社会の文化・価値・構造を明らかにする。
(二) 教科書のメディア(媒体)性。どのような影響が学習者に生まれたか。
(三) 近代国家から規制される教科書制度の問題。
Egil Børre Johnsen は、(一)教科書のイデオロギー、(二)教科書の使用、(三)教科書開発、の三つに分類している。そして、実際の研究では、二つないし三つの領域にまたがるものも少なくないと述べている。(Egil Børre Johnsen, op. cit., 1993, pp. 28-29.)

(24) 教科書の歴史を扱ったもののなかには、特定の主題や学科の発達史、特定の国や地域で使用されてきた教科書の変遷などがあり、方法や問題関心は一様ではないが、教科書内容が時代に拘束された、時代の産物であるがゆえに時代とともにその内容も変化するという認識において共通している。資料収集を目的としたものや文化史あるいは社会史的な観点から教科書の歴史を記述した研究以外には、特定の主題の扱われ方を歴史的な流れのなかで考察するという手法をとるものも少なくない。

(25) 当該社会において特に解釈、評価、利害などにおいて見解の相違が著しい、特定の主題や項目が分析の対象となる。例えば社会の少数派集団がその社会の正当な構成員として扱われているかといった関心は非常に多くみられる。アメリカでは、一九六〇年代の公民権運動をきっかけに黒人やインディアン、非アングロ・サクソン系移民たちの教科書での扱いに関心が寄せられるようになった。また、女性の地位向上に対する関心の高まりとともに男女間の性別役割分業に関して教科書がどのようなモデルを提供しているのかを明らかにするために、登場する男女の職業分布や言及の頻度、役割分担、期待される徳目などの調査がおこなわれている。この他にも、教科書に登場する政治家、英雄、偉人像の傾向や変遷を分析したり、すべての登場人物の職業、社会的地位、功績、美徳などを分析することによって、教科書の好むパーソナリティーを明らかにするなどの研究もある。また歴史的な事件の評価、天皇制、ナショナリズム、宗教などの特定の事柄に対する解釈を、時代の変化や政権の交替など教科書内容を拘束するさまざま要因との関わりのなかで検討するような研究も多い。

(26) 各国の教科書にあらわれた対外イメージ、歴史認識、人物評価などの国際比較が試みられている。

(27) 教科書の背後にあって教科書を拘束している権力関係やイデオロギーを抽出しようとする研究である。これらの研究は、何を教科書に掲載するか、あるいは掲載しないかという知識の選別過程や特定の事柄に対する言及の頻度、さまざまな事象に対する解釈や評価といったものを総合的に分析することで教科書が伝達しようとしている知識が、既存の階級関係や支配関係の維持ないし強化に奉仕していることを明らかにしようとする。

民主主義的な方法によって教科書を出版していると考えられているアメリカにおいても、教科書に描かれた歴史が、資本家と労働者階級の間に存在する利害対立への言及を避けていたり、労働者階級の貧困を彼らの個人的な資質や努力の問題へとすり替えて説明することによって、資本家に利するような歴史が書かれてきたなどの指摘がこれらの研究によってなされてきた。

教科書が国家の強力な統制下にある場合には、国民教育の主要な媒体である教科書のなかに顕在的にあるいは潜在的に描かれている信条体系や価値体系を抽出することによって、その体制を支えているイデオロギーを明らかにすることができる。

(28) 例えば、特定の意味を持つ単語の使用頻度を比較する方法。

(29) ここでいう構造とは、諸概念が論理的に組織化されたパターンとして相互に結びつけられる方法を指す。基本的なパターンとしては次のようなものがある。例えば、(a)単なる列挙、(b)結論とその証拠、(c)比較と対象：類似と相違の記述、(d)一定の期間での事項や出来事の継続的な関係、(e)原因と結果、(f)問題とその解決。(*The International Encyclopedia of Education : Research and Studies*, Oxford : Pergamon Press, 1985, vol. 9, pp. 5219-5220.)

(30) 桜井啓子「教科書と人格形成」(川口幸宏編著『新教育学講義』八千代出版、一九九五年)一一七〜一一八頁。

(31) Mūsā Majidī, "Tārīkhche-ye Mokhtaṣar-e Ketābhā-ye Darsī va Seir-e Taṭavvor-e Ān dar Īrān", *Faṣlnāme-ye Ta'līm va Tarbiyat*, vol. 1, no. 4, 1986.

(32) ガージャール朝期に設立されたイランで初めての世俗的な高等教育機関。開明的な宰相アミーレ・カビールの発案によって設立され、四〇年間に多くのエリートを輩出したが、一九世紀末に高等学校に改編された。
ダール・アルフォヌーンについては、以下のものを参照。Ferīdūn Ādamiyyat, *Amīr-e Kabīr va Īrān*, Tehrān : Enteshārāt-e Khārazmī, 2535 (1976). ; Ḥosein Maḥbūbī Ordakānī (ed.), *Tārīkh-e Mo'assesāt-e Tamaddonī-ye Jadīd dar Īrān*, vol. 1, Tehrān : Dāneshgāh-e Tehrān, 1354 (1975-76). ; Ḥosein Maḥbūbī Ordakānī, *Tārīkh-e Taḥavvol-e Dāneshgāh-e Tehrān va Mo'assesāt-e Āmūzeshī-ye Īrān dar 'Aṣr-e Khojaste-ye Pahlavī*, Tehrān : Dāneshgāh-e Tehrān, 1350 (1971-72), pp. 10-18. ; "Dār al-Fonūn" in Ehsan Yarshater (ed.), *Encyclopædia Iranica*, vol. 6, 1993, pp. 662-668. ; "Tārīkhche-ye Ma'āref-e Īrān", *Majalle-ye Ta'līm va Tarbiyat*, vol. 4, no. 6-8. 1934.

(33) Maḥmūd Mehr Moḥammadī, "Barrasī-ye Taṭbīqī-ye Neẓām-e Barnāmerīzī-ye Darsī dar Jomhūrī-ye Eslāmī-ye Īrān va Jomhūrī-ye Federāl-e Ālmān", *Faṣlnāme-ye Ta'līm va Tarbiyat*, vol. 9, no. 3 & 4, 1994.

(34) F. Farnūdiyān, "'Avāmel-e Mo'aṣṣer dar Ta'yīn Moḥtavā va Ḥajm-e Ketābhā-ye Darsī-ye Ta'līmāt-e Ejtemā'ī, Doure-ye Rāhnamā'ī-ye Taḥṣīlī", *Faṣlnāme-ye Ta'līm va Tarbiyat*, vol. 5, no. 4, 1990.

(35) Ne'matollāh Mūsāpūr, "Arzeshyābī-ye Shīve-ye Erā'e-ye Moḥtavā-ye Ketābhā-ye Farhang-e Eslāmī va Ta'līmāt-e Dīnī-ye Maqṭa'-ye Ebtedā'ī", *Faṣlnāme-ye Ta'līm va Tarbiyat*, vol. 7, no. 3 & 4, 1991-92.

(36) Jalāl Matīnī, "Ketābhā-ye Darsī dar Jomhūrī-ye Eslāmī-ye Īrān", *Īrānnāme*, vol. 3, no. 1, 1984. 英文で書かれた短いエッセイもある。Jalal Matini, "Negating the Past", *Index on Censorship*, 1985, vol. 14, no. 6.

(37) Bahran Mohsenpour, "Philosophy of Education in Postrevolutionary Iran", *Comparative Education Review*, vol. 32, no. 1, 1988.

(38) Rasool Nafisi, "Education and the Culture of Politics in the Islamic Republic of Iran", in Samih K. Farsoun & Mehrdad Mashayekhi (eds.), *Iran Political Culture in the Islamic Republic*, London : Routledge, 1992.

(39) Golnar Mehran, *The Socialization of School Children in the Islamic Republic of Iran*, Ph. d Dissertation, University of California, Los Angeles, 1988. ; Golnar Mehran, "Socialization of School Children in the Islamic Republic of Iran", *Iranian Studies*, vol. 22, no. 1, 1989.

Mehranは、これ以外にも、革命後のイランの教育に関する論文を多数執筆している。例えば、Golnar Mehran, "Social Implications of Literacy in Iran", *Comparative Education Review*, vol. 36, no. 2, 1992. ; Golnar Mehran, "A Study of Girls' Lack of Access to Primary Education in the Islamic Republic of Iran", *Compare*, vol. 27, no. 3, 1997.

(40) Mobin Shorish, "The Islamic Revolution and Education in Iran", *Comparative Education Review*, vol. 32, no. 1, 1988. この論文は、後に、"Textbooks in Revolutionary Iran", としてPhilip G. Altbach and Gail P. Kelly (eds.), op. cit. に収録された。

(41) Sussan Siavoshi, "Regime Legitimacy and High-school Textbooks", in Saeed Rahnema & Sohrab Behdad (eds.), *Iran after the Revolution*, London : I. B. Tauris, 1995.

(42) Aḥmad Karīmī Hakkāk, "Īdeolozhī-ye Ketābhā-ye Darsī dar Jomhūrī-ye Eslāmī", *Mehrgān*, vol. 2, no. 1, 1993.

(43) Patricia J. Higgins & Pirouz Shoar-Ghaffari, "Sex-Role Socialization in Iranian Textbooks", *NWSA Journal*, vol. 3, No. 2, Spring 1991.

(44) Jacquiline Rudolph Touba, "Cultural Effects on Sex Role Images in Elementary School Books in Iran : A Content Analysis after the Revolution", *International Journal of Sociology of the Family*, vol. 17, no. 1, 1987.

(45) メディアとしての教科書という視点については、藤村正司「儀礼的消費メディアの仮説」(片岡徳雄、前掲『教科書の社会学的研究』)を参照。藤村は、日本の教科書利用の実態を把握するための試みとして、メディアとしての教科書の利用を多元的に理解する枠組みを提示している。そのなかで「官僚的・国家的メディアとして」の教科書の特徴として

(一)活字メディア、(二)国家によって正当化された知識が、カリキュラムとして組み込まれている制度化された学習メディア、(三)どのような世代の受け手にも日常性がある、という三点を挙げている。ただし、教科書を「官僚制的統制メディア」とみる立場からの研究は、教科書に記載される内容が文字どおりキチンと生徒に教えられているという期待なり前提が込められていると指摘する。したがって、教科書利用の実際の調査によって、この前提が崩れた場合に、例えば、「儀礼的消費メディア」としての教科書という解釈も生じうるという。

(46)　近代国家が儀式に代表されるようなシンボルへの依存を増大させているのは、直接観察をはるかに凌ぐ社会に住んでいる人々は、抽象的シンボル手段を通してのみ、より大きな政治実体と関係できるからである。(D・I・カーツァー著、小池和子訳『儀式・政治・権力』勁草書房、一九八九年、一九頁)

(47)　フェルドウスィー生誕一〇〇〇年祭については、以下を参照。Īsā Ṣadīq, *Yādgār-e 'Omr*, vol. 2, Tehrān: Dehkhodā, 1354(1975-76), pp. 201-233.

(48)　これらの活動については、桜井啓子「レザー・シャー期イランの体育行事」(『オリエント』第三三巻第二号、一九九〇年)を参照。

(49)　イマーム・ホセインが、カルバラーで殉教したイスラーム暦モハッラム月一〇日をアーシューラーと呼ぶが、毎年、この日に、ホセインの哀悼行事が繰りひろげられる。カルバラーは、現在、イラク国境内にあるが、シーア派の巡礼地となっている。

カルバラーの悲劇については、山岸智子「史書・教書・殉教語り――イラン人にとってのカルバラーの悲劇」(義江彰夫、山内昌之、本村凌二編『歴史の文法』東京大学出版会、一九九七年)に詳しい。

金曜礼拝が国家的儀礼に転化した事例については、Haggay Ram, *Myth and Mobilization in Revolutionary Iran: The Use of the Friday Congragational Sermon*, Washington D.C.: The American University Press, 1994. を参照。

(50)　識字率の推移は、一九六六年―二八・六%、一九七六年―四七・四%、一九八六年―六一・七%、一九九一年―七四・〇%となっている。(Markaz-e Āmār-e Īrān, *Sālnāme-ye Āmārī-ye Keshvar* 1374 [Feb. 1997], p. 460.)

(51)　ファギーフとは、イスラーム法(fiqh)を専門とするイスラーム法学者のことをさすが、シーア派では、一八世紀末にエジュテハードを行使するモジュタヘドと同義語となった(Moojan Momen, *Introduction to Shi'i Islam*, New

Haven: Yale University Press, 1985, p. 186.)。本来、シーア派教義においてヴェラーヤトという概念は、一二人のイマームの権威から引き出されたものであるが、八七四年に一二代イマームが隠れたために、シーア派の学者がそれを継承したと考えられている。そして、シーア派法学は、次のような三つの領域においてシーア派の学者は、ヴェラーヤトを行使しうるとみなしてきた。

第一は、保護が必要とみなされる人物（孤児、捨て子、未亡人、障害者など）や財産の監督、第二は、共同体の宗教生活を支える財産や活動の監督（ワクフ、モスク、神学校、巡礼所など）、第三は、ムスリム共同体の福祉の監督、これ以外に、第四として、イスラーム法学者が隠れイマームの代わりに日々の政治を運営できるとする意見もあるが、イスラーム法学者による政治権力の行使を認めるか否かについては、シーア派の権威者の間に統一見解が存在しているわけではない。

しかし、イラン・イスラーム共和国のもとでは、憲法第五条に明記されているように、ヴェラーヤテ・ファギーフを「イスラーム法学者による統治」と解釈するホメイニーの見解が公式のものとなっている。(Gregory Rose, "Velayat-e Faqih and the Recovery of Islamic Identity in the Thought of Ayatollah Khomeini", in Nikki R. Keddie (ed.), *Religion and Politics in Iran*, New Haven: Yale Univerity Press, 1983. pp. 166-170.)

(52) ヴェラーヤテ・ファギーフ（イスラーム法学者による統治）の理論的根拠を論じた研究には、例えば次のようなものがある。Said Amir Arjomand (ed.), *Authority and Political Culture in Shi'ism*, New York: State University of New York Press, 1988.; Hamid Dabashi, *Theology of Discontent: The Ideological Foundation of the Islamic Revolution in Iran*, New York: New York University Press, 1993.

(53) M・ウェーバー著、濱島朗訳『権力と支配』（有斐閣、一九六七年）。

(54) David Beetham, *The Legitimation of Power*, London: Macmillan, 1991, p. 8.

(55) 河原宏「政治学における権力と服従」（鹿野政直編『社会科学における権力と服従』早稲田大学出版部、一九六四年）五八頁。

(56) 「神権政治」とは宗教権力が世俗の権力を吸収してしまう場合で、現在のイランの状況に近い。「皇帝法王主義」はこの逆の状況で、サファヴィー朝がこれに相当する。「教権制」は両者が共存している状況で、ガージャール朝に適用される。(Said Amir Arjomand, *The Shadow of God and the Hidden Imam*, Chicago: The University of Chicago Press, 1984. 桜井啓子「書評：Said Amir Arjomand, The Shadow of God and the Hidden Imam」『オリエント』第二八巻第二号、一九八五年)

(57) 小川晃一は、国家への服従の特殊性を次のように説明する。「国家においては、どの国家に属し、どの国の国家権力に服するかには、それほど選択の自由があるわけではない。……他の権威と違って、国家を人はそう自由に選びえないのであるから、たとえ自分が属している国家に不満があっても、不満を抑えて忍従するか、あるいは国家の在り方を自分がよいと思う方向へ少しでも変えてゆくしかない。……国家には、多くは、人々がこれを支持し自発的に服従するという権威の要素と、これに服従しなければ強制的に服従せしめられるという権力的要素がある」。(小川晃一『権力と権威』木鐸社、一九八八年、三〇〇〜三〇一頁)

(58) S・ルークス著、伊藤公雄訳『権力と権威』アカデミア出版会、一九八九年、四四頁。

(59) 河原宏によれば、物理的拘束状態は権威に媒介されることによって安定した帰属意識へと変化する。そして「近代世界では国家が最高の権威的集団であったが故に、最大の忠誠の対象となったのである。国家は、強制力をもつことによって献身の対象となるのであって、その逆ではない」。(河原宏「現代国家における権威と権力」〔河原宏編著『現代日本の共同体⑤国家』学陽書房、一九七三年〕二五頁)

(60) ここでいう一体感とは、「一時的な利害の一致や一時的な共同行動以上」のものであり、「人々の合理的な計画や努力、あるいは人々の意識をさえ越えて形成され、変形され、衰退する」ようなものである。(小川晃一、前掲『権力と権威』三七六〜三七八頁)

(61) この点について河原宏は、本来、政治体は機能集団であり、成員からは条件的服従を得るはずであり、国家も例外ではない。しかしながら、国家は、共同体的な性格を帯びることによって、成員から無限定服従を求めるようになると説明する。(河原宏、前掲「政治学における権力と服従」八二〜八五頁)

(62) D・I・カーツァー、前掲『儀式・政治・権力』一五頁。

河原宏は、これを次のように表現している。「国家はその象徴性を通じてしか認識されないものである。人が国家を見出したと信じている時、実際にはそこに国家がさまざまな象徴を通じて賦与した精神的価値、あるいは象徴性を見出しているにすぎない。したがって逆にいえば、国民に対して国家もまた、象徴性を通じて国家となる」。（河原宏、前掲「現代国家における権威と権力」一九頁）

(63) 「国家とは、しばしばそれと重なり合って、あるいは混同されてあらわれてくるもの、例えば政府、法律、君主、国民、領土など、これらのいずれでもないし、またすべてを総計したものでもない」。（河原宏、同右、一九～二〇頁）

(64) 国家がこの物理的強制力をもちいて服従を確保する方法には、次のようなものがある。第一は、警察、軍隊など物理的強制機構によって肉体的苦痛を与え、反抗者に制裁を加える方法である。第二は、心理的強制である。これは、「見せしめ」に代表されるような威嚇や極度の誇張によって反抗や違反を未然に防ごうとする方法である。第三は、社会的・経済的価値を剝奪する方法である。名誉や資格の剝奪、解雇・雇用の拒否、昇給・昇進の停止などである。（日下喜一著『現代政治学概説』勁草書房、一九九二年、六四～六六頁）

(65) そのための方法には次のようなものがある。第一の方法は、権力保持の正当性を被支配者の理性に訴える方法である。第二は、宣伝などを利用して被治者の情緒や感情に訴えるもので、賛美、嫉妬、憎悪などの非合理的な感情を刺激することによって効果を引き出そうとする方法である。第三は、社会的価値を付与することによって支持を獲得する方法である。積極的な支持の代償としての特権的な地位の提供や、勲章や表彰などによって栄誉を与えるなどの方法が採られる。（日下喜一、同右、六六～七〇頁）

(66) 国家には、機能集団としてのゲゼルシャフト的な側面とともに共同体的な側面がある。本書が問題とする「献身的服従」は、国家のもつ共同体的性格によってもたらされる。（河原宏、前掲「政治学における権力と服従」八二～八三頁）

第二章 「国家的装置」としての国定教科書制度

一 パフラヴィー朝時代の公教育と教科書

一九六三年の内閣における国定化決議を契機に本格的な国定教科書制度が確立された。この制度は一九七九年の王制崩壊後も革命政権によって継承され、イスラーム共和国の国定教科書出版においても中心的な役割を果たしている。

本書では、一九六三年の教科書の国定化を、同じ時期にはじまる「白色革命」と並んで、政治的、社会的影響の大きい注目に値する決定とみなしているが、これまでイラン研究のなかで、この決定について触れられることはなかった。さらに、この国定化は、小学校の就学率上昇を優先課題とする第三次開発計画(一九六二～六七年)とも歩調を合わせることになる。一九六〇年代、学校へ入学する児童が五〇%を越え(1)、それとともに教科書発行部数も急速に増加していった。量的な変化だけでなく、国定化は、教科書に質的な変化をもたらした。国定化を契機に、教育省による徹底した内容管理が実施されるようになり、全国の授業内容が均質化、画一化された。

国定教科書発行制度を確立させたことで、イランは、若年層を対象に政治的メッセージを組織的・持続的に伝達することのできるメディアを獲得した。教科書は、「国王と人民による革命」と称される一連の改革の目的や成果を伝達するという政治的な課題を背負ったのである。この章では、国定教科書発行の出発点となる一九六三年をイランのメディアにおける一つの転機とする視点から、教科書の発達を軸に近代イランの教育史を概観しておきたい。

1　神学校から世俗学校へ

一八五一年、フランスの工芸学校(polytechnic)をモデルとするイラン初の高等教育機関ダール・アルフォヌーンが開校された。フランスをはじめとするヨーロッパ諸国から招かれた教師たちが、外国語書籍のペルシア語訳を教科書に、西洋の諸学問を教授し、近代国家の運営に必要な官僚や技術者の養成をはかった。一八五八年には、教育省も設立され(2)、ダール・アルフォヌーンの開校によって幕を開けたイランの世俗教育の流れは、しだいに初等、中等教育の領域にまで及ぶようになった(3)。一八九八年、民間有志によって、「教育協会」(anjoman-e ma'āref)(別名、イラン民間小学校設立協会 anjoman-e ta'sīs-e makāteb-e melliye-ye Īrān)が結成され、世俗の初等教育機関が数多く設立された。この協会は、出版会社も設置し、教科書の印刷も手掛けている(4)。これらの学校のカリキュラムには、数学、科学、外国語など、神学校にはない新しい教科が含まれていたが、学校ごとに授業内容も教授法も異なっていた(5)。

このように世俗教育が初等、中等教育にまで及んだことで、コーランの暗誦や初歩的な読み書きを教えるマクタブ(maktab)やウラマーの養成を目的にイスラーム諸学を教授する神学校などの伝統的な教育機関で、教師として活躍してきたウラマーたちとの間に軋轢が生じ、両者の対立が顕在化していった。この時期、非イスラーム的な教育内容に対する反発やマクタブや神学校の衰退による失業への恐怖から、ウラマーや神学生による世俗学校の打ち壊し事件などが多発している(6)。

しかし、世俗教育の普及はその後も進み、イラン史上初の国民議会の開設と憲法の制定を実現させた立憲革命(一九〇六〜一一年)の成果である憲法補則の第一九条には、無償教育ならびにすべての学校を教育省の管理下におくという条項が盛り込まれた(7)。さらに一九一一年に公布された教育基本法では、初等教育の義務化、政府による小学校の財政的支援、教育省による全学校のカリキュラムの企画、公立学校と私立学校の併存、などが定められた[8]。しかし、いずれの条項も理想を述べているにすぎず、実現へ向けた配慮が欠落していた。

この法案が審議されるにあたって議会で全国的な統一カリキュラムの導入をめぐって議論[9]が展開されながら、教育内容、特に教科書に関する規定は盛り込まれなかった。この時期、出版社は、教科書を出版する際は事前に教育省に原稿を提出し、審査を受けることになっていたが、実行の程は明らかではない。当時の教科書は、記述の誤りが多く、教材としての適性に欠け、印刷水準が低く、かつ高価であったという[10]。

2 エリート教育の時代――レザー・シャー期

一九二一年二月、第一次世界大戦の混乱状況のなか、ズヤーウディーンと政府軍(コサック軍)隊長のレザー・ハーンによるクーデターが成功し、イランは新しい時代を迎えた。レザー・ハーンは、軍務大臣としてイラン国軍の統一と強化に努めた後、一九二五年にガージャール朝を廃止し、パフラヴィー朝を樹立した。王位に就いたレザー・ハーンは、自らをレザー・シャーと称した。

レザー・シャーは、軍隊の近代化と官僚制度を整備し、中央集権的国家体制の建設に取り組んだ。対内的には、体制に批判的な新聞、政党、労働運動の禁止、部族の非武装化と定着化、イスラーム宗教勢力の弱体化、徴兵制の施行、戸籍の導入、南北縦断鉄道の敷設、などの諸政策によって独裁体制の基礎を作り、対外的には、関税自主権の回復、治外法権の撤廃を実現させ、独立国家としての体裁を整えた。

レザー・シャーは、教育にも大きな変化をもたらした。彼は、クーデター直後の演説で、教育の重要性を次のように語っている。

我々の道徳、精神力、同胞意識を、国民的・愛国主義的教育を通じて発達させる必要がある。それは、我々の祖国、子どもたちの郷土を献身するに相応しいものにするためである。イランの国のために——輝き、栄える太陽のようであったが、いまは文明からも発展からも遠ざかっているイランのために、学校を作る必要がある。有能な子どもたちが教育の恩恵を享受できるように準備する必要があるが、それは、無能な抑圧者の子孫、抑圧者の相続人である富裕層の特権であってはならない。その反対に、あらゆる階層の人々、農民たちが、教育の恩恵を被らなければならない(11)。

レザー・シャーは、学校を国家への忠誠心や国民の一体感を育てるための教化機関とみなし、学校を民衆に開放すべきだと考えていた。そこには、農村出身で学校に通うことのできなかったレザー・シャー自身の思いが込められていたのかもしれない。しかしながら、実際には、教育を含むレザー・シャー期の文化政策は、限られたエリートを対象に王制賛美と愛国心を植え付けるものであり、大衆は教育の枠外に置き去りにされたままとなった。特にレザー・シャーへの権力集中が顕著になる一九三〇年代には、イランがアラブに征服され、イスラームの影響下に入ることになる七世紀以前に、イランで栄えたアケメネス朝やサーサーン朝時代のペルシア文化への誇りを核とする官製のペルシア・ナショナリズムが盛んに唱道された。一九三四年にフェルドウスィーの生誕一〇〇〇年を記念してテヘランで開かれた国際会議やフェルドウスィー廟の建立はその代表的なものである。この他にも民族遺産の保存や復興事業として、古代遺跡の発掘、古代イラン博物館、人類博物館、地方の博物館の建設に着手している。

この時期の文化事業として忘れてはならないものが、一九三五年に設立されたファルハンゲスターン(farhangestān)を中心とするペルシア語改革運動である。この運動は、ペルシア語に混在しているアラビア語の排除、外来語のペルシア語への置換、科学技術系用語の開発、などを主要目的とするものであり(12)、ここで造語された新しいペルシア語は、学校教育を通じて伝達された。

レザー・シャー期に導入された文化事業のなかで、やや特殊なものに国民体育祭やボーイスカウトの大会などがある。一九二七年、イランではじめて体育を学校教育の正式なカリキュラムとすることが決定されたが、その後も、体育の導入に対する抵抗が強く、実施が見送られてきた。ところが、一九三三年に体育教育国民協会(anjoman-e melli-ye tarbiyat-e badanī)が設立されたことがきっかけとなり、体育が急速に普及し、一九三〇年代後半には、その成果が教育省や陸軍省の主催する体育祭やボーイスカウトの大会で競われるようになった。若者たちは、皇太子や王族をはじめ、首相、大臣、軍人などの要人が列席する会場で、国旗を手に制服姿で入場し、分列行進や体操を披露したり、各種競技に参加し勝敗を争った。体育祭は、力と技、愛国心、規律、体制への忠誠を誓う体制賛美の祭典であった(13)。

この時期の教育政策で、最も注目すべきことは、あらゆる教育活動が教育省の管理下に置かれるようになったことであり、その第一歩が、一九二二年の教育高等審議会(shourā-ye 'ālī-ye ma'āref)の設置であった。教育省の監督機関であり、かつ教育政策の最高決定機関である教育高等審議会(14)は、学校組織、プログラム、試験、教員採用などの全国基準を設定した。同審議会は、教科書の執筆者や出版社に対しても審議会の計画に従うよう要請していたが(15)、まだこの時点では、教科書の内容や水準を統一するための基準は存在せず、教科書の採択をはじめ、カリキュラム、教授方法などは各学校の方針に委ねられていた。

しかし、教科書に対する管理を強化しようという動きがなかったわけではない。一九二八年、イラン初の国定教科書が発行された。時の教育大臣ガラーグーズルー(Qarāgūzlū)は、政府決議に基づき、小学校一年用から四年用の国定教科書を出版し、全国の学校で使用を義務づけた(16)。この教科書は、内容、印刷、価格のいずれにおいても、それ以前に発行されていた教科書よりも優れていたという(17)。

一九三八年には内閣決議に基づいて、中学校に相当するダビーレスターン一年から三年用教科書の執筆が始まった。教科書編集のために設置された専門委員会が、教育省の資金で約八〇タイトルの教科書を発行した(18)。教育省による教科書発行が実現したとはいえ、フランスの教科書の単なる翻訳本も多く、内容的にも多くの問題を残していた。

レザー・シャー期を通じて、教育に当てられた国家予算は平均四％程度だったが、その大半が高等教育につぎ込まれた。一九二八年、イラン政府は、毎年一〇〇名を政府給費留学生として欧米に派遣することを決定し、一九三五年には、イラン初の総合大学となるテヘラン大学を開校し、一九四〇・四一年には、在籍者二〇〇〇人ほどの大学に成長した。高等教育に比べ、初等教育の伸びは思わしくなかった。第二次世界大戦の頃になっても、公立の小学校に通う生徒は、人口のわずか一％にすぎなかったことからもわかるように、この時期の初等教育は、憲法に謳われている義務教育としての機能を果たすものではなかった。[19] 一方、世俗学校の普及の蔭で、神学校や神学生の数は、減少し続けた。一九二四・二五年と一九四一・四二年を比較した場合に、公立の小中学校の在籍者は五倍以上に増えたのに対して、神学校の在籍者は五分の一以下に減少している。[20] 教育省は、神学生への試験、教師の資格審査、カリキュラムに対する管理などを通じて、神学校に対する規制を強化していった。[21]

3　大衆教育の幕開け——モハンマド・レザー・シャー期

一九四一年、第二次世界大戦の勃発とともに連合軍がイランに進駐し、レザー・シャーは退位を迫られた。その結果、王位は、一九四一年九月一六日、当時二一歳であった息子のモハンマド・レザー・シャー・パフラヴィー(在位一九四一～七九年)に委譲されることになった。強権的なレザー・シャー体制の崩壊は、イラン政治に一時、自由な空気を与えた。一九四一年のツデー党(イラン共産党)の創立[22]をはじめ、各種政党の活動が活発化し、労働組合や農業組合も結成され、各方面で自由主義的な運動が盛り上がりをみせた。

そのような時代の空気のなかで、一九四三年に義務教育法が制定された。これは、一九〇六年の憲法に記された義務教育の理念を実現させることをめざしたもので、一〇年以内に全国に無償の義務教育制を敷くことや子どもを学校へ通わせない親に対する罰則を含んでいた。(23) 義務教育法の制定は、エリート教育から大衆教育への転換を目指す重要な法であるが、財政難に直面している教育省にこれを現実化する能力は備わっていなかった。それは、教科書政策にもあらわれている。

第二次世界大戦中、財政難を理由に、教育省は国定教科書の発行を断念し、形式的な審査で出版社の持ち込むほとんどの教科書に出版許可を与えていた。一九四五年、出版社の要求に屈した教育省は、教科書の編集・出版を自由化した。その結果、出版社や執筆者間の利益競争は激化し、多種多様な教科書が出版された。かつて教育省から八〇タイトル発行されていたダビーレスターンの教科書は、四二八タイトルにも増加した。教科書の自由競争は、個々の教科書の質と量を低下させ、教科書市場を無秩序な状態に陥れた。(24)

第二次世界大戦後、教科書改善のために教育省は大学教授や学校教師を招き、教科ごとの委員会を組織し、教科書開発を委ねた。しかし戦後の社会経済的変化と混乱のために、この時執筆された教科書はじきに使用されなくなった。教師たちは、再び出版社の協力を得て、独自に教科書を出版するようになったが、営利目的のものが多く、質の低下と価格の上昇が顕著となった。(25) 事態改善のため一九五六年、教育高等審議会は教科書の編集と出版事業に規則を設けることを決定した。しかし、これすらも教科書市場の激しい抵抗のために実行に踏み出すことができなかった。(26)

終戦によって連合軍は撤退したが、外国の干渉は続き、アゼルバイジャンとクルディスターンでの分離独立運動や都市部での共産主義運動が、弱体な中央政府を脅かした。このようななかで、モサッデグの率いる国民戦線を中心に、アングロ・イラニアン石油会社(Anglo-Iranian Oil Company)が牛耳る石油利権の奪回をめざす石油国有化運動が展開された。一九五一年、イラン国民議会は石油国有化法案を可決し、アングロ・イラニアン石油会社を接収し、イラン国営石油会社(National-Iranian Oil Company)を設立した。ところが、イギリスが石油国有化への報復としてイラン石油をボイコットしたために、イランの経済状況は急速に悪化し、国内政治は混乱を極めた。ツデー党の台頭を懸念したアメリカは、イギリスとモサッデグ打倒を共謀し、一九五三年、王党派のザーヘディー将軍のクーデターを背後で支援し、王制の再建と強化に協力した。これを契機にアメリカの対イラン支援は増加の一途を辿ることになる。それと同時に、モハンマド・レザー・シャーへの権力集中が加速化した。脆弱だった国王は、一九五七年には、アメリカの援助で秘密警察サバックを組織し、反体制運動を徹底的に弾圧した。

このような状況のなかで、一九六三年一月二六日、国王は「白色革命」と称する一連の近代化のための改革を、国民投票を経て発足させた。この改革は、「国王と人民の改革」とも称され、(一)農地改革、(二)森林の国有化、(三)国営企業の民営化、(四)工場労働者への利益配分、(五)選挙法改革、(六)識字部隊の創設、という六大改革を柱とし、さらに一九六七年までに(七)保険隊の創設、(八)再建開発隊の設立、(九)「公正の家」農村裁判所の設置、(一〇)水資源の国有化、(一一)都市と農村の再建、(一二)教育制度と官僚機構の再編、の六つが加わった。[27]

これら近代化のための諸改革のなかで、教育は重要な位置を占めている。六大改革の一つにある「識字部隊の創設」とは、兵役期間中にある高卒以上の者を、教師として農村に派遣し、識字教育にあたらせようというプログラムである。一九六七年に採択された一二番目の改革は、高等教育を中心に「教育革命」(enqelāb-e āmūzeshi)を推進しようとしたものである。さらに、一九七四年の石油価格の高騰によって急激に財政状況が好転した政府は、幼稚園から第八学年までの全児童の授業料ならびに給食費の無料化計画を打ち出し、一九七五年一二月に、白色革命の項目に加えられた。

白色革命以降のパフラヴィー朝の教育政策には、二つの大きな流れがある。第一は、初等教育の拡充や職業・技術学校の増設を目標としたいわゆる大衆教育路線である。このような方向性は、イランではじめての包括的な教育計画を含むとされる第三次開発計画のなかにはっきりと打ち出されている。

イランの教育哲学は時代遅れである。初期の目的は、明らかに知的エリート、それも特に行政指導者集団の育成であった。しかし、これは現在のイランの需要に見合っていない。今日のイランが必要としているのは、人々の生活水準を向上させ、国の諸資源を開発し、また適切な価値や態度の学習を助けるような教育制度である。そのためには大衆教育を目的とする教育制度が必要である。[28]

この大衆教育路線は、初等教育への就学人口を増大させる一方で、大学進学率を抑制しようとするものであった。[29]この時期、すでに大学進学に有利な普通高校の入学者が急増していた。そのために、大学進学を果たせなかった高卒者が労働市場に溢れ、彼らの失業が問題となっていた。このような事態について第三次開発計画は次のように警告している。

……現在も未来も、適性の有無にかかわらず、親が普通高校への進学を望んでいるすべての生徒を普通高校が受け入れるという目標はない。[30]

第三次開発計画は、普通高校への進学を抑制する一方で、労働市場において需要が高いとされていた熟練労働者を育成するための職業・技術高校の増設を計画した。

教育政策の変更に伴って、教育制度の改革も始まった。一九六四年、国王は、それまでの六‐六制に代わる新しい制度を検討するための委員会の設置を命じた。その結果、初等教育期間を一年減じた五‐三‐四制が考案され、一九六六年度より、五年制小学校の導入が開始された。ガイダンス課程と名付けられた三年制の中学は一九七一年度より導入され、その三年後には、大都市を中心に四年制の高校が導入された。[31]学制改革の一つの狙いは、ダビーレスターンと呼ばれる中等教育課程を三年制の中学(ガイダンス課程)と四年制の高校(ダビーレスターン)とに分割し、ガイダンス課程の卒業生のうち、相当数を職業・技術高校へ進学させることであった。

学制改革と併せ、議会は、一九七二年五月、一九四三年の義務教育法を改正し、義務教育をガイダンス課程終了までの八年間とすることを定めた。ただし、この規定には小学校段階での完全就学が実現した時点で効力を発するという条件が付されていた。(32)一九六〇年代から七〇年代にかけて初等教育を中心に学校数は急増していったが、それすらも人口増加に追いつかず、実際には非識字人口を増やしている。

第二の流れは、一九六七年、高等教育の拡充と科学の振興をうたった「教育革命」宣言以後に顕著となる高等教育の拡充路線である。同年、これを推進するために設立された科学・高等教育省は、やがて教育省を凌ぐ発言力をもつようになる。第四次開発計画(一九六八~七二年)は、各分野での人材要求に応えるために、高等教育機関や職業・技術学校の増設を最優先課題とした。パフラヴィー朝最後の開発計画となる第五次開発計画(一九七三~七八年)でも、雇用機会、人材要求、経済計画と教育とのバランスを重視し、普通高校への進学者を可能な限り抑制し、職業・技術高校への進学者を五年間で六倍にし、大学の定員枠は、一・八倍程度の増加に留めることを目標としている。(33)

一九六〇年以降、紆余曲折はありながらも全体としては教育の拡充が推進されてきたのだが、現実には、多くの人材を必要としていた分野での人材育成が滞ったために人材不足は解消されず、また雇用機会が拡大しないままに教育人口だけが増加したために、失業や社会不安が増大していった。イランの工業化推進に力を発揮するはずであった職業・技術学校は、高校を卒業することで事務職に就こうとする若者に敬遠され、低迷した。

また教育を受けることで社会的上昇をはかろうとした人々は、縁故採用が蔓延する状況のなかで希望どおりの就職ができず、大きな挫折を味わうことになる。特に、教育の大衆化政策の恩恵を受け、進学することができた中・下層出身者たちは、能力や適性ではなく、血縁やコネによって採用、昇進、給与などが決定する状況に強い不満を抱いていたといわれている。(34)卒業後の挫折は、教育にかける期待が大きければ大きいほど、また、学歴が高くなればなるほど増大する。革命運動に身を投じた多くの大学生は、まさにこのような体験をした人々だった。

4 国定化への道

教育制度の改革が始まり、教育人口も増え始める一九六〇年代半ばには、教科書もまた新しい時代を迎えることになる。第二次世界大戦以来続いた教科書出版をめぐる出版社と教育省との対立は、一九六三年三月、教育省による教科書国定化の進言を内閣が承認したことによって一応の解決をみることになる。この年、内閣が国定化に踏み切った直接の原因は、一九六二年の夏から秋にかけ、多数の出版社が団結して教科書価格を前年の三〇%も引き上げようとしたばかりではなく、有力な数社が教科書の販売を自制して故意に教科書不足の状態を作り出し、教育省に圧力をかけるという事件だった。(35)

事態を憂慮した教育省や教育関係者らは、近年、特に顕著になっている教科書内容の質の低下、教材としての不適切性、発行される教科書の種類の増加とそれにともなう各教科書の発行部数の低下、紙質や製本の悪化、価格の高騰といった事態は、販売数の増加を狙う教科書出版会社が、利益追求のみに奔走し、教育的配慮や教科書を購入する学生への配慮を怠ってきた結果であると厳しく批判している。出版社に対する批判は、外国の教科書のグラビアをそのまま複写しているといった点や、著名な学者を編者に掲げながらも実際には無名の者に安い原稿料で執筆させているといった点にまで及んだ。(36)

一九六三年七月、教育大臣は、記者会見の場で教科書が抱える問題を次のように説明している。

教科書にはいくつかの問題がある。その一つは、教科書数が非常に多く、学校ごとに教科書が違うことである。生徒が引っ越しをした場合には、持っている教科書を捨てて、新たに購入しなければならない。……同じ学校の同一年度においても教員の交替によりしばしば教科書が替わり、生徒は新しいものを購入することになる。

だがこの教科書の数と種類は見掛け上のものであり、内容的にはたいした相違がない。生徒や保護者の抱える困難を除くために、タイトル数を減らすとともに、教科書内容を改善する必要がある。[37]

このような状況を変えるうえで、大きな役割を果たしたのがフランクリン図書計画(Franklin Book Program)[38]である。フランクリン図書計画は、アメリカの出版技術をイランに導入することによって、イランの出版業界に大きな影響を与えたばかりでなく、教育省による教科書発行を提言し、国定教科書制度の確立を促した。

フランクリン図書計画は、一九五二年、途上国におけるアメリカ書籍の翻訳出版を支援することを目的に設立されたアメリカの非営利団体である。フランクリン図書計画のカイロ事務所が開設されてから一年後の一九五三年一一月、理事ら一行[39]が、はじめてテヘランを訪れた。この時一行は、後にフランクリン図書計画テヘラン事務所長となる人物[40]に巡り合う。テヘランに開設された事務所は、本来の目的である翻訳出版事業の他に、イランの教科書出版にも深く関わるようになる[41]。一九五七年には王立社会事業団(sāzmān-e shāhanshāhi-ye khedmāt-e ejtemā'ī)[42]の手掛ける教科書出版に対する支援をはじめている。当時、王立社会事業団は、小学校一年から四年までの教科書を編纂し、教育省の校閲を受けたのちに、全国の小学校に無償で配布していた[43]。その後さらに小学校五年、六年の教科書出版に対する支援も依頼された。しかし、フランクリン図書計画は、すでにこの分野に市場をもつイランの民間出版社と競合することに慎重な態度を示し、出版社ならびに教育省の役人が技術的に不可能と判断した地理の教科書だけを引き受けている[44]。

一九五九年、フランクリン図書計画はフォード財団の助成を受け、教育省との教科書出版協力事業に乗り出した[45]。フランクリン図書計画は、時代遅れの教科書を改訂するためには人材育成が急務であるとみなし、一九六〇年、フランクリン図書計画ならびに教育省の職員のなかから一六人の教科書編集者や挿絵画家を募り、ニューヨークに派遣した。彼らはコロンビア大学教員養成カレッジの五カ月集中コースに参加し、アメリカの出版技術を学び、帰国後、フランクリン図書計画と教育省の教科書出版協力事業に従事する。

一九六三年に、教科書出版事業は、教育省の直轄となり、イラン教科書協会(sāzmān-e ketābhā-ye darsī-ye Īrān)が発足したが、フランクリン図書計画がコロンビア大学に派遣した専門家たちはここでも中心的な役割を果たした。[46] フランクリン図書計画は、教科書出版に関する企画やアドバイスに留まらず、印刷会社や製紙会社の設立にも関わった。[47] フランクリン図書計画の助力で設立されたオフセット印刷社は、増え続ける教科書需要に対応するために最新の印刷技術を導入し、印刷能力を飛躍的に向上させた。オフセット印刷社は、特に小学校の教科書の印刷を引き受けてきた。

イランにおける大規模な製紙プラントの建設もフランクリン図書計画の助力によるものである。イランは、印刷用紙のほとんどを輸入に頼っていたが、一九六七年、フーゼスターン州にパールス製紙会社が設立され、国内でもある程度の紙生産が可能となった。パールス製紙会社は、現在でもイラン最大の製紙プラントとして存続している。[48]

フランクリン図書計画による教科書出版援助は、教育省における教科書出版体制の整備を促進した。フランクリン図書計画は、イランの教科書状況を抜本的に改善するためには、教育省による教科書出版の独占が望ましいと教育省に進言していた。かねてから国定教科書の発行を模索していた教育省は、国定化を内閣に進言した。

これを受けて内閣は、一九六三年三月九日付で、国定化に関する決議を承認した。この決議は、中等教育(ダビーレスターン)ならびに初等教育(ダベスターン)の教科書の編集を、教育省の排他的責務とすること(第一条)。教科書出版のための委員会を組織すること(第二条)。教育省ないしは政府の印刷所がすべての教科書を印刷することができるようになるまでの間、民間の出版社によって会社を組織し、これに委託する(第三条)。ダビーレスターンの国定教科書が発行されるまでの措置として、各教科につき一冊の教科書を選定すること(第四条)、を定めている。

教育高等審議会の設置した委員会は、国定化決議第四条に基づいて、国定教科書が発行されるまで使用する教科

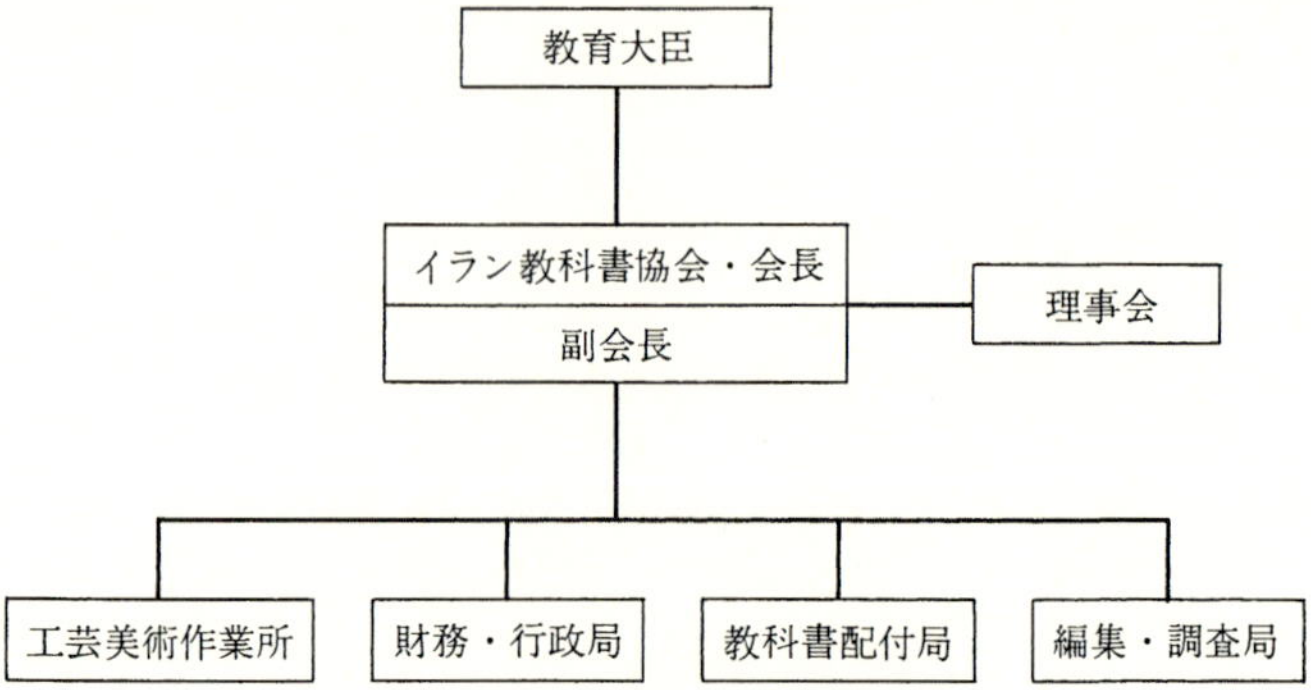

図2-1　イラン教科書協会の組織

出典：*Āmūzesh va Parvaresh*, 1351(1972), vol. 42, no. 3, p. 190.

書の統一を計るために、すでに市場に流布している教科書のなかから学年ごと、教科ごとに一冊を選定した。すでに前年、出版総局(edāre-ye koll-e negāresh)を通じて認定教科書の数を三〇〇タイトルあまりに削減させていたが、さらにこれを三分の一程度に減じ、最終的には、各教科につき一冊の認定教科書を選定した。教育高等審議会はこの作業を実施するにあたって六三名の専門家を選出し、一四の委員会に配置した。選定作業は、一九六三年六月から七月にかけ定期的に、出版総局でおこなわれた。印刷と配付は、それぞれの出版社が従来どおり請け負った(49)。この作業によって七〇・七%の価格引き下げに成功し、出版社には定価の一二・五%が配当された(50)。このような認定教科書の選定は、国定教科書が出版されるまでの暫定的な措置であったが、一九六三年度の始まる九月までには作業は終了し、教科書数の削減と統一という目的を達成している。

先の決議の第二条に基づき、国定教科書の作成機関が設置されることになり、六三年九月、イラン教科書協会規約(asāsnāme-ye sāzmān-e ketābhā-ye darsī-ye Īrān)が採択された。イラン教科書協会は、教育省の監視下に設立される非営利法人であり、初等教育ならびに中等教育の教科書の編集・作成を第一の任務とすることが定められた(51)(図2-1参照)。協会は、内閣に任命されたベフザード(52)会長のもとで一一月より活動を開始した(53)。翌一九六四年九月、イラン教科書協会調整規約(asāsnāme-ye tanẓīmī-ye ketābhā-ye darsī-ye Īrān)が内閣で承認され、会長の選出や協会の任務などの詳細が定められた。さらに一九六七年、イラン教科書法ならびに教科書規約(qānūn-e ketābhā-ye darsī va asāsnāme-ye ketābhā-ye darsī-ye Īrān)が議会で承認された。[54]

イラン教科書協会に所属する編集者は、教育制度全体の改革に従事するために教育次官のもとに組織された調査・計画総局(edāre-ye koll-e moṭāle'āt va barnāmehā)と協力しながら執筆者の選定や執筆依頼をおこなった。[55]

国定教科書を出版するにあたって、教科書協会に課せられた任務は、(一)原稿内容の追加削減、(二)定理、理論などの検討、(三)文章、表現方法の検討、(四)綴りの確認、(五)統計、数値の確認、(六)前年度教科書に対して出された批判の検討、(七)章だてや章題の検討、(八)挿絵、地図、写真の検討、などである。[56]

イラン教科書協会は、教科書の編集ならびに価格の管理を請け負ったが、印刷は従来どおり民間の印刷所に依頼した。教育省は、国定化決議の際に、印刷所に対する監視を貫徹させるために、印刷を請け負うことになる出版社や印刷所の経営者らにイラン教科書株式会社(sherkat-e sahāmī-ye ketābhā-ye darsī-ye Īrān)の設立を要求した。[57]一九六三年六月、イラン教科書株式会社と教育省との間に正式な契約が結ばれ、七月からこの会社が教科書出版を請け負うことになった。[58]

このように一九六三年にはじまる国定教科書の発行は、教育省の管轄下に、イラン教科書協会、出版総局、教科書株式会社を配備し、中央集権的な教科書出版・配付体制を敷くことによって実現されていった。このような出版体制を敷くことで教科書価格の大幅な引き下げが可能となった。一九六一年度と一九七二年度の教科書価格を比較すると、各教科書の総ページ数が増加したにもかかわらず価格が下がっていることがわかる(表2-1参照)。

国定教科書の準備と平行して、六-六制から五-三-四制への学制改革も進行した。新学制の狙いは、初等教育の普及を優先させるとともに、中等教育を二段階に分け、三年が終了する時点で生徒の適性を判断し、相当数の学生を職業・技術学校に振り分けようとするものであった。

表 2-1　1340 年(1961 年度)**と 1351 年**(1972 年度)**の教科書価格の比較**(ダビーレスターン 6 年　理科コース)

教科書	発行年	総ページ数	価格(リアル)
ペルシア語	1340 年	192	60
	1351 年	228	20
論理学・哲学	1340 年	63	20
	1351 年	203	18
物理学	1340 年	383	110
	1351 年	442	40
化学	1340 年	345	90
	1351 年	354	32
代数・三角法	1340 年	160	50
	1351 年	228	19
動物生理学	1340 年	353	75
	1351 年	394	36
植物生理学	1340 年	298	70
	1351 年	283	25
地質学と進化	1340 年	232	45
	1351 年	278	25

出典：*Āmūzesh va Parvaresh*, vol. 42, no. 3, 1972, pp. 188-189.

教科書協会は、この新しい学制に対応した国定教科書の執筆作業を推進し、一九六六年度のはじめに五年制小学校用の国定教科書を完成させ、配付した。一九七一年度にはガイダンス課程の導入が始まり、三年後には四年制の高校が開校された。この間、イラン教科書協会は、新学制に対応する教科書を順次発行していった。

このように一九六三年以降、教科書出版は、教育省の監視下にある教科書協会に委ねられることになったが、フランクリン図書計画は引き続き、教科書出版事業全般に関与し続けた。教科書出版の中心となった教科書協会の中心メンバーを占めていたのは、それまで教育省やフランクリン図書計画の指導下に教科書制作に従事してきた人々であり、一九七二年には、フランクリン図書計画が、教科書協会の財政ならびに経営を二年間担当することに同意している。

さらにフランクリン図書計画は、小学校教科書の出版に関わる五つの機関の調整役としても活躍する。五つの機関とは、教科書協会、王立社会事業団、教科書出版経費の一部を負担している政府機関である計画局、オフセット印刷社、そしてパールス製紙会社である。

フランクリン図書計画は、教科書出版以外にも教育省の出版活動と密接な関わりをもっていた。一九六五年、フランクリン図書計画は、教育省の協力で学校用教材を作るために教育出版物センターを設立した。このセンターは、『ペイク』(*Peik*)とよばれる生徒向けの教育雑誌五タイトルを発行し、さらに教師と保護者向けの雑誌も発行した。また、識字教育用の教科書一四タイトル、子供用副読本七タイトルも発行した。最盛期に、『ペイク』は二〇〇万冊流通し、イラン最大の新聞『ケイハーン』に次ぐ、発行部数を誇った。

このようにフランクリン図書計画がイランにおいて影響力を発揮できた背景には、各界からの支援があったことは見逃せない。国王をはじめ現役大臣らが、フランクリン図書計画の出版物に寄稿した。司法大臣は、フランクリン図書計画の正式な法律顧問であり、フランクリン図書計画の編集顧問長には前上院議長が就任している。そのほか、フランクリン図書計画の協力者名簿には、上院議員、大使、将軍、裁判官らが名を連ねていた(59)。

フランクリン図書計画テヘラン事務所は、教科書をはじめとする教育出版で非常な成功を収めたために、自立的な経営が成り立つほどの資本を獲得した。その結果、一九七〇年代にはテヘランのフランクリン図書計画は、世界各地に設立されたフランクリン図書計画のなかで最大の事業規模を誇ることになった。しかし、事業の成功が国内の民間出版社の可能性を奪ってしまうことを懸念したフランクリン図書計画は、イランの出版活動が軌道に乗ったことを理由に、活動の中心をイランから東南アジアの書籍産業開発支援へと移行させていった(60)。一九七五年、フランクリン図書計画はイランから撤退し、テヘラン事務所は、イランの非営利団体として自立した。

イラン教科書協会は、一九六六年に始まる五年制小学校の導入、一九七一年のガイダンス課程導入、一九七四年の新制高校導入に合わせて、新学制用の国定教科書を順次発行していった。したがって、この移行期間は、新学制用に編集された国定教科書と旧学制用に教科書協会が選定した公認教科書が併用されていたことになる。

一九七五年夏、教育省は教科書価格をさらに引き下げるためにイラン教科書株式会社との契約を解除し、同省の援助で新たに設立したイラン印刷出版会社(sherkat-e chāp va nashr-e Īrān)にガイダンス課程と高校の教科書の印刷を依頼した。小学校の教科書は政府を主要株主とするオフセット印刷社が担当し、教科書印刷配付局(daftar-e chāp va touzīʻ-ye ketābhā-ye darsī)が配付を担当した。[61]

イラン教科書協会の教科書改善能力に限界を感じていた教育専門家らは、議会に対して新しい機関の設置を提案した。その結果、一九七六年七月、調査・教育刷新協会(sāzmān-e pazhūhesh va nousāzī-ye āmūzeshī)の設立が議会で承認され、イラン教科書協会、調査・授業計画センター(markaz-e taḥqīqāt va barnāmerizi-ye darsī)、教育出版センター(markaz-e enteshārāt-e āmūzeshī)がこの協会の傘下に置かれることになった。この協会は、一九七九年の革命で、王制が崩壊するまで教科書出版を指導した。[62]

このようにイランの教科書は、一九六三年を境に国定教科書としての道を歩み始めた。国定化とほぼ同時期に、近代化のための諸改革である「白色革命」もスタートし、第三次開発計画では、大衆教育重視の方針も打ち出された。イランが、これらの諸政策を通じて、少数者の特権から全国民を対象とする教育への転換をはかったことは、教育史における一つの転機として位置づけることができよう。わけても重要なことは、長い歴史のなかで顧みられることのなかった一般大衆が、「教育投資の対象」として、あるいは「教育されるべき対象」として見出されたことである。このような教育観の変化の背景には、教育を投資とみなし、その経済効果を議論する欧米の教育政策論の影響がある。さらに政治的には、人々を知識や情報から遠ざけることによって支配を維持させるのではなく、国家の側であらかじめ取捨選択した知識や情報を学習させることで、人々を国家目標にむけて積極的に動員しようという政策上の転換がみられる。

特に後者の目標を達成するために、教育省は、国家目標に同調するようなメンタリティーを育てるための教材を積極的に採用した。国定化以降、教科書が体制賛美の度合いを深めていることは、不思議ではない。

二 イラン・イスラーム共和国の教育政策

一九六三年三月に内閣が教科書の国定化を承認し、国定教科書発行にむけて準備が進行していた時期、国王がイラン近代化のために断行した「白色革命」に対し、イスラーム法に反するとの理由から激しい反対運動が展開されていた。この反対運動を指揮していたのが、後にイスラーム革命を指導することになるホメイニーである。ホメイニー自身は、一九六三年六月三日におこなった反国王演説が原因で、翌日逮捕され、後に国外追放の処分を受け、一九七九年の二月まで祖国の土を踏んでいない。

この反対運動以後、パフラヴィー朝は、急速に専制化し強引な開発政策を推進していった。一九七三年の第四次中東戦争では、原油価格が高騰したために、産油国であるイランは、未曾有の好況に見舞われた。しかし、急激な国家収入の増大は、政府を潤したものの、インフレの激化、失業率の上昇、貧富の差の拡大など、かつてない変動をもたらし、社会不安を一挙に増大させた。そのようななかで、一九七八年一月、ホメイニーを誹謗する記事が新聞に掲載されたことがきっかけで、大規模な抗議デモが宗教都市ゴムで展開された。その後、反体制運動は全国各地に波及し、一九七九年一月一六日、モハンマド・レザー・シャーが祖国を離れ、二月一日、ホメイニーが帰国した。ホメイニーの帰国後、ただちにバーザルガーンが暫定内閣の首相に任命され、軍が革命政府に指揮権を委譲し、二月一一日にイスラーム革命が成就した。

1 イスラーム革命と教育のイスラーム化

一九七九年の革命で新政権を樹立した人々は、イスラーム革命は文化革命であるとの立場から、「教育のイスラーム化」に力を注いだ。その典型的なものが、教科書改訂と教育現場における男女隔離の徹底である。真っ先に実施されたのが、女子学生と女子教員の服装規定ならびに男女別学の導入である。[63] 女子に対しては、ヴェールとともに長袖で、ウエスト・ラインを隠すたっぷりとした丈の長い上着の着用が義務化された。公立学校の男女別学は、一九七九年三月、教育省の共学廃止宣言とともに始まり、まもなく私立学校における男女混合クラスも禁止された。その後、男女による教室分けの対象は高等教育機関にまでひろげられ、一九八二年には、公立・私立ともに全教育課程において実施された。[64]

学校生活全般のイスラーム化も重視された。「訓育は知育に優る」「訓練と浄化は知育に優る」などの新体制の教育方針を実現するために、反イスラーム的な教員の粛正や教員の再教育がおこなわれただけでなく、指導員(morabbiyān-e parvareshi)が、各学校に配置された。指導員は、朝礼指導要綱にしたがった朝礼の実施、全校生徒参加の集団礼拝の組織、団体活動の企画・指導、宗教関係の諸活動への参加の奨励などを任務とし、教員や生徒を管理・指導した。[65]

「イスラーム的正義」や「公正」を重視する新政権は、教育の非特権化や教育格差の是正にも関心を寄せている。すでに述べたように、一九六〇年代には大衆教育を優先課題としてきたが、その一方で都市部を中心に大学進学競争が激化し、一九七〇年代には人々の要求に応えるために高等教育機関が矢継ぎ早に増設された。この大学進学熱の高まりは、初等・中等教育にも大きな影響を与えている。財政的に余裕のある私立学校は、大学進学に有利な条件を備えることで富裕層を惹きつけてきた。革命前、大都市での私立学校在籍率は、三〇%を越えていた。[66]

革命政権は、このような教育政策が富裕層と貧困層の教育格差を拡大させてきたと批判し、イスラーム的公正を実現させるために、私立学校の廃止に踏み切った。一九八〇年六月、革命評議会は、私立学校の解散・公立化を決定し、一九八〇年度から私立学校に対しても学区制に基づく生徒の採用、定員の一〇%を被抑圧者(モスタザフィー

ン)に割り当てること、月謝の徴収禁止、などを命じた。(67)

革命後、教育省の管轄下にある初等・中等教育機関における教育改革が、教育省の指導のもとで急速に進められたのとは対象的に、大学は長い間、政治闘争の場と化し、一九八〇年六月に閉鎖されてから再開までに三年近い歳月を要した。この間、一九八一年四月に発足した文化革命本部(setād-e enqelāb-e farhangī)の主導のもとに、大学の教授陣の再教育、イスラーム的価値を反映させた社会科学の構築、大学内の政治活動の規制などが進められた。(68)大学は再開と同時に、(69)学力試験において合格ラインに到達した者を対象に、政治信条や政治活動歴、イスラームの宗教義務の実践状況を審査する制度を導入した。その結果、学力試験において有利な都市の中間層や富裕層が政治的あるいは宗教的な理由から不合格となるケースが続出した。(70)体制の熱心な支持者が低階層や低学歴の者に多いために、彼らに進学の機会を与えることで、体制に忠実なエリートを養成しようとした。

私立学校廃止と同様にもう一つ、教育の非特権化のために新政権が採用した方法として見逃すことのできないものが、大学入試改革である。エリートになるための必要条件である大学教育が、都市の中間層や富裕層に独占されている状況を改善するために、辺境出身者、革命や戦争の功労者や犠牲者の家族に対して大学入試に特別枠を設定し、比較的有利な条件で受験させる制度を設けた。(71)

知育偏重の教育姿勢に対しても革命政権は異を唱えている。王制時代の知育偏重教育の結果、教育を受けた人々の間に労働蔑視の風潮が広がり、イラン経済の自立に欠くことのできない製造業への就職希望者が増えなかった。また、高卒者、大卒者がこぞって事務職への就職を希望するために、事務職員の最大雇用主である政府諸機関の雇用が肥大化した。このような傾向に歯止めをかけるために、教育省は、一九八二年、労働実習を通じて学生に労働の意義や社会参加を経験させるためのKADプログラム(ṭarḥ-e kād)の導入を開始した。(72)

このプログラムにしたがって男子学生は、一定時間、学校の指導のもとに工場や病院などで労働を体験し、女子学生は学内で家事、育児、衛生などを学習することが義務化された。[73] 教育における公正の実現を重視する新体制は、革命から一〇年の間、初等教育に最も多くの予算を配分してきた。[74] そして、これらの制度的改革を徹底させるものが、次に述べる教科書改訂である。

2　教科書改訂

教科書改訂の基本的な目標は、教科書から国王崇拝や王制を是認するような記述を一掃したうえで、教科書内容をイスラーム化することであった。具体的には、イスラームの信仰や価値観に基づくものにすること。イスラーム共和国の憲法に適合させること。イスラーム共和国の教育政策に沿った内容編成にすることである。革命後に出版されたある小学校教科書の序文に、教科書改訂の理由が次のように記されている。

輝かしいイランのイスラーム革命、それは何千人もの殉教者に支払われた賠償である。この革命によって、ムスリム人民と被抑圧者の願いをかなえるために、イスラーム共同体の偉大なるイマームの絶対的な指導に従い、教育制度を根本的に変革しなければならない。それとともに、革命の目的を達成するために、また人民に奉仕するために、あらゆる力と可能性を動員しなければならない。

これらを実現するためにカリキュラムや教科書の改革は、特に重要であった。東でもなく西でもないイラン・イスラーム共和国という政策に基づいて、偶像崇拝の傾向や外国文化の不適切な模倣から、できるだけ早くカリキュラムや教科書を洗い清めなければならない。そして、それらの代わりにイスラームの真の文化精神がすべての基礎となるようにしなければならない。

それは、この国の子どもたちのなかに、再び確信にみちた精神と自己への回帰が訪れるようにすることである。それゆえに、教科書の内容、挿絵、図案は、イスラーム・イランの町や村の大多数の人々を代表するものでなければならない。

> 教育省の調査・授業計画・編集局(daftar-e taḥqīqāt va barnāmerīzī-ye darsī va ta’līf)は、前述の信念に基づいて、革命後、活動を再開した。かくして、この目的を達成するために同時に二つの方向から歩み出した。一方で、教科書の挿絵や内容を改訂し、もう一方で、カリキュラムや教科書の基礎を変革するための専門家による各種の委員会が結成された。これらの委員会は、前述の目的に合わせて新しい企画や教科書を編集するためのものである。(算数小二、一九八四年度)

このような改訂方針に基づいて実際の改訂作業をおこなったのは、一九七六年七月に設立され、革命前の教科書出版を手掛けていた調査・教育刷新協会である。この協会は、革命後、調査・教育計画協会(sāzmān-e pazhūhesh va barnāmerīzī-ye āmūzeshī)と改名され、議会の承認を経て存続が確認された。革命以来、この協会の一部局である調査・計画・教科書編集局(daftar-e taḥqīqāt va barnāmerīzī va ta’līf-e kotob-e darsī)で調査や教科書編集作業が進められてきたが、一九八二年の組織改革で、調査事業と教科書編集事業が分離され、教科書編集のために計画・教科書編集局(daftar-e barnāmerīzī va ta’līf-e kotob-e darsī)が設置された。現在、小学校、ガイダンス課程、普通高校(ナザリー課程)、教員養成課程の全教科書がここで編纂されている。ただし、職業・技術高校用教科書の編集機関は、別置された。(75)

計画・教科書編集局内には、教科ごとに二十余りのグループが設置され、そこで新しい教科書の編集や改訂作業がおこなわれた。各グループは教科書の質を向上させるために大学に協力を要請するとともに、社会科学をはじめとする全教科にイスラームの精神を反映させるためにゴムの神学校の教師や著名なイスラーム学者とも交流した。(76)

一九八九年現在、調査・教育計画協会の組織は図2-2のようになっている。また、調査・教育計画協会は、児童青少年思想育成協会(kānūn-e parvaresh-e fekrī-ye kūdakān va noujavānān)やイランPTA(anjoman-e ouliyā

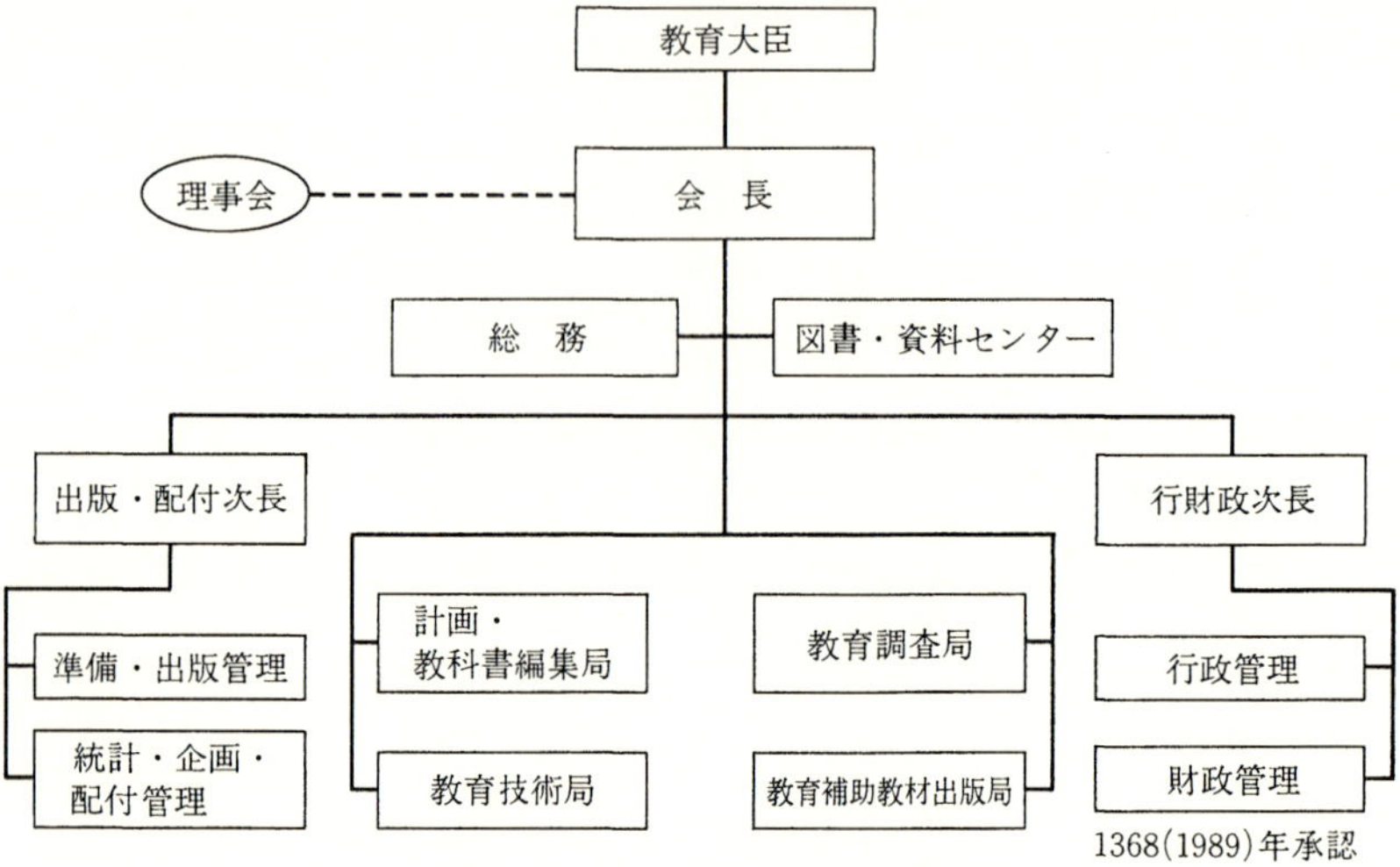

図 2-2　調査・教育計画協会組織図

出典：*Faṣlnāme-ye Taʿlīm va Tarbiyat*, vol. 9, no. 3 & 4, 1994, p. 119.

va morabbiyān-e Īrān)、識字運動(nahżat-e savād-āmūzī)などと同様に教育省直属の附属機関に位置づけられている。組織的には教育省から独立しているが、教育省とは極めて密接な関係にあり、教育省とともに教育高等審議会の監視下に置かれている[77]。このような位置づけは、革命前のイラン教科書協会発足時から基本的には変わらない。

調査・教育計画協会の各部署において調査ならびに教育計画の立案、全課程の教科書の編集、出版、配付、教育補助教材の出版などの事業が分担されている。教科書改訂という任務を課せられた調査・教育計画協会[78]は、革命後ただちに、小学校から高校までの教科書の改訂作業に着手し、一九七九年度には、すでに小学校国語教科書をはじめとする三二タイトルの教科書を改訂した。さらに翌一九八〇年度には、五六タイトルが再編集され、一三二タイトルが全面改訂されたほか、それ以外の教科書にも浄化という名目で修正が加えられた。

一九八〇年九月の新年度開始時期に日刊紙『エッテラート』に発表されたガイダンス課程の教科書の改訂状況によると、社会科の教科書は、革命前のものは完全に廃止され、一九八〇年度にむけて新版が準備されたほか、国語や歴史の教科書での書き換えが目立っている。また、数学や科学の教科書にも変更がみられる。しかし、一九八〇年度の始まりにあたる九月までに、改訂版の配付が間に合わないことから、変更箇所に留意しながら旧教科書を使用するよう指示が出されている。また、全面改訂されることになった社会科や歴史教科書などは、緊急措置として取りあえず三二ページまでが配付された[79]。

翌一九八一年度には、四五タイトルが再編集され、八一タイトルが全面改訂された。一九八一年秋の『エッテラート』の発表によると、この時点までに、小学校三年、四年の公民、ガイダンス課程二年、三年の社会科の教科書は全面改訂され、また高校の社会学と社会科の教科書は七五%が書き換えられた[80]。改訂作業は、その後も続き一九八二年度には、七七タイトルが再編集され、九三タイトルに修正が加えられた。一九八三年度には、七〇タイトルが再編集され、それ以外のものにも手が加えられた[81]。

結局、一九八六年までに、社会、人文、宗教系の教科書を中心に改訂作業が進められたが、革命後、新規に編集された教科書は全体の一〇%程度に留まり、残りは王制期の教科書に加筆修正したものである[82]。

改訂の狙いが、教科書から国王賛美や王制擁護に繋がるような記述を削除しつつ、内容全体を、新政権の標榜するイデオロギーとしてのイスラームに合致させることだったために、人文系の教科書での書き換えが目立った。一例として一九七〇年度および一九八五年度の小学四年の社会科を比較すると、完全に書き換えられているのは、歴史、公民の部分であることがわかる。政治体制に関わる記述の少ない地理の部分は、同一編集者が担当しており、微細な変更にとどまっている[83]。

イランの国語にあたるペルシア語教科書も政治的な教材を多く含んでいたために改訂の対象となったが、章全体を新しい内容のものに差し替える場合もあるが、一般には、文章の一部、登場人物の名前、挿絵等の加筆、修正、削除といった方法が採られている[84]。

表 2-2　革命にともなう小学校国語教科書の改訂状況　(単位：章)

章タイトルの変更	本文の変更	挿絵の変更	小学2年(1981年度版)	小学3年(1982年度版)	小学4年(1982年度版)	小学5年(1985年版)
◎	◎	◎	5	1	3	3
◎	○	◎	10		1	
◎	◎	×	6	1	2	3
△	◎	×			1	
◎	○	×		2	3	4
◎	△	◎	3	5	2	2
◎	△	×		3	2	2
○	×	×			1	
×	△	×			1	
×	×	×	14	22	19	22
教科書1冊当りの章数			38	34	35	36

注：◎変更なし(挿絵の場合は全く存在しない場合も含む)　○ほぼ同じ(単語の変更程度)
　　△一部変更(文章の追加，削減など)　×すべて変更
　　国語小2，1981年度版は，国語小2，1974年度版との比較による．
　　国語小3，1982年度版は，国語小3，1974年度版との比較による．
　　国語小4，1982年度版は，国語小4，1970年度版との比較による．
　　国語小5，1985年度版は，国語小5，1971年度版との比較による．

表2-2は、革命後に出版された小学校国語教科書の各章のタイトル、内容、挿絵を革命前のものと比較し、改訂状況を明らかにしたものである。この表から革命後の教科書改訂は大がかりなものであったとはいえ、多くの点で王制時代の教科書を継承していることがわかる。小学校の国語教科書の場合、一冊の教科書の分量、章の数、各章の構成など教科書の基本な型はそのまま継承されている。

改訂の中心は文科系の教科であったが、理科系の教科書も改訂の対象となった。特に小学校算数の教科書は全面改訂された。一九八五年から八六年にかけて、七〇〇タイトル余りの教科書が合計一億冊、印刷された(85)。

改訂とは別に、憲法の第一六条において必須科目に指定されたアラビア語(86)のように、新たに教科として加わったものについては、新規に教科書が作成された。アラビア語学習は、小学校段階では宗教のなかに組み込まれているが、中

学一年から高校修了までは独立教科に設定された。現在、ガイダンス課程から高校一年まで週二時間のアラビア語学習が義務づけられている。

それでは、これらの改訂作業には、どのような人々が従事したのであろうか。残念ながら改訂作業の詳細を伝える資料は少ないが、各教科書に記載された改訂担当者名やグループ名からある程度、推測することができる。教科書は、教科ごとにその分野の専門家、教科書開発専門家、大学教授、学校教師、ウラマーらの手によって改訂されていった(87)。特にイスラーム革命の理念に沿った書き換えが要求される現代社会、歴史、宗教などの科目では、新体制のイデオローグらが登用された。そのなかで、中心的な役割を果たしたのは、一九八八年の時点で、調査・教育計画協会長の職にあった教育省次官の一人、ハッダード・アーデルである。彼は、教科書のイスラーム化を次のように説明している。

社会科学系の教科書のイスラーム化は、宗教の教科書だけを対象としたものではない。教科書改訂の基本は、すべてをイスラーム的なものにすることである。宗教教育に二時間が割り当てられ、その間は多少なりとも宗教について論じるが、それ以外の授業ではイスラームについて言及しないというような過去の状況とは対照的に、我々は社会学も経済学も歴史も、つまるところすべての教科をイスラーム化しなければならないと確信している(88)。

ハッダード・アーデルが著者や編者として名を連ねている教科書には、少なくとも以下のようなものがある。社会小三、一九八五年度＝一九九二年度＝一九九六年度(代表編者)。社会小四、一九八五年度＝一九九二年度(公民の部の編者)。社会小五、一九八五年度＝一九九二年度(公民の部の編者)。社会小四、一九九六年度(編者の一人)。社会小五、一九九六年度(編者の一人)。社会中一、一九九〇年度(代表編者)。社会中二、一九九〇年度(第一部の評議会・立法権の編者)。社会中三、一九八九年度＝一九九〇年度(代表編者)。社会高一、一九八三年度(第一章から第三章までの執筆者)。社会高二、一九九〇年度(代表編者)。社会学高三、一九八二年度(代表編者)。コーラン高一、一九九〇年度(スーラの選択と注釈)。コーラン高二、一九九〇年度(スーラの選択と注釈)。宗教高四、一九八三年度(編者の一人)。国語中一、一九九四年度(編者の一人)。国語中二、一九九五年度(編者の一人)。国語中三、一九九六年度(編者の一人)。

担当した教科書の多さからも、彼が教科書内容のイスラーム化において極めて重要な役割を果たしたことは明らかであろう。改訂作業の主導権を握っていたのは、新体制のイデオローグたちだと考えられるが、革命後に教科書編集者の総入れ替えがあったわけではない。革命前からの編者、挿絵や手書き文字の担当者が革命後も継続して教科書作りに従事している事例もある。例えば、革命前の地理の教科書の編者ハリーリーファッル[89]は、革命後も地理教科書を複数手がけている。また、革命前から国語教科書の編者であったアンヴァリー[90]の名を、革命後のガイダンス課程の国語教科書にも見ることができる。王制時代に小学校教科書で挿絵を担当していたカラーンタリー[91]は、革命後も小学校国語教科書を担当している。また、教科書の書道の担当者[92]にも革命前からの留任者がみられる。これらのことから、革命後の教科書改訂は、新体制のイデオローグたちによって方向づけられたとはいえ、実質的な教科書編集作業は、王制時代から経験を重ねてきた専門家たちが担ってきた可能性は高い。教科書内容に多くの変更が加えられたにもかかわらず、教科書の体裁、学習内容の配列、形式等に大きな変化がみられないのは、そのためであろう。

改訂作業は、革命が成就した一九七九年に開始され、一九八〇年代前半に一応終了したが、それ以後もさまざまな理由から継続されてきた。調査・教育計画協会会長ハッダード・アーデルは、改訂を継続させていく必要性を次のように説明している。すなわち、第一に、教科書は、科学・技術の成果を積極的に取り入れて、よりよいものに書き換えていく必要がある。第二に、革命はいまなお完成途上にあり、教科書も同様にさらに改善していかなければならないし、重要な変化も、そのつど教科書に反映させる必要がある。第三に、教科書の企画や編集に欠点がないわけではない[93]。

政治的な変化にともなう改訂は迅速におこなわれている。一九八九年度版のガイダンス課程三年の社会科教科書には、ホメイニーの後継者にモンタゼリーが選出されていると記されていたが、一九八九年六月のホメイニーの死去にともない一九九〇年度版では、この部分が削除され、ハーメネイーがイラン・イスラーム共和国の最高指導者に選出されたという記述に置き換えられた[94]。

教科書が継続的に改訂されてきたことを、小学校二年の国語教科書の事例でみることにしたい。一九八一年度の教科書には、一九七九年度に教育省の調査グループによって改訂されたことが明記されているが、これは革命前の教科書に修正を加えたものであり、若干の入れ替わりはあるものの編者、編集協力者、挿絵や書道の担当者は一九七四年度版のものとほぼ同じである。一九九二年度版の教科書は、企画・教科書編集課初等教育グループの専門家によって改訂されたと記されているが、編者の名前は公表されていない。一九九四年度版をみると、再び改訂されたことがわかるが、改訂は、細部に留まるものであり、革命直後にみられるような大がかりなものではない。一九八一年度版と一九九二年度版の相違は、ペルシア文字を練習するための紙面が挿入されたことである。一九九六年度版は、挿絵や章の配列、総ページ数などにかなりの変化がみられる。

こうして王制時代から今日に至る教科書の歴史を振り返ると、国家に権力が集中する時期に必ず新しい国定教科書の発行が試みられていることがわかる。イランではじめて教育省発行の国定教科書が出版されたのは、レザー・シャーが王位についた三年後の一九二八年であった。ダビーレスターン用の国定教科書が発行されるようになる一九三八年頃は、レザー・シャーが専制君主として君臨していた時期にあたる。ところが、第二次世界大戦の勃発と連合軍の進駐で、レザー・シャーが退位し、息子が王位を継承すると中央政府の支配能力は急速に低下し、教育省

も また、財政難と統率力の低下により国定教科書の発行を断念している。

再び、教育省や王立社会事業団などが国定教科書の発行に動き出すのは一九五〇年代半ば以降のことである。イランは、一九五三年の石油国有化以後、アメリカからの援助で、力を回復しつつあった。そして一九六三年にはじまる国定化は、「白色革命」と軌を一にしていた。一九六三年以降の国定教科書の発行は、パフラヴィー朝時代の教育政策における一大事業であり、また王制の強化ならびに近代化、脱イスラーム化を推進するための有力な装置となるはずであった。しかしながら、皮肉にもこの国定教科書は、革命後の国家建設の際に、国王の権威を失墜させ、新体制のイデオロギーとしてのイスラームを普及させるための装置としてその威力を発揮した。

ホメイニーは、一九七九年二月二〇日、革命の勝利からわずか九日後に、教育当局に全教科書の改訂を依頼している。[95] この作業は、極めて迅速におこなわれ、一九七九年度にはすでに改訂した三二冊の教科書を発行するに至っている。このように革命直後の混乱にもかかわらず、新政権が「イスラーム化」のための教科書改訂作業にいち早く着手しえたのは、いうまでもなく王制時代に国定教科書制度が整備されていたからである。また内容の入れ替えや全面書き換えなどの改訂作業も二～三年のうちにほぼ終了している。

政治闘争の場と化した大学が一九八三年まで閉鎖され、その後も長く混乱していたのに比べ、教育省の管轄である初等・中等教育における改革は迅速であった。その理由は、王制時代の国定教科書制度を継承したことで、教育内容への統制を容易におこなうことができたからであろう。革命によって教育内容は劇的に変化したが、教育省が教科書を通じて国民の価値形成に深く関与し、それをコントロールしようとする姿勢は、王制時代の傾向がそのまま引き継がれたといえよう。

イランが一九六〇年代に国定教科書出版を軌道にのせることができたのは、石油収入の増加によって経済全体が上昇傾向にあったからである。また、フランクリン図書計画による経済的、技術的援助も見逃すことはできない。

同協会による技術指導、財政支援、印刷所や製紙工場などの設立が教科書出版の自立化を容易にしたと考えられる。[96] 先進国の大手出版社がイランに市場をもっていなかったことも、他の途上国に比べイランが容易に教科書を国定化することができた要因の一つに加えることができるだろう。例えばインドやフィリピンのように植民地支配を受けた国々では、植民地時代に宗主国の言語を行政語や教育言語として使用せざるをえなかったことから、独立後も宗主国の輸出する教科書の圧力を受け続けてきた。これに対して、直接に特定国の植民地とはならなかったイランは、一貫してペルシア語による教育を維持することができたために、国産の教科書出版が可能となったのである。

現体制は、イラン＝イラク戦争による国土の破壊、国民経済の悪化、石油収入の伸び悩みなどによって深刻な外貨不足に陥っているために、国際市場から印刷用紙を十分に購入することができない。[97] ところが、イランの印刷用紙生産量は極めて低い水準にあるために、輸入の停滞や輸入コストの上昇は、ただちに教科書印刷用紙の不足や教科書価格の上昇を引き起こす。そのため一九八〇年代には一時期、教科書の一部が、給与制から貸与制へと切り替えられた。[98] 一九九五年八月、教育省は、国際的な紙価格の上昇を理由に、一九九五年度の教科書価格を一九九四年度の二倍にすると発表している。[99] このような経済的な障害のうえに、年率三・五％にも達する急激な人口増加が、教科書不足を一層、深刻化させている。

これらの状況から、国定教科書の発行がイラン政府に極めて大きな経済負担を強いていることがわかる。だが、それにもかかわらず教科書自由化の動きは見られない。イスラーム共和国の指導者たちは、国民を積極的に動員することで革命運動を盛り上げ、パフラヴィー王制を倒すことに成功した経験から、国民のもつ潜在的なエネルギーに対して極めて敏感である。現政権が徹底した教科書管理を維持しているのは、国民のエネルギーを国家目標に向ける役割を教科書に期待しているからである。

（1） イランでは、一九六〇年代中頃に小学校への就学率が五〇%を越えた。具体的には、第三次開発計画がスタートした一九六一・六二年の時点で、学齢期児童の就学率は、四〇%であったが、同計画が終了した一九六八年には、五四・四%にまで上昇した。(Plan Organization of Iran, *Education in the Third Development Plan*, 1968, p. 15.; The Imperial Government of Iran, Plan Organization, *Fourth National Development Plan 1968-1972*, 1968, p. 260.)

（2） イラン教育省は四回、名称変更をしている。設立当初は、学問省(vezārat-e 'olūm)と称していたが、一二四七(一八六八・六九)年、教育・ワクフ芸術省(vezārat-e ma'āref va ouqāf va ṣanāye'-ye mostaẓrafe)に変更され、一三二四(一九四五・四六)年には文化省(vezārat-e farhang)に改められた。それは一九六四年に文化・芸術省(vezārat-e farhang va honar)と教育省(vezārat-e āmūzesh va parvaresh)に分割され、一九六七・六八年に至り、後者は、教育省と科学・高等教育省(vezārat-e 'olūm va āmūzesh-e 'ālī)に分割された。さらに革命後、科学・高等教育省と文化・芸術省が合併された。(Aḥmad 'Abdollāh Pūr (ed.), *Vozarā-ye Ma'āref-e Īrān*, Tehrān: Rūdakī, 1369〔1990-92〕, pp. 21-22.)

（3） ただし、ダール・アルフォヌーンが開設される以前、一九世紀初頭から欧米の宣教師たちが開いた教育機関が各地に存在していた。(A. Reza Arasteh, *Education and Social Awakening in Iran 1850-1968*, Leiden: E. J. Brill, 1969, pp. 155-165.; Ḥosein Maḥbūbī Ordakānī (ed.), *Tārīkh-e Mo'assasāt-e Tamaddonī-ye Jadīd dar Īrān*, vol. 1, Tehrān: Dāneshgāh-e Tehrān, 1354〔1975-76〕, pp. 240-242.)

（4） "Tārīkhche-ye Ma'āref-e Īrān", *Majalle-ye Ta'līm va Tarbiyat*, vol. 4, no. 7 & 8, 1934, pp. 463-464.
なお、教育協会の活動の詳細については、以下のものを参照。*Encyclopaedia Iranica*, London: Routledge & Kegan Paul, 1987, vol. 2, pp. 86-88.; Ḥosein Maḥbūbī Ordakānī (ed.), op. cit., pp. 369-374.; Yaḥyā Daulatābādī, *Tārīkh-e Mo'āṣer yā Ḥayāt-e Yaḥyā*, vol. 1, Tehrān: Enteshārāt-e Jāvīdān, 1362(1983-84), pp. 221-245.

（5） 'Īsā Ṣadīq, *Tārīkh-e Farhang-e Īrān*, Enteshārāt-e Dāneshgāh-e Tehrān, 1975, p. 359.

（6） 当時、世俗学校が敬虔な人々から白眼視されていた様子については、'Īsā Ṣadīq, *Yādgār-e 'Omr*, vol. 1, Tehrān: Deh-khodā, 1354(1975-76), pp. 14-16. を参照。
神学生たちによる、世俗学校打ち壊しの様子については、Shams al-Dīn Roshdīye, *Savāneh-e 'Omr*, Nashr-e

Tārikh-e Īrān, 1362(1984-85), pp. 31-32. を参照。

(7) 憲法補則は、一〇七条からなり、一九〇七年一〇月七日に議会で採択された。教育に関しては、特に、第一八条、第一九条が重要とされる。「第一八条　すべての人は、宗教法によって制限されている場合を除いて、科学、芸術、工芸について研究する資格を有する」。「第一九条　政府は、政府資金で学校を設立し、科学・芸術省を通じてそれらを支持し、また運営する義務を有する(科学・芸術省は後に教育省に改名された)。さらにこの省は全ての学校、大学を指導し、監視することになるであろう」。(A. Reza Arasteh, op. cit., pp. 222-223.)

第一九条を作成するにあたって、タギーザーデとその仲間は、義務教育を盛り込むことを要求したが、世俗学校の普及によって地位を奪われることを恐れた一部のウラマーたちは、「義務教育はイスラム法に反する」と主張した。(Janet Afary, *The Iranian Constitutional Revolution 1906-1911*, New York : Columbia University Press, 1996, p. 104.)

(8) 一九一一年の教育基本法のなかで教科書について直接に言及した条項はないが、学校カリキュラムに対する教育省の管理・指導については以下のように規定された。「第二条　科学、産業および体育についての教育の成長と発展を促すためにすべての学校カリキュラムを教育省が企画することになるであろう」。(A. Reza Arasteh, op. cit., pp. 228-230.)

(9) 教育省基本法を作成する際に、全国的な統一カリキュラムの導入をめぐって、それが国家統合に寄与するという理由から賛成する人々と、法の認める教育の自由に反するとしてこれに反対するグループの間で論争が起きたために、「学校は統一カリキュラムを採用しなければならないが、それに追加することは自由である」という折衷的な規定となった。(David Menashri, *Education and the Making of Modern Iran*, Ithaca : Cornell University Press, 1992, p. 78.)

(10) Issa Khan Sadiq, *Modern Persia and Her Educational System*, New York : Columbia University, 1931, p.353.

(11) Yaḥyā Daulatābādī, *Tārīkh-e Mo'āṣer yā Ḥayāt-e Yaḥyā*, vol. 4, Tehrān : Enteshārāt-e Jāvīdān, 1362(1983-84), pp. 235-236.

(12) ファルハンゲスターンの活動に関しては、'Īsā Ṣadīq, *Yādgār-e 'Omr*, vol. 2, Tehrān : Deh-khodā, 1354(1975-76), pp. 233-262. を参照。

邦文では、八木亀太郎「近東、特にイランにおける国語改革と語彙――序説」(『八木亀太郎論文集II』西田書店、一九八八年)、縄田鉄男「イランの言語政策」(後藤晃、鈴木均編『中東における中央権力と地方性』アジア経済研究所、一九九七年)、森島聡「ファルハンゲスターネ・イランの言語改革」(『イスラム世界』第五一号、一九九八年)などを参照。

(13) 桜井啓子「レザー・シャー期イランの体育行事」(『オリエント』第三三巻第二号、一九九〇年)。

(14) 一九二一年、教育高等審議会法が議会で可決され、一〇人の正式メンバーのもとに発足した。同審議会は、一九三七年に文化高等審議会(shourā-ye ‘ālī-ye farhang)と改名される。一九六四年に文化省が分割されることになり、それにともなって、一九六六年同審議会の名称が、教育高等審議会(shourā-ye ‘ālī-ye āmūzesh va parvaresh)に変わった。この審議会は、一九七六から革命までの間、休会状態にあったが、革命後、新しい規定のもとに発足し、一五人の正式メンバーのもとで活動を再開した。(“Tārīkhche-ye Mokhtaṣar-e Shourā-ye ‘Ālī-ye Āmūzesh va Parvaresh”, *Faṣlnāme-ye Ta‘līm va Tarbiyat*, vol. 1, no. 4, 1986, pp. 131-136.)

(15) Mūsā Majidī, “Tārīkhche-ye Mokhtaṣar-e Ketābhā-ye Darsī va Seir-e Taṭavvor-e Ān dar Īrān”, *Faṣlnāme-ye Ta‘līm va Tarbiyat*, vol. 1, no. 4, 1986, p. 74.

(16) Ibid., p. 74.

(17) *Āmūzesh va Parvaresh*, vol. 33, no. 4, 1342 (1963), p. 4.

(18) Mūsā Majidī, op. cit., p. 74.; Amin Banani, *The Modernization of Iran 1921-1941*, Stanford: Stanford University Press, 1961, p. 95.

(19) レザー・シャー期の教育政策全般については、Amin Banani, op. cit.; Joseph S. Szyliowicz, *Education and Modernization in the Middle East*, Ithaca: Cornell University Press, 1973, pp. 230-252. を参照。

留学生の派遣については、David Menashri, op. cit., pp. 125-142. を参照。

テヘラン大学については、David Menashri, op. cit., pp. 143-154.; Ḥosein Maḥbūbī Ordakānī, *Tārīkh-e Taḥavvol-e Dāneshgāh-e Tehrān va Mo‘assasāt-e Āmūzesh-ye Īrān dar ‘Aṣr-e Khojaste-ye Pahlavī*, Tehrān: Dāneshgāh-e Tehrān, 1350 (1971-72). を参照。

(20) David Menashri, op. cit., p. 102.

(21) 主な政策としては，次のようなものがある。一九二四年，マクタブ開校に対する基準を教育省が設定し，開校の際には教育大臣の承認を条件とした。一九二九年，教育省は，神学生に対する試験ならびに神学校の教員審査に関する規定を発表。また一九三四年には，神学校のカリキュラムを世俗化する試みとして神学校の中級ならびに上級課程のカリキュラムを発表している。(Shahrough Akhavi, *Religion and Politics in Contemporary Iran*, Albany : State University of New York Press, 1980, pp. 45-55.)

(22) 一九四九年に非合法化される。(Sepehr Zabih, *The Communist Movement in Iran*, Berkeley : University of California Press, 1966, p. 164.)

(23) この法の制定に尽力したのは，西洋で教育を受けたテヘラン大学のスタッフらであったが，一部のエリート，ウラマー，地主，児童労働を必要とする親方などの強い抵抗にあった。(David Menashri, op. cit., pp. 172-175.)

(24) Mūsā Majidī, op. cit., p. 76.

(25) Iraj Ayman, *Educational Innovation in Iran*, Paris : UNESCO, 1974, p. 11.

(26) Mūsā Majidī, op. cit., p. 78.

(27) Roger M. Savory, "Social Development in Iran during the Pahlavi Era", *Iran under the Pahlavi*, op. cit., p. 104.

(28) Plan Organization of Iran, *Outline of the Third Plan : 1341-1346*, Tehran, 1340(1961), p. 89.

(29) 第四次開発計画の冒頭で，「第三次開発計画の間，初等教育の継続的発展があらゆる教育計画に優先された」と述べ，大学についても「高等教育の分野における第三次開発計画の目標は，教育の質的改善にあった。量的拡大に関してはパフラヴィー大学の設立以外は意図されなかった」と記している。(The Imperial Government of Iran, Plan Organization, *Fourth National Development Plan 1968-1972*, op. cit., p. 259, p. 261.)

(30) George B. Baldwin, "Iran's Experience with Manpower Planning", in Frederick H. Harbison & Charles A. Myers(eds.), *Manpower and Education*, New York : McGraw-Hill, 1965, pp. 161-162.

(31) Aḥmad Ṣafī, "Āmūzesh va Parvaresh-e Motavasseṭe dar Īrān", *Faṣlnāme-ye Ta'līm va Tarbiyat*, vol. 2, no. 1, 1986, pp. 60-61.

(32) David Menashri, op. cit., p. 177.

(33) Imperial Government of Iran, Plan & Budget Organization, *A Summary of Iran's Fifth National Development Plan(1973-1978, revised)*, 1975, pp. 204-205.

(34) Gail Cook Jonson, *High-Level Manpower in Iran : from Hidden Conflict to Crisis*, New York : Praeger Publishers, 1980, pp. 69-93.

(35) *Āmūzesh va Parvaresh*, vol. 33, no. 4, 1342(1963), p. 13.

(36) Ibid., pp. 9-11.

(37) *Āmūzesh va Parvaresh*, vol. 33, no. 6, 1342(1963), pp. 59-60.

(38) フランクリン図書計画は、一九六四年まではFranklin Book Publicationsという名称を使っていたが、本書ではフランクリン図書計画に統一した。(J. M. Filstrup, "Franklin Book Programs/Tehran", *International Library Review*, no. 8, 1976, p. 431.)

(39) この時、イランを訪問した理事は、Datus C. Smith, Jr. である。

(40) この人物は、Homāyūn San'atī である。

(41) Ibid., pp. 431-433.

フランクリン図書計画は、一三三六(一九五七・五八)年より、イラン教育省と契約を結んでいたが、その存在が正式に認可されたのは、一三三八年バフマン月一一日(一九六〇年二月一日)である。(Jalāl āle-Ahmad, *Se Maqāle-ye Dīgar*, Tehrān : Ravāq, 1342〔1963-64〕, pp. 94-95.)

(42) 一九四七年、王命によって設立され、国民の衛生改善と低所得層に対する無料保険サービスなどを主な事業としていた。財政的には、一九四九年以来、王領地をワクフとし、そこからの収入によって運営することになった。(Donald N. Wilber, *Iran Past and Present*, Princeton : Princeton University Press, 1981, p. 173. ; Charles S. Prigmore, *Social Work in Iran since the White Revolution*, Alabama : The University of Alabama Press, 1976, p. 119.)

(43) 八木亀太郎「イランの国語教科書とその語彙について」(前掲『八木亀太郎論文集II』)一四八～一五〇頁。

教科書無償給付を実施するために、王立社会事業団の予算の他に、宝くじの販売で得た収入や教育省予算、計画協会

(sāzmān-e barnāme)の予算なども使われたという。またフランクリン図書計画は、無償給付用の三三万冊の教科書を印刷するために、監視下にオフセット印刷社を設立した。オフセット印刷社は、小学校一年から四年までの教科書の印刷を引き受けたことによって、二～三年の間に株価が三〇倍になった。(Jalāl āle-Ahmad, op. cit., p. 87.)

作家のアーレ・アフマドは、教育省は、一三三七(一九五八)年度の公式統計で、就学年齢の児童の四一%が通学していないと公表しているが、そのような現実のなかで、小学校一年から四年までの教科書のみを無償にすることに次のように疑問を投げかけている。「この無償教科書は、誰のためのものか？　そして何のためのものか。学校に行けない人たちは、これらの無償教科書を使う権利があるのであろうか。もちろん答えは明白だ」(Jalāl āle-Ahmad, op. cit., p. 86.)

(44) これらの本を出版・販売するために、フランクリン図書計画の監視下に書籍配布会社(sherkat-e sahāmi-ye pakhsh-e ketāb)が設立された。この会社の主要株主は、オフセット印刷社の他、Eqbāl, Ebn-e Sīnā, Amīr-e Kabīr などのイランの出版社であった。(J. M. Filstrup, op. cit., p. 439.; Jalāl āle-Ahmad, op. cit., p. 93.)

(45) Iraj Ayman, op. cit., p. 11.

(46) *Publishers' Weekly*, September 23, 1974, p. 116.

フランクリン図書計画は、教科書出版の独占を避けるために共同出資パートナーとしての地位からは早期に撤退したが、出版コンサルタントとしての仕事は継続した。

(47) J. M. Filstrup, op. cit., pp. 437-438.

(48) *IRAN Yearbook 89/90*, Bonn: MB Medien & Bücher Verlagsgesellschaft mbH, 1989, p. 14, p. 29.

パールス製紙会社は、年間最大一〇万五〇〇〇トンの新聞紙ならびに筆記用紙を生産できる設備をもっているが、イラン＝イラク戦争で大きな被害を受けたために、生産量が低下した。

(49) *Āmūzesh va Parvaresh*, vol. 33, no. 5, 1342(1963), pp. 62-63.

(50) *Āmūzesh va Parvaresh*, vol. 33, no. 7, 1342(1963), p. 3.

(51) *Āmūzesh va Parvaresh*, vol. 33, no. 8, 1342(1963), pp. 57-58.

(52) Maḥmūd Behzād 一九一三年生まれ。薬学博士・大学教授。(*Iran Who's Who*, Tehran: Echo of Iran, 1974, p.

108.)

(53) *Āmūzesh va Parvaresh*, vol. 33, no. 9, 1342(1963), p. 63.

(54) Mūsā Majidī, op. cit., p. 78.

(55) イラン教科書協会規約「第三章第一三条　教科書の執筆者グループのメンバーは、各教科の熟練した中学校教師、小学校教師、学者、大学教授らのなかから選ばれ、招かれる。彼らは、学校において少なくとも一〇年、その教科を教授した経歴をもち、最低一つの外国語が堪能で、執筆意欲があり、その教科において価値ある編集作品や論文がなければならない」。(*Āmūzesh va Parvaresh*, vol. 33, no. 8, 1342〔1963〕, p. 58.)

(56) *Āmūzesh va Parvaresh*, vol. 42, no. 3, 1351(1972), pp. 184-185.

(57) *Āmūzesh va Parvaresh*, vol. 33, no. 5, 1342(1963), p. 62.

(58) *Āmūzesh va Parvaresh*, vol. 33, no. 7, 1342(1963), p. 2.

(59) J. M. Filstrup, op. cit., p. 434.

(60) Ibid., p. 441, p. 448.

イランから撤退したフランクリン図書計画は、その数年後に解散するに至った。フランクリン図書計画は、民間の非営利団体ではあるが、設立当初より米国情報局(United States Information Agency)から資金援助を受け、順調に発達を遂げた。しかし、しだいに、米国情報局が助成対象をアメリカの外交政策に沿った出版物に限定するよう当協会に圧力をかけてきたために、協会の代表たちと米政府との意見対立が激化し、一九七七年一〇月にすべての活動を停止するに至った。一九七九年、解散に際して、その財産は議会図書館のブック・センターに寄付された。(Curtis G. Benjamin, *U. S. Books Abroad : Neglected Ambassadors*, Washington : Library of Congress, 1984, pp. 24-27.)

(61) Mūsā Majidī, op. cit., pp. 80-82.

(62) Ibid., p. 86.

(63) 一九三五年(一三一四年シャフリーヴァル月一五日)から、イランではじめて小学校における男女共学が実施され、翌年の一九三六年(一三一四年デイ月一七日)に女子のヴェール着用禁止令が出された。('Īsā Ṣadīq, *Tārīkh-e Mokhtasar-e Ta'līm va Tarbiyat*, Tehrān, 1316〔1937-1938〕, p. 364.)

(64) Parvin Paidar, *Women and the Political Process in Twentieth-Century Iran*, Cambridge : Cambridge University Press, 1995, p. 315.
男女別学の実施で、女子校に生徒が集中したり、女子が学校に通えなくなるなどの問題が発生した。特に男女別学では成立しないような農村部の小規模学校や私立の高等専門学校、女子学生の少ない学部などで多くの問題が発生した。

(65) 指導員になるためには、イスラーム道徳、戒律、アラビア語、宗教教義、哲学、倫理学を学ぶ一般課程と心理学、司書、イスラーム教育、学級運営、生徒の団体活動などを学ぶ専門課程を修めなければならない。(*Ettelā'āt*, 21 Ābān 1362〔12 Nov. 1983〕)

(66) 一九七三・七四年現在の五大都市における私立学校在籍率は、シーラーズ五一・三%、テヘラン三五・二%、マシュハド三二・二%、エスファハーン三一・〇%、タブリーズ二四・六%となっている。(David Menashri, op. cit., 1992, p. 195.)

(67) 私立学校の解散・公立化を実施したものの、私立学校は、非営利学校と名を変えて、PTAからの寄付の徴収や定員割れを口実とする学区外採用などによって、実質的には存続した。桜井啓子「イランの教育政策：非営利学校をめぐる一考察」(『上智アジア学』第一四号、一九九六年、一四八〜一四九頁)。なお、ここでいう「被抑圧者」(モスタザフィーン mostaẓ'afīn)とは、具体的な階層や集団を表わす厳密な概念ではなく、政治的に抑圧された大衆や経済的に剝奪された貧困層を指す概念として、イスラーム革命後に多用されるようになったものである。

(68) "How Islamic Revolution Solved Educational Problems", *Tehran Times*, 25, 26, 27 Jan. 1982.

(69) 一九八二年、革命後はじめて、五九学部に対する入試志願条件が文化革命本部より発表され、同年一二月一二日に医学部の入試が実施され、一二月二九日に工学、農業、神学、イスラーム学の入試がおこなわれた。(*Ettelā'āt*, 31 Farvardīn 1364〔20 April 1985〕)

(70) 革命後に導入された信条調査は、文化・高等教育省のなかにある選抜委員会(komite-ye gozinesh)が実施した。この委員会には、地域支部がある。各支部は、実際の調査を受け持つ地元スタッフを有している。スタッフには、イスラーム体制の忠実な支持者が当てられる。スタッフは、志願者の性格、道徳的評判、宗教活動への参加状況、政治的意見や政治的前科などを調査するが、その際に、隣人や友人に直接に質問するといったこともなされた。(Nader Habibi,

"Allocation of Educational and Occupational Opportunities in the Islamic Republic of Iran", *Iranian Studies*, vol. 22, no. 4, 1989, pp. 27-31.)

(71) 特別枠は、革命の功労者に対する枠と教育機会に恵まれない辺境地域出身者の枠の二つが設定されている。前者の枠の対象となるのは、障害を負った退役軍人、殉教者の家族、革命防衛隊、聖戦復興隊、識字運動への参加者などである。特別枠への配分は、年々増加する傾向にあるが、一般枠を圧迫していることや特別枠による入学者の学業成績がふるわないことから批判も少なくない。(*Ettelā'āt*, 25 Mordād 1361〔16 Aug. 1982〕Monday. ; Nader Habibi, op. cit., pp. 27-34. ; Doktor-e Seyyed 'Alī Akbar Hoseinī, "Barrasī-ye Barkhī az Vīzhegīhā-ye Paẕīrofteshodegān-e Dāneshgāh-e Shīrāz dar Sāl-e Taḥṣīlī 1362-63 va Moqāyese Nesbī-ye ān bā Paẕīrofteshodegān-e Sāl-e 1355-56", *Majalle-ye 'Olūm-e Ejtemā'ī va Ensānī-ye Dāneshgāh-e Shīrāz*, vol. 2, no. 2, 1987.)

(72) このプログラムは、ペルシア語の労働(kār)ならびに知識(dānesh)の頭文字をとってKADプログラム(ṭarḥ-e kād)と呼ばれている。つまり一九八五年度には高校の全課程(一年から四年まで)で実施された。(*Ettelā'āt*, 11 Mordād 1363〔2 Aug. 1984〕)

KADプログラムの導入を決定した「教育制度改革委員会」はその目的を次のように説明している。(*Ettelā'āt*, 31 Mordād 1361〔22 Aug. 1982〕)

一、仕事や奉仕に対する興味を育て、実践活動を通じて高校生の趣向や才能を伸ばす。

二、学生に労働の場における諸問題や社会関係に親しませる。

三、学生に、工業、農業、科学、奉仕(サービス業)、開発などの仕事に親しませる。

四、自給自足を目指し、生産水準を向上させる。

(73) ただしKADプログラムの実施過程でさまざまな問題が浮上してきたことも見逃せない。一九八八年のあるレポートによると多くの生徒が自分たちの関心や専攻とは無関係のところで実習を強いられていたり、実習が許可されず、親方にお茶を入れたり、掃除をしたり、あるいは見学だけで時間を消費していることが指摘されている。KADプログラムが他の授業時間を圧迫していることへの批判もある。(*Ettelā'āt*, 3 Shahrīvar 1367〔25 Aug. 1988〕)

(74) Robert E. Looney, "War, Revolution, and the Maintenance of Human Capital: An Analysis of Iranian

Budgetary Priorities", *Journal of South Asian and Middle Eastern Studies*, vol. XV, no. 1, 1991, p. 15.

(75) Maḥmūd Mehr Moḥammadī, "Barrasī-ye Taṭbīqī-ye Neẕām-e Barnāmerīzī-ye Darsī dar Jomhūrī-ye Eslāmī-ye Īrān va Jomhūrī-ye Federāl-e Ālmān", *Faṣlnāme-ye Ta'līm va Tarbiyat*, vol. 9, no. 3 & 4, 1994, pp. 108-109. この機関のペルシア語名は、daftar-e taḥqīqāt va barnāmerīzī-ye fannī va ḥerfeī.

(76) Ministry of Education, *Educational System of the Islamic Republic of Iran*, July 1985, pp. 22-23.

(77) Ministry of Education, *Education in the Islamic Republic of Iran*, 1990, p. 97.

(78) Mūsā Majīdī, op. cit., pp. 86-88.

(79) *Ettelā'āt*, 25 Shahrīvar 1359(16 Sep. 1980)

(80) *Ettelā'āt*, 2 Mehr 1360(24 Sep. 1981)

(81) Mūsā Majīdī, op. cit., p. 88. ; *Ettelā'āt*, 7 Shahrīvar 1361〔29 Aug. 1982〕)

(82) Golner Mehran, "Socialization of School Children in the Islamic Republic of Iran", *Iranian Studies*, vol. 22, no. 1, 1989, p. 37.

(83) 地理の部は、ハリーリーファッル(Ḥosein Khalīlīfarr)の編集で、一九八五年度版と一九九二年度版を比較すると一部改訂されていることがわかる。

(84) 桜井啓子「イラン・イスラーム共和国のイデオロギー」(『アジア経済』第二八巻第三号、一九八七年)五八―五九頁。

(85) 初等、中等教育を合わせた教科書印刷部数は、一九六六年度＝約一六〇〇万部、一九七一年度＝約三二〇〇万部、一九七七年度＝七〇〇〇万部、一九八〇年度＝七四〇〇万部、一九八五年度＝一億万部、一九九四年度＝一億七五〇〇万部となっている。(*Echo of Iran*, Tehran, 1974, p. 147. ; *Keyhān*, 25 Tīr 1359〔16 Jul. 1980〕; *Keyhān-e Hava'ī*, 2 March 1994.)

また、一九八五年度に出版された教科書の内訳は以下のとおりである。小学校二五タイトル。中学校四二タイトル。普通高校一一二タイトル。工業高校一五八タイトル。職業高校一四八タイトル。農業高校三一タイトル。教師用指導書および宗教少数派五四タイトル。教員養成課程一八〇タイトル(一五五タイトルの本、二五タイトルのプリント教材)を出版。(Mūsā Majīdī, op. cit., pp. 88-90.)

(86) アラビア語の義務化について憲法第一六条は次のように定めている。
「コーランならびにイスラームの科学や学問はアラビア語であり、かつペルシア文学は完全にそれと混合してきたので、アラビア語は初等教育から中等教育修了に至るまで全学級、全学科において教授されなければならない」(社会中三、一九九〇年度、八二頁)

(87) Golnar Mehran, 1989, op. cit., p. 38.

(88) Jalal Matini, 1985, op. cit., p. 43.
ハッダード・アーデル(Gholām ʻAlī Ḥaddād ʻĀdel)の略歴(一九八八年現在)は、以下のとおりである。「地位／職業：調査部門における教育大臣代理、教育高等審議会会長代理。生年月日：一九四〇年代中頃。教育：博士号。職歴／経歴：文化革命高等審議会一般文化委員会における教育省代表。」(*Who's Who in Iran*, Bonn: MB Medien & Bücher Verlagsgesellschaft mbH, 1990, p. 128.)

(89) (83)を参照。彼の名は、一九九六年度版の小学校社会科教科書にも編者として記されている。

(90) Ḥosein Anvarī.

(91) Parvīz Kalāntarī.

(92) たとえば、Moḥammad Enṣā'ī.

(93) *Ettelā'āt*, 10 Ordībehesht 1365 (30 April 1986)

(94) 社会中三、一九八九年度ならびに一九九〇年度、ともに一七頁。

(95) Golnar Mehran, 1989, op. cit., p. 37.

(96) アーレ・アフマドは、アメリカの宣伝機関であるフランクリン図書計画は、イランの主要な出版印刷会社の株主としてイランの出版に対する検閲機能を果たしていると批判する。彼によれば、書籍翻訳出版協会(bongāh-e tarjome va nashr-e ketāb)はフランクリンと協力関係にあり、雑誌『ソハン』はフランクリンからの資金援助で出版され、*Ketāb-hā-ye Māh* はフランクリン図書計画自身が手掛けているし、*Rāhnamā-ye Ketāb* も同じような状況にある。さらに教科書出版においても、フランクリン図書計画は、統一されたダビーレスターン用教科書を出版するために、教科書の執筆や出版に携わる関係者をアメリカに派遣し、教科書出版のノウハウを学習させ、帰国後、彼らに出版を委ねた。また、この事業のためにフォード財団から八万ドルの援助を受け、財政支援をしている。このように巨大な出版協会となったフランクリンは、イランの教育省を占拠してしまったと批判している。(Jalāl āle-Ahmad, op. cit., pp. 92-99.)

(97) *Keyhān-e Havā'ī*, 2 March 1994.

(98) 筆者が入手することのできた教科書を見るかぎり、一三六四(一九八五)年度の教科書は貸与制であるが、一三七一(一九九二)年度の教科書は、貸与制にはなっていない。貸与制となっている教科書の裏表紙に、その理由が次のように記されている。

「教科書出版経費は、国の一般予算から支給されている。できるだけ経費を削減するよう努力することは、東西への従属から自立するための一歩である。……ならば親愛なるものたちよ。この教科書ならびに他の教科書を年度末に、きれいにそして無事に別の同胞が使えるように学校の事務所に提出するよう努めましょう。教育省教科書出版配布局」(国語小五、一九八六年度、裏表紙)

(99) *Keyhān-e Havā'ī*, 16 Aug. 1995.

第三章　教科書が描く「国家権威」

国家権威は、しばしば、国家を代表する指導者によって象徴されてきた。指導者は、個人である場合も集団である場合も、自らの能力や偉大さを誇示することによって、人々の服従意欲を高めようとする。王制時代から現在に至るまで、イランの教科書は指導者の姿をさまざまな形で描いてきた。ここでは、王制期とイスラーム共和制期の教科書に描かれてきた指導者像を探りつつ、両者を比較することにしたい。

一　パフラヴィー朝の権威

1　王朝の成り立ち

一九二五年一〇月、パフラヴィー朝の樹立によってイランは新しい時代を迎えることになる。初代国王となったレザー・シャーは、イランという領域を統治するための中央集権的な国家機構を構築するとともに、イラン領土内に暮らす、民族的、言語的、文化的に多様な背景を持った人々を国民としてまとめ上げていくための文化政策を積極的に推進した。

レザー・シャー期の文化政策にはいくつかの特徴がある。第一は、レザー・シャー自身をナショナリズムの象徴にすることであった。イランの寒村に生まれた一介の軍人にすぎなかったレザー・ハーン(1)は、自らの手腕によって権力の頂点に上りつめたのだが、彼には、その権力を正当化できるような血統がなかった。そのためにレザー・シャーは古代ペルシア帝国の栄華を現代世界に再現することを約束することによって、王としての正当性を獲得しようとした。第二は、古代ペルシアの栄光を礼賛し、その証を人々の共通の財産とし、可視化するために、記念碑や博物館の建設、遺跡の修復・保存などを手掛けた。第三は、イラン人意識を高揚させるためにペルシア語改革運動に着手したことである。

これらの文化政策によって創出された官製のナショナリズムは、当時増え続けていた世俗学校を通じて多様な社会階層に広められた。さらには、それまでは支配者や特権的な人々のために書かれてきた歴史や文学が、ナショナリズムの鼓吹や国民意識の形成という目的のために、一般の人々に向けても書かれるようになった。

一九四一年、退位したレザー・シャーの後任として連合軍の占領下で王位を継承した若き王、モハンマド・レザー・シャーには、多くの困難が待ち受けていた。終戦により連合軍は撤退したが、外国の干渉は続き、国境周辺では分離運動が発生し、さらに共産主義運動が脆弱な中央政府を脅かした。このような状況下で、弱体なこの若き王の後ろ盾となったのが、戦後、イギリスやロシアに代わってこの地に勢力をのばしてきたアメリカであった。一九六〇年代、モハンマド・レザー・シャーは、アメリカという後ろ盾を得て、急速に専制化していった。特に「白色革命」以後、モハンマド・レザー・シャーは絶大な権力を手にすることになる。しかしながらモハンマド・レザー・シャーの歩みは、決して彼が指導者としての天賦の素質に恵まれていた人物であることを示すものではなかった。初代国王の息子とはいえ、パフラヴィー王家そのものの正当性を十分に保障するようなものが欠如していた。モハンマド・レザー・シャーに欠落していたもの、すなわち、彼以外にイランの指導者はいないと人々に確信させる何かであった。モハンマド・レザー・シャーは、レザー・シャー時代に考案された官製のナショナリズムの基本路線を継承するだけでは満足しなかった。それ以上にもっと強力なものを求めていた。結局、モハンマド・レザー・シャーはあらゆる手段を利用して、ひたすらに自分自身の偉大さと崇高さを誇示することで、イランの過去、現在、未来のすべてを自分一人で背負おうとした。

すでに述べたように一九六三年の国定化によって、教科書は、モハンマド・レザー・シャーの権威を高め、官製のナショナリズムを鼓吹するための媒体としての性格を強めていった。

以下、パフラヴィー朝時代の教科書が、モハンマド・レザー・シャーの権威をどのように描いていたのかを検討しながら、王制時代の権威構造を探ることにする。

2　モハンマド・レザー・シャー

モハンマド・レザー・シャーは自らの存在において国家権威を具現化しようとした。王の権威は、王朝の創設者であるレザー・シャーから息子モハンマド・レザー・シャーへと委譲され、さらにその息子のレザーによって継承されるはずのものであった。

モハンマド・レザー・シャーが代表しているのは、単に領土国家としてのイランだけではない。モハンマド・レザー・シャーは、イラン国家とそこに住む人々の統合の象徴であり、イランの進歩と繁栄、近代化の象徴である。彼はまた古代ペルシアの繁栄を代表するイラン民族主義の象徴でもある。人々に富と名誉と安寧を配分する存在であるが、自分に歯向かう者を容赦なく切り捨てる絶対的な権力の象徴でもある。このような状況のなかでは、パフラヴィー朝の創始者であるレザー・シャーでさえもモハンマド・レザー・シャーを凌ぐ存在としては扱われていない。以下、モハンマド・レザー・シャーがいかにして象徴にまで高められているかを教科書の文章を引用しながら論じることにしたい。

モハンマド・レザー・シャーにとって最も重要な自己イメージは、イラン国民の尊敬を一身に浴びる君主であったにちがいない。国王は、国民の生殺与奪の権限を独占する絶対君主であるとともに、国民の繁栄と安寧のために労苦を惜しまない「慈悲深い父」でもある。

家族を中心とする生活世界の他に、学校という社会を体験しはじめた生徒たちに、さらにその向こうに国家や国際社会という枠組みがあることを学ばせようとする教科書は、誰もが自分の父親を尊敬するように、イラン国民は、皆、国王を尊敬していると説く。

私たちはそれぞれ、ある家に暮らしています。私たちは、自分の家では、父を尊敬し、父を愛しています。私たちには、もっと大きな家もあります。この大きな家は、私たちの国、イランです。この大きな家では、私たちはまるで一つの家族です。

国王はこの家族の父のような存在です。私たちは、国王の子どものようです。国王は私たち皆を愛しています。私たちは、自分たちの親切な皇帝を父のように愛します。私たちは自分たちの皇帝を尊敬します。（国語小一、一九七四年度、八七頁）

このように国家の指導者を父にたとえる方法は決してイランに固有のものではない。しかし、皇帝と国民の関係が、親子関係に置き換えられる過程で、家族という共同体と国家という共同体の本質的な差異は隠蔽されてしまう。国王は、すべての国民に分け隔てなく恩恵を与える慈悲深い存在としても描かれている。教科書は、自分の父を愛するように国王を愛するよう促している。ところで一九六五年、国王は、在位二五周年の記念に議会から「アーリヤ人の太陽」を意味するアーリヤー・メフルという称号を与えられた。この時以来、教科書でも、アーリヤー・メフル皇帝(shāhanshāh-e āryāmehr)という呼称が用いられるようになった。

識字部隊は、アーリヤー・メフル皇帝の命令で、すべての人々に識字能力を授けるために、大きな村へも、小さな村へも出かけていきました。私たちは、自分たちの皇帝に感謝いたします。私たちは、親切な父のように皇帝を愛しています。（国語小三、一九七四年度、五一頁）

国民は父である皇帝を尊敬し、愛し、彼に感謝しなければならない。それと同様に王妃や皇太子も愛さなければならない。

皇帝とファラ王妃は、皇太子を大変に愛しています。皇帝とファラ王妃は、イランのすべての子どもを愛しています。私たちは、自分たちの皇帝と王妃と皇太子を愛しています。（国語小一、一九七四年度、八八頁）

＊

皇帝は私たち皆のことを愛し、私たちがよりよく暮らせるよう努力しています。……ファラ王妃は、アーリヤー・メフル皇帝の妻であり、またイラン皇太子の母です。ファラ王妃は、イランの子どもたちすべてを自分の子どものように愛します。

ファラ王妃の命令で、私たち子どもたちのためによい本が備えられています。ファラ王妃の命令で、すべての学校に子ども図書館が設けられています。私たちも自分たちの王妃を心から愛します。（国語小二、一九七四年度、一九～二〇頁）

このように皇帝を父に、国民を子にたとえ、愛情によって結ばれた関係に見立てることによって、皇帝を身近で、暖かみのある存在にしようとしている。それと同時に支配と被支配の関係を親子関係にすり替えることによって、両者の関係を変更不能な運命的なものと錯覚させ、国民から親孝行に象徴されるような無償の奉仕や献身を期待している。また突如として「世界のすべての人々が、アーリヤー・メフル皇帝の偉大な思想を賞賛しています(2)」といった飛躍した表現が登場したりもする。

支配者としての国王　一般に低学年の教科書が、国王を父になぞらえ、ひたすらにその愛情と慈悲を強調し、国王に対する親近感や素朴な敬意を育てようとしているのに対して、小学校高学年の教科書は、むしろ絶対君主としての側面を強調することで、国民との間に一線を画そうとしている。国王は「国民(mellat)を指導する偉大なる任務(3)」を背負う存在であり、その任務は、「王個人」に属する「王権」すなわち「私たちの国の最高指導権(riyāsat-e ʿālī-ye keshvar)(4)」に依拠するものである。

王権は、進歩と幸福を生み出すために、また、国境、祖先の善良かつ偉大な仕事、民族の名誉を横領、災難、邪視から守るために、神が王(pādshāh)に委託(amānat)したものであり、また王(solṭān)が国民から受託した代理(vekālat)である。(公民小六、一九六五年度、一一頁)

＊

王冠は王たちの肩にかかる重荷である。誰にでも相応の悲しみがあるとするならば、王は、全世界の悲しみを一身に引き受ける。一家の父親が、自分を家族の苦楽、善悪、醜美の責任者とみなすように、王もまた国民(mellat)の繁栄と滅亡、偉大さと卑しさ、幸不幸を自分の思考や行動の結果とみなす。(公民小六、一九六五年度、一一頁)

このように、国民の進歩と安寧は、王権を所有する王個人の責務だとみなされている。換言すれば、国民の運命は、完全に王個人の手中にあり、国民は自らの運命を王に委ねているのである。教科書は王の責務の重大さのみを強調し、王権の持つ強権的な側面への言及は巧みに避けている。

国王とイランの独立・発展　神に王権を委託されたイラン皇帝の任務は、イラン国家の独立、発展、そして名誉という三つの価値を追求することである。歴史の教科書は、第二次世界大戦の勃発にともなうアメリカ、ソ連、イギリスの進駐や第二次世界大戦終了後の駐留、アゼルバイジャンの独立運動について言及し、この間、イランの独立がたびたび脅かされたにもかかわらず、有能な国王のおかげで独立を維持することができたと説明する。

一三二〇年シャフリーヴァルから一三三二年モルダード(5)まで、我々の祖国には、いくつもの非常に辛い事件が起き、そのいずれもが一国を屈服させるほどのものであった。……皇帝の不断の努力によってついに、アメリカ、ソ連、イギリスの指導者たちは、コミュニケのなかで、わが国の独立を確認するとともに、終戦後、イランから軍を撤退させることを保障した。（社会小五、一九七〇年度、二一一頁）

＊

アーリヤー・メフル皇帝は、イランからソ連軍を駆逐し、同時にアゼルバイジャンを救済するために、努力を惜しまなかった。そしてついに、ソ連軍はイランから撤退し、それに続いて、皇帝の指令・指揮で、イラン帝国軍部隊がアゼルバイジャンに派遣され、アゼルバイジャンの愛国者たちの協力を得て、この肥沃な州は完全に解放された。（一三二五年アーザル月二一日）[6]……皇帝は約束どおり、国民の幸福を確保するために努力を続けた。（社会小五、一九七〇年度、二一二頁）

＊

アーリヤー・メフル皇帝の治世の最初の何年間は、暴動や困難に満ちていた。……アーリヤー・メフル皇帝は、慎重かつ勇敢に、これらすべての困難を克服した。国が、国内の暴動と外国の圧力から解放され平静に戻ったので、経済、社会、文化の発展と進歩がはじまった。そして現在、皇帝の指導と監督によって、わが国は、発展に向けて大きな一歩を踏み出した。（歴史小六、一九七〇年度、八三頁）

独立を獲得した国王に課せられた次の任務は、イランの近代化である。発展、進歩、開発はモハンマド・レザー・シャーの治世に実現したものであり、当然のことながら「国王と人民の革命」(enqelāb-e shāh va mardom)と称される「白色革命」はモハンマド・レザー・シャーの最大の業績である。モハンマド・レザー・シャーは、国民投票によって「白色革命」が認められた一九六三年一月二六日を、イランの進歩と発展、そしてそれを決断した国王の偉業を称える記念すべき日に指定した。国王はまた「白色革命」という上からの改革に対して、国民投票という形で民意を問うことで、民主的なイメージを演出している。

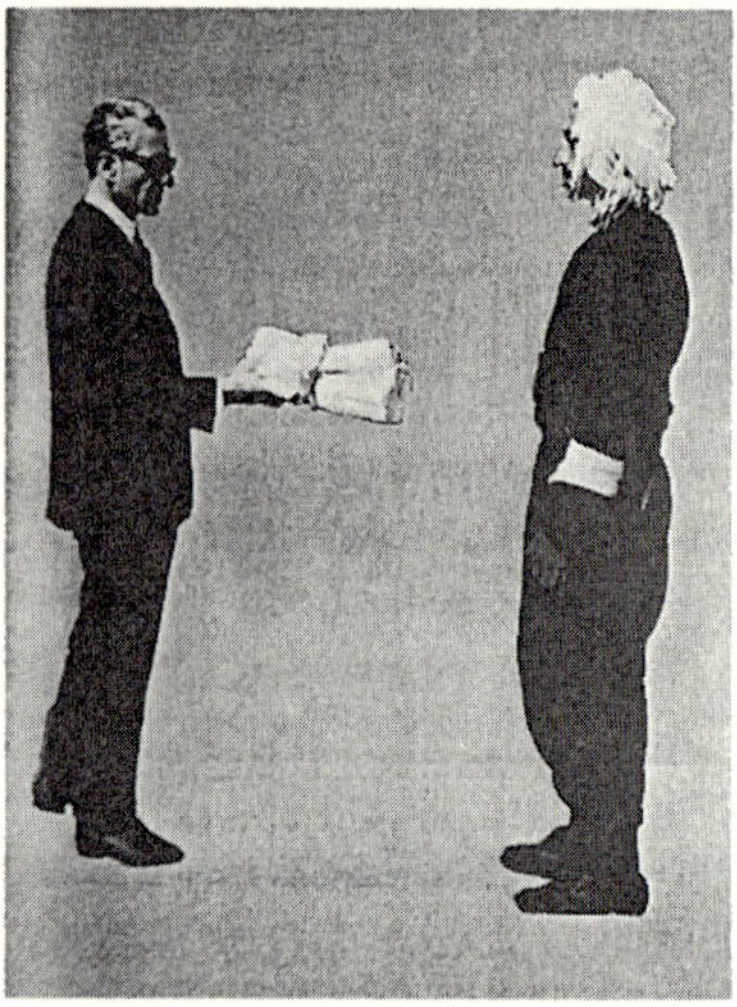

図3-1　モハンマド・レザー・シャーと農民(国語小4，1970年度，p. 104)

一三四一年バフマン月六日[7]は、わが国の歴史において忘れられることのない日々の一つである。この日、わが国の人々は、アーリヤー・メフル皇帝の命令で国の重要な仕事に着手するために立ち上がった。まさにこのようなわけで、この日は「国王と人民の革命」の日と名付けられた。(国語小四、一九七〇年度、一〇二頁)

また、「白色革命」の柱であった農地改革についての説明にみられるような国王の農民寄りの姿勢は、国王が平等の実現を重んじていることをアピールしたものといえよう。特に図3-1は、国王よりも背の高い農民が、平服姿の国王と対等に起立した状態で対面しているという点から、通常の国王の写真とは際立った違いを見せている。

一三四一年バフマン月六日以前は、わが農民たちの大半が、自分の耕作用地を持たなかった。農地は、村の地主が所有していた。農民は朝から日没までその土地を苦労して耕作するが、作物は地主のものであり、農民にはごくわずかしか配分されず、彼らの食料を賄うのがやっとだった。しかし、今日、わが農民たちは地主となった。自ら種を蒔き、収穫する。作物は農民のものとなるので、多くの利益を得るために一層働くことになる。(国語小四、一九七〇年度、一〇二頁)

「白色革命」によってイランが、一気に繁栄を享受する近代社会に突入したかのような表現が目立っている。

一三四一年バフマン月六日以降、我々の社会は、輝かしく、希望に満ちた未来へ突入しようとしている。イラン国民に進歩と栄光に満ちた生活への新しい道が開けたのである。(歴史高三、一九七二年度、八六頁)

そして、「白色革命」に対する国王の自己満足は、ついに一九六七年の戴冠式という形となって表現されることになる。

これらすべての進歩と発展は、アーリヤー・メフル皇帝の思考力と偉大な君主の独創力の明白な証である。アーリヤー・メフル皇帝は、二六年にわたる統治の後にイラン国民が貧困、無知、危険、病の悪魔を退治したと確信し、一三四六年アーバーン月四日(8)、皇帝の誕生日にあたるその日、荘厳な式典を挙行し、その時パフラヴィー朝の王冠を戴いた。また自らの手で、皇后の冠をイラン皇后陛下の頭上に載せたのである。(社会小五、一九七〇年度、二二〇頁)

「白色革命」の遂行は、イランに絶大な栄光をもたらした。なぜならば、「白色革命」の成果によってイランは、国際社会から非常に高い評価を受けただけでなく、途上国の近代化のモデルとさえみなされるようになったからである。

アーリヤー・メフル皇帝の方策と決意のおかげで、我々の祖国は国内の改革だけでなく、国際政治の観点からも、目覚ましい発展を遂げた。世界中の権威ある人々が、イランを、進歩のために、また現代文明へ達するために努力している模範的な国であるとみなしている。現在では、文明に到達しようとしているすべての国が無血で成し遂げたイランの革命的努力を模範としている。(社会小五、一九七〇年度、二一九頁)

「白色革命」によってついに国王は古代ペルシアの栄光を蘇らせることに成功した。それを象徴するのがペルシア帝国建国二五〇〇年祭である。この祭典に招かれて、イランを訪れた各国の代表は、アケメネス朝ペルシアのキュロス大帝に朝貢する諸国の遣いを演じさせられたことになる。それは次のように表現されている。

一三五〇年メフル月(9)に挙行されたこの祝典に際し、イラン人の純粋な文化や文明に敬意を表するために世界の王、大統領、政治的要人らがイランを訪れ、この歴史的な大祝祭の荘厳な儀式に参列した。(歴史高三、一九七

二年度、九八頁)

モハンマド・レザー・シャーは、ついにイラン国家の独立、発展、そして栄光のすべてを自分一人の功績としたのである。

モハンマド・レザー・シャーの資質　イランにかつてない繁栄をもたらしたモハンマド・レザー・シャーとはいかなる人物なのであろうか。モハンマド・レザー・シャーの生い立ちや彼の王としての資質について教科書はどのように説明しているか。モハンマド・レザー・シャーが、優れた思考力、決断力、英知、指導力の持ち主であることは、すでに引用してきた文章のなかにも繰り返し述べられているが、これらは抽象的で、必ずしも説得力をもつものではない。王がどのような資質をもっていたかについては、ガイダンス課程の教科書に掲載されている「アーリヤー・メフル皇帝の子ども時代」で具体的に知ることができる。

モハンマド・レザー・シャーは「一二九八年アーバーン月四日、テヘランの旧市街の一角にある小さく質素な家に生まれた」(10)。しかしながら、モハンマド・レザー・シャーは六歳の時に普通の子どもとは異なる運命を歩むことになる自分を発見している。

私の子ども時代の最も注目に値する思い出は、皇太子に選ばれた日のことであった。その日、華麗で類をみない父の戴冠式がゴレスターン宮殿で挙行された。その荘厳さは、わずか六歳の私に、大きな影響を与えた。それ以来、私は、将来の偉大なる責務に備えるために、特別の教育を受けた。(国語中一、一九七二年度、五~六頁)

将来、王位を継承することになった少年時代のモハンマド・レザー・シャーは、父レザー・シャーの意向により軍人としての教育を受ける。陸軍小学校で学び、一三一〇(一九三一~三二)年、卒業と同時に、スイスに留学し、四年後にディプロマを取得した。帰国後、テヘランの士官学校に入学し、一三一七(一九三八~三九)年、少尉の位を獲得して卒業した。

モハンマド・レザー・シャーは、自分の人格形成に大きな影響を与えたものとして、厳格な父レザー・シャーの存在とスイスでの留学経験を挙げている。

スイスでの四年間は、私の人生にとって最も重要な時期の一つであった。スイスの社会環境は、父が与えた精神的な影響に次いで、私の心理状態や性格に何よりも多くの影響を与えた。（国語中一、一九七二年度、九頁）

モハンマド・レザー・シャーの成長過程を記したこの教材から、彼が将来、王としての責務を担うよう教育され、また自らのその責務を引き受ける覚悟であったという点で、一般の青年とは異なる成長過程を辿ってきたことがわかるが、必ずしもモハンマド・レザー・シャーが、学問やその他の分野において傑出した才能の持ち主であったり、努力、忍耐、勇気、善、慈悲などの点で、凡人とは比較にならない精神的美徳の持ち主であったことを印象づけるようなものではない。

王の王たる所以は、彼の王としての資質や責任感による。しかし、それと同時にモハンマド・レザー・シャーの王位ならびにそれに付随する権限や職務が憲法に定められた合法的なものであることも強調されている。

イランの政体は、立憲君主制であり、我々の皇帝は、国の最高指導者(riyāsat-e 'āli-ye keshvar)であり、憲法執行の責任を負っている。帝国軍総司令官、宣戦布告、和平の締結、軍の等級、勲章や名誉特権の授与は皇帝に属する。首相や大臣は、皇帝陛下の命令にしたがって任命ないし解職される。皇帝は、外国に政治代表を派遣し、また外国の代表を受け入れる。（社会小五、一九七〇年度、一二八頁）

他にも、憲法第三六条「イランの立憲君主制は、憲法制定議会を通じて国民より、レザー・パフラヴィー皇帝陛下個人に委託された」(11)を引用し、王制が国民の意思によるものであることを強調している。

3　権威の継承

イランを代表する最高の権威として君臨するモハンマド・レザー・シャーは、パフラヴィー朝の創始者であるレザー・ハーンの息子である。レザー・ハーンがコサック隊長から身を興し、一国の君主にまで上りつめた成り上がり者であったのに対して、モハンマド・レザー・シャーは、六歳で皇太子となり、将来、王となるべく教育されてきた。このように王となるにあたって多くを父に負っているモハンマド・レザー・シャーは、自らの権威を確立する過程で、レザー・シャーの権威をどのように位置づけているのかを検討してみたい。

レザー・シャー路線の継承　教科書は、パフラヴィー朝の創始者レザー・シャーの功績として、イランの政治的独立を確固たるものにし、近代国家への端緒を開き、ナショナリズムの精神を広めたことを挙げている。彼の業績に対する評価は、「つまるところ、この偉大な男がイランを統治した一六年の間に、我々の国は、脆弱な後進地域の状態から、独立し、繁栄した国の姿となったのである」[12]といったものである。

レザー・シャーの功績として教科書が取り上げているのは、軍事面では、警察隊(駐屯軍)の組織、軍の装備の近代化、徴兵制の制定、陸軍高校・士官学校の設立、空軍・海軍の設立、イラン帝国軍の設立などである。国内改革では、国内の治安を確立するために舗装道路や鉄道が全国に敷設された。財政面では、外国借款の排除、税法改正、国立銀行の設立などが功績に数えられている。経済面では、対外的な従属からの脱却を目的とする近代産業工場の設立や伝統産業の強化に尽くしたことに触れている。社会面では、女性の地位向上のためにチャードル着用義務から女性を解放したことや、母子衛生の改善に取り組んだことが記されている。また、テヘラン大学の設立や欧州への留学生派遣など、教育への投資もこの時代の成果である。

レザー・シャーは、不屈の精神をもって独立と進歩という課題に取り組み、近代国家としての礎を築いた。レザー・シャーの改革は、明るい未来の象徴であり、また近代化への幕開けであった。この改革路線は、モハンマド・レザー・シャーによって継承され、「白色革命」において最終段階に到達する。レザー・シャーにはじまる近代国家の建設が、息子の時代に完成をみるという壮大なイラン近代化の物語である。

そして、重要なことは、レザー・シャーが果断に取り組んできた近代化政策を支えていたのは、彼の情熱的なまでの「祖国愛」であったという説明である。レザー・シャーは、自分や親族の利益のためにではなく、「祖国」のために、あるいは「同胞」のために献身的な努力を重ねてきたのであり、それを支えていたのが彼の「祖国愛」であり「愛国心」であったというのである。

「自分の努力で成功した男」というガイダンス課程二年用の教科書に掲載されている教材は、レザー・シャーの祖国愛について次のように語っている。

祖国(vaṭan)を愛し、祖国や同胞の進歩と幸福の他に何も望んでいなかったレザー・シャーは、文化を生み育てることなしに、また人々が読み書きを習得することなしに、進歩や発展は期待できないと考えていた。(国語中二、一九七二年度、一一頁)

祖国の発展のために生涯を捧げたレザー・シャーの生き方そのものが、愛国心の意味を学習するための手本とみなされている。

この話を書いたのは、同胞、祖国を愛する者たち、殊に若者たちに、祖国や信仰を共有する者の安寧と平和のために、惜しみなく己の人生を捧げたこの偉大な男についてよく考えてもらうためである。彼にしたがって、愛国心(mellat dūstī)と国家崇拝(mamlakat parastī)を学びなさい。(国語中二、一九七二年度、一六頁)

レザー・シャーからモハンマド・レザー・シャーへの王位継承は、連合軍によってレザー・シャーが強制退位させられたために、突如発生した。モハンマド・レザー・シャーは、レザー・シャーが王位に就いた際に皇太子に就任していたために、レザー・シャーの退位とともに自動的に王位を継承したかたちとなった。

連合軍の侵入という国家の自立性が最も制限されている状況のなかで、若くして王位を継承しなければならなくなったモハンマド・レザー・シャーには、王としての存在感はなく、また王権を支えるための基盤も脆弱なものにすぎなかった。このような状態から出発せざるをえなかったモハンマド・レザー・シャーにとって、王権の基盤を強化することはもちろんのこと、自分が王に相応しい人物であることを国民に示さなければならなかった。レザー・シャーの息子として、彼の薫陶を直接に受けたこと、特に将来王位を継承するための厳しい教育が施されたことを物語る逸話なども、その一つである。

モハンマド・レザー・シャーは、幼少より父レザー・シャーから厳しい教育を受け、自らの人格形成において父の影響を最も強く受けたと述べることで、パフラヴィー朝の創始者の権威を継承しようとする。息子であることの特権は、血縁の繋がりだけではない。幼い時から、身近にその存在を感じて育つことでもある。幼い頃の記憶に刻まれた父は「男らしい顔つきと背の高い[13]」人だったという。

将来王位を継承することになる息子に父レザー・シャーが施した教育は、軍人教育であった。モハンマド・レザー・シャーは、陸軍小学校、スイス留学、士官学校で学んでいる。

いずれにしても、私の父は西欧世界の発展原理をイランで機能させたいと決意していたので、検討の結果、私をスイスに送ることに決めた。……スイスに在住していた時、私は、自分の将来の責務について懸念しており、毎週、父と文通をしていた。私には、将来賢明な王になりたいという心からの願いがあったために、私は、勉強や研究、知識や美徳の習得において、若い学生に期待されている以上に努力したのだと思う。……父は、私が高等教育を士官学校で受けると同時に、明敏な父の監視のもとで、皇帝学の奥義を学ぶことを望んでいた。父の願いは、私にはうれしいものであった。なぜならば、常に、私は、軍事教育を受けることに興味をもっていたからである。加えて、父の抱える責務を識るためには、より長い時間父と過ごす必要があった。(国語中一、一九七二年度、八〜一〇頁)

ここには、モハンマド・レザー・シャーが受けてきた教育の様子が具体的に描かれているが、このような記述が、彼の王位継承を正当化するのに必要だったのだろうか。いくつかの理由が考えられる。第一に、レザー・シャーの息子という血統だけでは不十分であった。なぜならば、レザー・シャー自身、成り上がり者にすぎなかったからである。第二に、軍事的勝利、国際社会でのリーダーシップの発揮、国内での圧倒的な人気といった事柄によって彼自身の能力を誇示することができなかったことである。

さらに、モハンマド・レザー・シャーの教育歴において興味深いのは、スイス留学を誇りとしていることである。イラン国王が、外国での教育経験を誇るということ自体、この時代の空気を象徴しているのである。経済的に豊かになりつつあった戦後のイランでは、欧米への留学がエリートとしての必要条件になっていた。近代化や西洋化が国家目標であった当時、彼の留学は、彼に近代化を語る資格を与えていたのであろう(14)。

レザー・シャーの位置づけ　このようにモハンマド・レザー・シャーは、レザー・シャーの厳格な教育によって王としての資質を獲得したことや、彼の手掛けた近代化路線を継承したことを印象づけている。また「王位が国民よりレザー・シャー・カビールに委ねられた時から(15)」といった表現にみられるように、パフラヴィー朝の開祖レザー・シャーが国民の支持によって合法的に王位に就いたことを強調している。レザー・シャーの合法性は、そのまま後継者であるモハンマド・レザー・シャーの合法性に繋がるのである。

資料として教科書に掲載されたレザー・シャーの退位宣言文に次のようなくだりがある。

……かくして、私は、王の仕事を皇太子すなわち私の後継者に委譲し、退位する。本日一三二〇年シャフリーヴァル月二五日(16)より全国民は、民間人であれ軍人であれ、皇太子つまり私の法的後継者を王とみなしなさい。

……(社会小五、一九七〇年度、二〇八頁)

このように教科書は、レザー・シャーの人物像をさまざまな形で描写しながら、レザー・シャーを「イランの歴史における偉大な軍司令官(sardār)の一人、レザー・シャー・カビール[17]」と称したり、以下のようにその偉業を称えている。

レザー・シャー・カビールはイランの名高き諸王の一人である。……この偉大なる皇帝が祖国のためになした大いなる貢献に対し、国民議会はイラン全国民の願いによって彼に「カビール」という称号を与えた。(歴史高三、一九七二年、七五頁)

しかし、レザー・シャーの権威を強調しすぎ、またそれに依存しすぎることは、モハンマド・レザー・シャーの権威を相対的に低下させることになる。教科書全体でのレザー・シャーへの言及の頻度は、モハンマド・レザー・シャーに比して明らかに少ない。

キュロス大王の権威の継承　モハンマド・レザー・シャーが、たとえどのようにその偉大さを演出したとしても、所詮は一兵卒から身を興したレザー・シャーの息子にすぎなかった。このような負い目を補うために彼は、自分自身をアケメネス朝の偉大なる王であったキュロスやダリウスの後継者に見立て[18]、シャーハン・シャー(王の中の王)であるとかアーリヤー・メフル(アーリヤ人の太陽)といった称号を用いた。

一九六七年一〇月二六日、モハンマド・レザー・シャーはゴレスターン宮殿で戴冠式を挙行した。この式典で彼は自らの頭上に王冠を戴くとともに、王妃と王位継承者である息子の頭上にも冠を載せた。この時彼の正式な名前は、モハンマド・レザー・シャー・パフラヴィー・シャーハン・シャーへ・アーリヤー・メフルとなったのである。

さらに、この壮大なフィクションをイラン国内ばかりでなく全世界に向けて誇示するために、一九七一年にペルシア帝国建国二五〇〇年の祭典が古代アケメネス朝ペルシアの都であるペルセポリスの遺跡で挙行された。この祭典には巨額の国費が投入され、全世界の王族や要人らが招待された。砂漠にたたずむアケメネス朝ペルシアの遺跡を舞台に繰り広げられた壮麗な儀式を通じて、モハンマド・レザー・シャーはキュロス大王の末裔に生まれ変わろうとしたのである。この時彼はキュロス大王の墓の前で語りかけている[19]。

いま我々はここに集まった。それは誇りをもって申し上げるためである。二五世紀を経た現在もなお、汝の栄光に満ちた時代と同じように、イラン帝国の旗は勝利に揺れている。現在もなお、汝の時代と同じように、イランの名は全世界で大いなる尊敬と称賛を集めている。現在もなお、汝の時代と同じように、イランは世界の混乱に満ちた舞台において、自由と博愛の使者であり、人類の至高なる理想の番人である。汝が灯したたいまつは、二五〇〇年の間、数々の出来事がもたらす暴風によっても消えることはなかった。（歴史高三、一九七二年度、一〇〇頁）

父レザー・シャーから継承した王位も、やがては息子のレザーに譲る日が来る。教科書は、そのための準備もしている。皇太子は、一九六〇年一一月五日に公式にレザー・パフラヴィー殿下と命名され、生後七日目に皇太子の地位が与えられた[20]。教科書は、皇太子の誕生、すなわちパフラヴィー朝の永続を喜ぶ人々を以下のように描いている。また、皇太子の誕生日を子どもの日とすることによって王位継承者としての皇太子の存在を次代のイランを担う子どもたちに定着させようとしている。

イラン皇太子、レザー・パフラヴィー殿下は、一三三九年アーバーン月九日[21]に誕生した。すべてのイラン人が皇太子誕生の知らせを大変に喜び、歓喜した。イラン皇太子は、現在は成長し、ガイダンス課程で学んでいる。ペルシア語の他にフランス語も話す。……皇太子の誕生以来、皇太子の誕生日にあたるアーバーン月九日は、子どもの日と名付けられた。この日には、子どものための特別なプログラムが実施される。テヘランでは、皇太子臨席のもとで、すばらしい体育祭が開催されている。（国語小二、一九七四年度、一二一頁）

4　権威のイメージ――王の姿

教科書には、国家の指導者の権威をより効果的に伝達するために多くの写真や挿絵が掲載されており、その数は、一般に低学年になるほど多い。教科書には、いうまでもなく当時の国王であったモハンマド・レザー・シャーの写真が最も頻繁に掲載されているが、それ以外にも、王妃や王位継承権のある皇太子、レザー・シャーの写真が掲載されている。

図 3-2　軍服のレザー・シャー（歴史小 6，1970 年度，p. 82）

レザー・シャーのイメージ　まず教科書に登場するレザー・シャーはたいてい軍服を着用している（図3-2）。その表情は堅く、モハンマド・レザー・シャーのように微笑んだ写真は見られない。息子であるモハンマド・レザー・シャーによると「父の際立った性格は、すべての事柄において規律と整頓と正確を重んじることである。規律と秩序を守ることに特に固執していた」[22]。また、レザー・シャーの生活が質素なものであったことが強調されている。

父の私生活は、極めて質素で形式ばったものではなかった。彼の質素さは、庶民の平凡な暮らしとほとんど変わらないほどだったということができる。（国語中二、一九七二年度、一四〜一五頁）

＊

父の服は、主に国産の布で作られた一般兵士の服、数組だけだった。彼の仕事部屋には、机一つと偉人の写真数枚の他、何も見られなかった。……父の食事は大変に質素であった。彼は大部分の栄養を米から取っていた。

二度以上の食事を慎んでいた。（国語中二、一九七二年度、一六頁）

教科書に描かれたレザー・シャーの人物像は、質実剛健、努力の人といったところであろう。モハンマド・レザー・シャーが、生まれながらに王位継承を約束されていたのとは異なり、レザー・シャーは、貧しい境遇のなかか

図 3-3 モハンマド・レザー・シャーの肖像（国語小 4，1970 年度，見開き）

図 3-5 戴冠式（国語小 2，1974 年度，p. 19）

図 3-4 皇太子と王妃（社会小 3，1970 年度，見開き）

ら自らの力を頼りに王位を獲得した。それは、ひとえに彼の質実な性格と努力、そして祖国に対する無私無欲の愛情によるものであったことが強調されている。

モハンマド・レザー・シャーのイメージ　パフラヴィー朝時代の教科書の見開きは、必ず国王の肖像写真であった（図3-3）。一九五〇年代の教科書は、ほとんどの場合国王の肖像写真だけだったが、六〇年代に国定教科書が出版されはじめると、国王だけでなく、王妃や皇太子（図3-4）、時には王の姉アシュラフ王女の肖像写真も挿入されるようになった。また、肖像写真以外にも国王一家の写真や戴冠式の写真（図3-5）など、掲載される写真の量や種類が豊富になり、印刷も白黒からカラー刷りへと変化している。

図 3-6　命じる王の姿（社会小 4, 1970 年度, p. 98）

これらの写真の特徴は、第一に、ほとんどの場合、国王は、単独か、あるいは親族と写真に収まっている。第二に、国王の服装は、背広にネクタイ、勲章で飾られた軍服、戴冠式の際に着用した王冠にマントのいずれかである。第三に、王妃の服装も洋装か戴冠式の服装。皇太子も背広にネクタイ、あるいは戴冠式の服装である。教科書に登場する国王や王族たちは、必ず正装し、撮影向きのポーズをとっており、日常的な姿は掲載されていない。

教科書の写真にみる国王は、王冠を戴く絶対君主であると同時に、洗練された洋装で国民の前にあらわれる慈悲深い父でもある。国王とともに登場する王妃や皇太子は、王権の世襲制を強く印象づけている。

神話や歴史のなかの王のイメージ　これまでみてきたように教科書は、モハンマド・レザー・シャーという個人を現代イランにおける最高の指導者として印象づけるために、また彼の王としての適格さやその功績を説明するために多くの紙面を割いている。だが、教科書による王制の正当化は、それに留まるものではない。二五〇〇年に及ぶ君主制の歴史を誇り、世界の歴史に名を残した古代ペルシアの繁栄は、すべて偉大なる王たちの手で実現されたものであることを神話や歴史教材のなかで繰り返し学習させている。歴史教科書の挿絵に描かれている戦う王や命じる王（図3-6）の姿は、いずれも強く、威厳に満ちている。

また歴史とは別に、王の権威を高めるために『シャー・ナーメ』が頻繁に引用されている。『シャー・ナーメ』に登場する王者たちのもつ勇気、武功、勝利、英知などは、そのまま王なるもののイメージを形成することに貢献している。

歴史、文学、社会の各教科で扱われる教材の多くが、イランにとって王という存在が不可欠であること、王だけがイランに繁栄をもたらすことができるということを確信させるのを目的としている。

このようにモハンマド・レザー・シャーの時代に発行された国定教科書は、当時、王位にあったモハンマド・レザー・シャーを国家の最高権威として位置づけ、彼を頂点とする秩序形成に深く関わってきたといえるであろう。

二　イラン・イスラーム共和国の権威

1　イスラーム共和国の成り立ち

革命によってイランの政治体制は、二五〇〇年以上の歴史を持つとされてきた君主制からイラン史上前例のないヴェラーヤテ・ファギーフすなわちイスラーム法学者による統治体制へと変貌を遂げた。このような類例のない体制の出現は、世界中を驚きの渦に巻き込んだ。しかしヴェラーヤテ・ファギーフという統治形態は、君主制に替わるものとして突如考案されたわけではなく、数世紀に及ぶシーア派の歴史のなかで徐々に形成されてきたものである。ヴェラーヤテ・ファギーフを実現したイスラーム共和国の憲法第五条は、イランの政治指導権はイスラーム法学者に委ねられると明記している。

一二代イマームのお隠れ中、イラン・イスラーム共和国においては、国の統治権ならびに指導権は公正かつ敬虔で、時代認識をもち、勇気、管理能力を備えたイスラーム法学者が責任を負う……。(23)

現在、イランのイスラーム教徒の九割はシーア派に属するとされているが、(24)イランはイスラーム化された当初からシーア派に属していたわけではなく、長らくスンナ派とシーア派が平和的に共存する状態にあった。(25)ところが一五〇一年に樹立されたサファヴィー朝がシーア派を国教としたことによって、このような状態が変化する。王朝は、シーア派のウラマーをレバノンや現在のイラク南部からイランに呼び寄せ、彼らを国家機構の一部に組み込み、これを管理した。王朝の庇護を受けたウラマーたちは、サファヴィー朝期に着実にイランに定着していった。(26)サファヴィー朝の君主たちは、古代ペルシアの王権の伝統を踏襲し「地上における神の影」と称するだけでなく、七代イマームの子孫であるという自説を根拠に、自らを隠れイマームの代理と称し、世俗権力の長であるとともに宗教権力の最高指導者として君臨した。

一七二二年、アフガン族の侵攻によってサファヴィー朝が崩壊すると、シーア派は国家の後ろ盾を失い苦境に陥るが、それと同時に国家から解放されることにもなった。このような時期にシーア派では、オスーリー派とアフバリー派という二大学派による論争が繰り返されていた。アフバリー派の主張は、コーラン、預言者、イマームたちの言説のみに法判断の根拠を求め、ウラマーの役割を制限するものであったのに対して、オスーリー派は、隠れイマームの不在中はモジュタヘド(mojtahed)がイマームの代行者として法判断を下すこと(エジュテハード ejtehād の行使)ができると主張した。両派の論争は、オスーリー派の勝利で決着を迎えたために、以後、この理論を根拠にシーア派世界では、ウラマーの社会的な役割と影響力が拡大することになる。

ガージャール朝期には、王朝がシーア派を優遇したこともあり、シーア派はその影響力を著しく伸長させた。しかしウラマーたちは、シェイフ・アルエスラーム(sheikh al-esālm)やイマーム・ジョメ(emām jom'e 金曜モスクの導師)などの一部の職にある者を除き、サファヴィー朝時代のように国家機構に組み込まれなかったために、財政的にも組織的にも王朝から自立した集団として成長した。シーア派世界では、エジュテハードを行使することを認められた高位のウラマーをモジュタヘドと呼ぶが、ガージャール朝期には、このモジュタヘドの数が増え続けたことから、最終的な法判断を下すことのできるシーア派の最高権威マルジャエ・タグリード(marja'-e taqlīd)が登場するようになった(27)。その結果、シーア派世界では、マルジャエ・タグリードを頂点とする緩やかな宗教ヒエラルヒーが形成され、王朝に対峙するようになった。ガージャール朝末期のタバコ・ボイコット運動や立憲革命運動においてウラマーが指導的な役割を果たすことが可能であったのは、このようなシーア派独自の歴史があったからにほかならない。

このようにガージャール朝時代に勢力を拡大したウラマー集団も、レザー・シャーの世俗化政策によって大きな打撃を受けることになる。宗教を後進性の現われとみるレザー・シャーは、シーア派ウラマーの活動を次々に規制し、彼らを社会の周辺へと追いやった。ウラマーは世俗の学校や裁判所の設立によって活動の場を奪われたばかりでなく、教育省による神学校のカリキュラムへの干渉や試験制度の導入、洋装を奨励する服装法、また彼らの財源であるワクフに対する国家の介入などの政策によって、しだいに国家の監視下に置かれていくようになった(28)。

ウラマーの社会的影響力を封じ込めようとする傾向は、モハンマド・レザー・シャーの時代にさらに強化された。「白色革命」の断行によって、独裁化を強めるモハンマド・レザー・シャーと彼の西洋化政策に激しく反発するウラマー勢力との対立が先鋭化し、ついに一九六三年六月に、全国で反国王暴動が発生し、モハンマド・レザー・シャーは実力行使によってこれを鎮圧するに至った。

この時、反国王運動の先頭に立ったのがホメイニーである。彼は一九六四年末に国外追放処分を受け、イラクにあるシーア派の聖地ナジャフに身を置き、ここで、ヴェラーヤテ・ファギーフ論を講じた。ホメイニーはモハンマド・レザー・シャーとの全面対決を念頭に置きながら、王制そのものを否定し、イスラームに基づく公正な社会秩序を維持するためには、イスラーム法学者による統治が必要であると説いた。この時ホメイニーが展開した指導者論は、革命後、憲法五条にみられるようなかたちで、現実のものとなったのである。

2　旧体制の権威の剝奪

革命後すでに二〇年近い歳月を経た現在もなお、教科書の随所で旧体制の権威を失墜させるための努力がなされている。これらの記述は、王制時代を記憶に留めない世代に王制の不正や搾取を語り伝えることによって、現在でもなお巷で耳にする「王制時代の方が良かった」という一部の大人たちのつぶやきを牽制し、王制に対する郷愁を一掃しようとするものである。

旧体制の批判の仕方を大別すると次のようになろう。第一は、指導者としての資質を問うものであり、第二は、政策に対する批判である。第三は、体制の在り方を問うもので、第四は、数千年にわたってイランを支配してきた君主制そのものに対する批判である。第一と二に関しては、特にレザー・シャーに向けられたものが多い。

第一の事例には次のようなものがある。

彼(レザー・シャー——筆者注)は、コサック将校の一人で、粗暴であったためにごろつきのレザー・ハーンとして知られていた。彼は読み書きができず、政治や国政に関して全く無知であった。(社会小五、一九八五年度、一九二頁)

政策に対する批判で目立つのは外国への従属に関するものである。

レザー・ハーンは外国人に対して従順であったが、国民に対しては理不尽なことを要求し、無慈悲に振る舞った。（社会小五、一九八五年度、二一七頁）

この他にも、例えば、レザー・シャーの時代に設立された学校や大学は、「真のイスラームならびに民族文化の代わりに西洋文化」を広めようとしたものであり、全国に敷設された鉄道の多くは、「外国人が利用するために」建設されたものであり、同じく全国に敷かれた舗装道路は、「西洋の会社が製造した自動車で輸入品や旅行者を輸送するため(29)」のものであったと批判している。

外国を直接に批判したものもある。

悪魔の時代には我々に真の独立がなかった。外国人が我々の国に干渉し、我々人民の財産や資金を略奪していた。彼らが我々のために王や首相や大臣を決めていた。（社会小五、一九八五年度、二二三～二二四頁）

＊

皇帝（モハンマド・レザー・シャー――筆者注）の文化とは、尊大を説き、西洋かぶれを広めるものであった。国王時代の教科書には、剝奪され、抑圧された人々の名前は登場しない。たとえ言及されたとしても、彼らは遅れた、野蛮な者として紹介された。（歴史中三、一九八二年度、九五～九六頁）

国王の対イスラーム政策も厳しい批判の対象となっている。

……モスクや宗教集会を規制した。彼（レザー・ハーン――筆者注(30)）はイスラームの力を非常に恐れていたために、できるかぎりイスラームとロウハーニーヤット(rouḥānīyat)を弱体化させようとした。（社会小五、一九八五年度、一九五頁）

第三のパフラヴィー体制に対する評価では、「イランのムスリム人民が王制時代に見たものは、圧制と暴力と好色と腐敗と贅沢だけだった(31)」といったものや、以下のように体制の人民蔑視の姿勢を批判する厳しい内容のものと

図 3-7　宮殿とスラム(社会小 4，1992 年度，p. 123)

なっている。

国王(モハンマド・レザー・シャー―筆者注)は人々をあらゆる機会に抑圧してきました。国王はムスリム闘士たちを拷問にかけてきました。彼は、あのように神を愛する者たちを生かさなかったのです。(国語小二、一九九四年度、二四〇頁)

王制時代に激しい貧富の差が存在していたことも批判の対象になっている。写真を用いて国王や王族の暮らしとスラムの人々の生活環境を対比させ、富が不平等にしか分配されていなかった状況を説明している(図3-7)。

イラン人民の多くが、寒さや暑さから身を守るためのたった一部屋さえも持てず、水、電気、衛生を剝奪されている状況のなかで、国王とその家族は、どこに暮らしていたのか。王族は、年に数日くつろぐためにこれらの宮殿をイランの搾取された国民のお金で建てた。しかしながら私たちの国の多くの人々、殊に勤勉な農民たちは、食物、衣服、風呂、学校、道路、診療所もなかった。……彼ら(王族―筆者注)は、この宮殿や富すべてを力ずくで手に入れた。彼らは自分の宮殿を繁栄させるためにイランを破壊した。(社会小三、一九八五年度、五七頁)

第四に、君主制そのものを断罪するために「過去にイラン人民を支配した王の多くは圧制者であり、略奪者であった」[32]といった辛辣な言葉によってパフラヴィー朝を含む歴史上のすべての王を一括して断罪している。

壮大なイラン・イスラーム革命の勝利まで、王たちが我々の領土を支配してきた。そのためにわが国の歴史は、古代より王たちの歴史として描かれてきた。宮廷の歴史家たちは、王たちを選ばれた、聡明で公正な人間として紹介しようと努めてきた。しかしながら、真の歴史家は王たちが多くの場合、力ずくで人々を支配する抑圧者であったことを示してきた。

王たちの多くが圧制と人民の労働によって美しく、高価な宮殿を建築し、そこで放蕩な暮らしをしてきた。彼らは、自分たちの支配に反対した者はすべて殺害ないしは投獄した。時には、自らの支配を強化するために宗教を手段として利用したが、決して宗教に対する真の信仰をもつことはなかった。(社会小四、一九八五年度、一〇二頁)

これらの王制に対する痛烈な批判は、国王や王制がもっていたあらゆる肯定的なイメージを完全に払拭し、王の権威が復活する余地を徹底的に取り除くことを狙ったものである。そのために主観的な表現による批判が目立ち、国王の政策や王制のいかなる側面も客観的な評価の対象とはなっていない。さらに、教科書は、挿絵や写真を利用して国王の圧制を印象づけるとともに、国王の存在そのものが完全に崩壊したことを表現している(図3-8)。

図3-8　シャーの立像を壊す(社会小5，1992年度，p. 199)

3　新しい権威の創出――ヴェラーヤテ・ファギーフ

新政権は、革命に至る過程で革命勢力が全面的に依存してきたホメイニーの権威を維持するとともに、新政権の標傍する「イスラーム法学者による統治（ヴェラーヤテ・ファギーフ）」体制の確立と維持という課題を負った。教科書も革命後に大幅に改訂され、理想としての「イスラーム社会」の建設に向けて、国民が何を信じ、何をなすべきかを説く指導書となった。教科書が理想とする「イスラーム社会」とは、次のようなものである。

……そこにおいてイスラーム法が施行されており、人々がイスラームの道徳と教育を身につけている社会である。イスラーム社会に到達するための第一歩がイスラーム共和国政府の樹立である。（社会小五、一九八五年度、二三一頁）

この理想のために「イスラーム法学者による統治」の必要性が説かれることになる。教科書を引用しながらその内容を検討していくことにする。

権力の源泉と権威の委譲　イスラーム社会では唯一絶対の神のみが人間を支配する権利を有するという。それは次のような根拠による。

支配（tasallot）と所有権（mālekīyat）の概念の間には明白な関係がある。つまり何か所有した場合に支配が生まれる。そして支配が生まれると、命令も存在することが可能となる。つまり何かに対して命令できるものは、その所有者だけである。……ゆえに支配権（ḥākemīyat）は神のものである。なぜならば神は人間の所有者であるのみならず、人間の創造主であるからだ……。（社会高四、一九八七年度、五五頁）

＊

……イスラームでは支配権は唯一、神に属し、神のみを立法者とし、何人も預言者さえも立法の権利を持たな

い……。（社会高四、一九八七年度、五六頁）

では神のみが人間に対する支配権を有する時に、なぜイスラーム法学者が統治に携わるのことができるのであろうか。次の文章は神が統治を預言者とイマーム、さらにはイスラーム法学者に委託したことを述べている。

……神は支配(ḥokūmat)と統治(velāyat)を人間に委託することを望まれた。……もちろんあらゆる人間に統治を委託するのではない。そうではなく人間の支配(ḥokūmat)と指導(hedāyat)という仕事を預言者とイマームに、その後は神学者(ʻālemān-e dīnī)とイスラーム法学者(faqīhān-e dīnī)に委託したのである。（社会高四、一九八七年度、五九頁）

また次のようにも表現されている。

一二代イマームのお隠れ中は、一二代イマームおよび彼以前のイマームらの指導(rāhnamāʼī)と命令(farmān)により、イスラーム共同体の統治(velāyat)と指導(rahbarī)は、公正かつ聡明なイスラーム法学者(faqīh)の責任となった。（宗教小五、一九八五年度、一〇二頁）

これらを言い換えるならば、教科書が展開するイスラームの統治論によると人間の創造主である神だけが人間を支配する権利を持つ。だが、神は自身の支配権の一部すなわち、統治と保護を特定の人間、つまり預言者、イマーム、そしてイスラーム法学者に委託した。神がこの「指導」を特定の人間に委託するにあたっては、「紹介」であるとか「命令」といった方法が採られた[33]。しかし、どのようなかたちにせよ権力の源泉を神に求めるイスラームの統治論は、その神聖なる権力を神から委託されたとされている預言者、イマーム、イスラーム法学者の権力をも神聖化する。

……預言者、イマーム、イスラーム法学者は権力に就く前に神の御前で禁欲と服従に到達している。つまり、はじめに肉体および内面を浄化し、あらゆる腐敗を自己から追放し、その後に権力に就いている。彼らは権力を不合理や詐欺や欺瞞から手に入れたのではなかった。そうではなく、彼らの権力は神が彼らに委託したものであり、社会もそれを受け入れた。……このような人々が権力に就いた場合、決して腐敗しない。（社会高四、一九八七年度、一五頁）

不可欠の存在としての指導者　指導はイスラームの統治論の中心的な概念の一つである。統治(velāyat)あるいは指導(rahbarī)という言葉で表現される指導は、どのような時代にあってもイスラーム共同体にとっては不可欠のものとされている。したがって、指導者が不在の状態がイスラーム共同体にとって最悪の状態となる。人類は、モハンマドに先行する何人かの預言者によって導かれてきたが、ムスリムにとって、モハンマドが最後のそして最良の預言者である。

預言者は、万人の教師です。神は、人々を導き、幸せにするために預言者を遣わした。私たちは皆、預言者を愛しています。そして彼らを尊敬しています。私たちムスリムの預言者は、モハンマドです。（国語小一、一九八五年度、八九頁）

預言者モハンマドの死後もシーア派共同体は、イマームの精神的指導を仰いできた。シーア派にとってはイマームもまた、預言者モハンマドとともに完全なる指導者である。

イマームは宗教指導者であり、預言者の後継者である。預言者の後、彼の仕事を遂行している。イマームは人々の保護者(valī)であり、導師(pīshvā)である。イスラーム社会の監督と運営はイマームの責務である。イマームはイスラームの法や訓令を知り、人々に伝える。

イマームもまた預言者のように完全なる指導者である。指導に必要なことはすべてしっている。神を完全にしり、イスラーム法における合法や禁忌についての知識をもつ。道徳的な善悪をしり、最後の審判、天国、地獄の状況についての知識をもつ。神の崇拝と解放の道をしる。科学や知識、指導力においてイマームに優る者は

なく、誰もイマームの地位に及ばない。（宗教小三、一九八五年度、四九頁）

一二代イマームのお隠れによって、シーア派の人々は、指導者との接触の道を失った。しかしながら、指導をイスラーム共同体にとって不可欠とみなす以上、イマームが不在となった後も指導者を必要としている。そこで、神は、イマーム不在の間、指導の責務、統治(velāyat)[34]の任務をイスラーム法学者に委託した。なぜならば、イスラームへの信仰が統治および社会関係や社会行動の基礎にある我々の社会では、常にある人あるいはある人たちがイスラームを人々に紹介し、社会をイスラームの教義から逸脱しないように守り、人々を幸福へと導かなければならない。これは指導者の責務である。（社会小五、一九八五年度、二三六〜二三七頁）

そしてシーア派の人々は、イマーム不在の間もイスラーム法学者の指導に従うことによって、抑圧からの解放が保障されることになる。

このような指導を受諾することでムスリムは外国人の圧制や略奪者に勝利し、解放される。我々の時代に指導者を受け入れたことでイランの抑圧された人民が悪魔の圧制から救済されたように、世界のムスリムは、まさにこの指導のおかげで、抑圧の軛から解放されることになるであろう。（宗教小五、一九八五年度、一〇二頁）

指導の大切さは次のようにも表現される。

あらゆる社会において最も重要な社会問題は、指導の問題である。もし社会の指導が正しいものでなかったならば、社会を改革するためのいかなる努力も実を結ばないであろう。（社会小五、一九八五年度、二三六頁）

イスラーム社会に最もふさわしい指導者がイスラーム法学者である。そして数多く存在するイスラーム法学者のなかから指導者としての資質を備えた者が指導者の地位に就く。しかし、イスラーム社会の指導者は、人民投票のような西洋民主主義において一般化している方法によって選ばれるわけではない。

イスラーム社会の指導者は、指導の資格を人民から得たのではなく、それを天性の価値として自己のうちに内在させているのである。人民の忠誠や受諾は彼の指導をより一層成功させるための条件にすぎない。(社会高二、一九九〇年度、四二頁)

そして、ある人物の指導者としての資質を評価し、指導者として確定することができるのは、「その人自身、知識人でありかつ公正であるような人物[35]」に限られる。また、イスラーム社会の指導者が優れているのは、必ずしも最善の選択するとはかぎらない民衆の意思や投票に依存することなく、自らの学識と信仰とに基づいて、「神への服従と神の戒律の説明にのみ専心する[36]」ことができるからであるという。

指導者は、指導の地位を獲得するため、指導の地位を維持するために、やむを得ず人民投票あるいは大多数の人々の好みに従うことはない。もし仮に、ある状況において大多数の人々が神の戒律に反する命令に投票した場合でも、指導者は、神の戒律を放棄することはなく、大多数の人々の命令には従わない。(社会高二、一九九〇年度、四二頁)

しかしながら、このような国民の選択を軽視する説明は、次の点で我々を混乱させる。なぜならば、革命後のイランでは、憲法制定、大統領や国会議員の選挙などの際に国民投票が実施され、その結果が、指導者や政策の正当化に貢献してきたからである。

教科書は、この点について学習者が混乱するであろうことを予測し、注において、先に引用したような「人民投票あるいは大多数の人々の好み」を否定するような説明が、「基準は国民投票[37]」というホメイニーの言葉と矛盾するのではないかと反論される可能性があることを認め、次のような説明を加えている。すなわち、ホメイニーの「基準は国民投票」という言葉は、「何年ものあいだ、革命のなかでさまざまな困難に向かう忍耐と多くの犠牲を払い、自らの信仰と忠誠をイスラームとイスラーム共和国に対して示してきた[38]」イラン国民に対して発せられたものであり、イラン以外の国々に適応できる普遍的なものではない。教科書によれば、イラン国民

は「イスラームに反するようなことを望まない」例外的な国民であり、そのような国民による投票は基準となる。(39)

実際に教科書には、イラン国民の選択を尊重する記述がいくつも登場する。以下は、その一例である。

イランの勇ましい国民は次のような結論に達した。皇帝の不吉な木の根を根絶しなければならない。しかし、それをするためには、目覚めた指導者を探さなければならない。この指導者は、ロウハーニーヤットを除いていない。なぜならば、ロウハーニーヤットは、タバコ・ボイコット運動や立憲運動の時代から何度も、その指導力を示してきたからである。かくして、このたびも人々は、彼らを自分たちの指導者に選んだ。(社会小五、一九八五年度、二〇一頁)

同様に、現体制の指導者であるホメイニーやハーメネイーも国民によって選ばれた存在であることを強調している。

一二代イマームのお隠れの間、人々は、隠れイマームに直接に接触することはできない。しかしながら人々は指導者なしに放置されてきたわけではない。不可謬のイマームの指示で、ウンマの指導は、人々によってこの地位に選ばれる敬虔で、博識なイスラーム法学者の責務となった。かくして、人々はアーヤトッラー・アルオズマー(āyatollāh al-ʻoẓmā)・イマーム・ホメイニーを指導者に選び、彼の指導と指示に従い、イスラームに反する前体制との戦いに勝利し、イスラーム政府をイランに樹立した。

わが人民は、イスラームに再び息吹きを与え、世界のムスリムに希望と行動と責任感を与えた。これらの勝利は、イマーム・ホメイニーの指導を遵守した結果である。イマーム・ホメイニーの死後は、人々によって選ばれた専門家(khebregān)が、アーヤトッラー・ハーメネイーを指導者に選出した。彼は、指導の地位を引き受け、イスラーム共同体を指導している。(宗教小五、一九九四年度、八二〜八四頁)

現在のイラン・イスラーム共和国憲法第一〇九条は指導者および指導評議会(shourā-ye rahbarī)のメンバーの

条件を次のように定めている。[40]

一、イスラーム法学のさまざまな問題について教令を出すために必要な学問的能力。二、イスラーム共同体の指導に必要な正義と宗教心。三、指導に必要な正しい政治社会的な洞察、政策、勇気、管理能力、強さ。上記の条件を有する者が多数の場合は、イスラーム法および政治的洞察においてより優れているものを優先する。(社会中三、一九九〇年度、一〇三頁)

これは憲法の抜粋であるが、これ以外にも、指導者の条件に関する説明を散見することができる。

イスラーム社会の指導者はイスラーム学者(eslām shenās)でなければならない。指導者は博学なだけでなく、公正でなければならない。指導者は完全なムスリムの手本であり、万事においてイスラームの指示と教えに従う。指導者は常に社会問題のいずれに対しても正しい解決方法をイスラームの教義に基づいて説明できるよう自分の時代状況を熟知していなければならない。同様に指導者は国を運営するための十分な能力と政策を持っていなければならない。(社会小五、一九八五年度、二三七〜二三八頁)

ここでいうイスラーム法学者とは、具体的にはファギーフとモジュタヘド[41]と呼ばれる地位にあるイスラーム法学者を指す。したがって、「イスラーム社会の指導者として必要な第一の条件は、ファギーフであり、モジュタヘドであること[42]」と言い換えることができる。

このファギーフとモジュタヘドとは、何年も神学校において研鑽を重ねた結果、「エジュテハードが行使できるまでのレベルに到達し、イスラームの戒律に依拠して、新しい問題に対するイスラームの見解を推断することができる[43]」ような能力を有する学者である。このような専門家としての権威以外に要求されているのが「……あらゆる方法で圧制と戦う[44]」という態度である。

また、ファギーフとモジュタヘドを含むウラマーおよびウラマー集団についても、教科書は興味深い説明をおこなっている。一般にイラン社会では、神学校においてイスラームの諸学問を修めた人々をウラマーと呼ぶ。しかし、革命後、彼らは、自分たちのことをロウハーニー(rouḥānī)やロウハーニユーン(rouḥāniyūn)と呼び、またウラマー集団をロウハーニーヤットと呼ぶようになった。教科書も、この呼称を採用し普及させようとしている。教科書の説明によるとロウハーニーとは、次のような人を指す。

イスラーム教徒であり、自らの信仰に拠り宗教の真実とイスラームの学問を学ぶために人生を過ごし、人々を導き、目覚めさせ、宗教の戒律に親しませるために布教する。さらに預言者と同じように、政治、社会、経済に関するあらゆる問題においてイスラームの価値が支配するよう努力し、また自分の知っていることや他人に勧めたことを実践するためにこれらすべての状況を監視し、また自らを道徳的に浄化することによって権力欲や情欲から遠ざける。（革命文学高四、一九八三年度、六五頁）

教科書が強調しているのは、ロウハーニーは単にイスラームの諸学問を修めた学者ではないという点である。ロウハーニーは、自らイスラームの教えを実践するだけでなく、社会にもイスラーム的な価値を教え広めようとする人々なのである。このようなロウハーニーの集団ないしは組織がロウハーニーヤットである。教科書によれば、ロウハーニーヤットとは、「ロウハーニユーンが社会で遂行している役割に基づいて発生した社会的機関(nahād-e ejtemāʿī)である(45)」。革命後のイスラーム社会の指導者は、ロウハーニーヤットに属し、ロウハーニーヤットによって支えられている。教科書は、このロウハーニーヤットという集団の特徴を以下のように説明する。

……ロウハーニーヤットはある特別な階層から出現したものではない。また、ロウハーニユーンは、独占的にある特定の階層や社会集団から出てきたわけでもない。ロウハーニユーンのなかには都市出身者も農村出身者もおり、多くは貧しい家庭に属しているが、中流の者もいる。わずかながら金持ちもいる。……この点について正確を期すれば、神学校の生徒のなかには、イランのあらゆる場所、さまざまな州や地域、さまざまな部族、

方言や言語の持ち主がいる。(社会高四、一九九〇年度、七六頁)

だがここで述べられているのはロウハーニユーンの出身階層や出身地域にすぎず、出自の多様性が国民の多様な利害を公平に代表することの保障にはならない。たとえ彼らの出自が多様であったとしても、彼らは神学校での長い教育期間を通じて師弟関係に基づく特殊な集団を形成している。特に、革命後はイスラーム法学者であることが指導者になるための前提条件とされているために、その資格を授与する唯一の教育機関である神学校は政治的な指導者の育成という新たな役割を得た。神学校やモスクを拠点に政治的実権を掌握したウラマーは、政治権力の維持、拡大という明確な利害を有する集団である。

4　権威のイメージ——ホメイニー像

王制時代の教科書が国王賛美の字句で溢れていたのとは対象的に、革命後の教科書には、意外なほどホメイニーの名が登場しない。教科書がホメイニーに言及するのは、イスラーム革命の経緯や現体制における最高指導者の役割について解説する場合である。ホメイニーの偉業を称えるための特別な読み物、ホメイニーの著作や人物紹介などは、ほとんど掲載されていない。

そのようななかで小学校の社会科教科書に登場する手紙を介した小学生とホメイニーとの対話は、特筆に値する。そこでは、ある小学生が、ホメイニーに宛てて助言をしたためようと思いつくのだが、いざ書く段になって、自分たちのような子どもが、偉大なホメイニーに助言をするなど大きな間違だということに気づき、結局、そのように思った経緯をホメイニーに綴ったところ、ホメイニーから一九八二年二月二三日付で次のような返事が届いた。

あなた方が考えたことを助言として書いていたことは、何とすばらしいことだったでしょう。私たちは、みな助言を必要としているのです。そして、愛しいあなたたちの助言は、私利私欲のない、心の清浄さによるものです。いま、あなた方の老父として、愛しいものたちに忠告しましょう。勉強において、また知識や道徳や善行の習得に努力しなさい。そして、偉大なるイスラームとあなたたちの愛すべき祖国のために責務を果たす、有益な人になりなさい。神様はあなた方を助け、守っておられます。(社会小三、一九八五年度、九九頁)

このホメイニーと小学生との対話では、小学生にも対等に接し、彼らの意見に耳を傾けようとする寛大な老父ホメイニーの姿が描かれている。このように王制時代の教科書がモハンマド・レザー・シャーをひたすらに称え、彼にすべての権威を代表させていたのとは対照的に、革命後の教科書は、ホメイニーを尊崇の対象に祭り上げることを控えている。

革命政権が、多くの点でホメイニーのもつカリスマ的権威に依存しているという現実からみて、教科書におけるホメイニーの扱いは、かなり意図的なものであることは明らかだ。イスラーム共和制を樹立した人々は、強大な軍事力に守られていたはずの国王の権威を自分たちの手で崩壊させたからこそ、個人崇拝に基づく体制の脆弱性を痛感していたのではないだろうか。長期的視野にたった文化政策を要求される教育省は、すでに高齢であったホメイニーの健康状態に対する不安やホメイニーの後継者への権威の委譲を容易にするために、ホメイニー個人の権威への依存を最小限に抑えようとしていたのではないか。

それを裏付けるように、ホメイニーの死後に改訂された教科書には、ホメイニーの言葉や写真が、徐々に掲載されるようになり、その数はしだいに増えていった。その背景には、ハーメネイーを最高指導者とするポスト・ホメイニー体制が発足し、それなりに継続できることが明らかとなったことや、ハーメネイーがホメイニーの正当な継承者であることを印象づけるとともにハーメネイーに不足しているカリスマ性を補うという役割も果たしていると思われる。ホメイニーをどのような人物として演出するかは、教科書編集者たちの重要な課題であったといえよう。

(1) レザー・ハーンは、一八七八年三月一六日、テヘランから北へ一一〇キロほどのぼったアルボルズ山脈の奥深いElashtという名の村に生まれた。生後数カ月で父を失ったために、母の故郷であるテヘランに移る。一二〜一五歳の頃にロシア将校のコサック旅団に入隊し、四〇代には、ミール・パンジというほぼ准将に等しい位にまで昇格する。(L. P. Elwell-Sutton, "Reza Shah the Great", in George Lenczowski (ed.), *Iran under the Pahlavis*, Stanford: Hoover Institution Press, 1978, pp. 4-5.)
(2) 国語小二、一九七四年度、二〇頁。
(3) 社会小五、一九七〇年度、二一〇頁。
(4) 公民小六、一九六五年度、一〇頁。
(5) 一三二〇年シャフリーヴァル月は、西暦一九四一年八月・九月、一三三二年モルダード月は、西暦一九五三年七月・八月に相当。
(6) 一三二五年アーザル月二一日は、西暦一九四六年一二月一九日。
(7) 一三四一年バフマン月六日は、西暦一九六三年一月二六日。
(8) 一三四六年アーバーン月四日は、西暦一九六七年一〇月二六日。
(9) 一三五〇年メフル月は、西暦一九七一年九月二三日から一〇月二二日に相当。
(10) 国語中一、一九七二年度、五頁。
(11) 社会小五、一九七〇年度、二二八頁。
(12) 歴史高三、一九七二年度、七三頁。
(13) 国語中一、一九七二年度、五頁。
(14) 教科書は、皇后のフランスでの留学経験についても紹介している。「イランの親愛なる皇后は高等教育を受けるために一三三六年(西暦の一九五七・五八年)、パリへ向けて出発した。そして二年間、建築学科で学んだ」。(歴史高三、一九七二年度、九二頁)
(15) 社会小五、一九七〇年度、二〇三頁。
(16) 一九三〇年シャフリーヴァル月二五日は、西暦一九四一年九月一六日。

(17)　国語小二、一九七四年度、二〇頁。
(18)　シャーが自分を含むすべてのイラン人をアケメネス朝の子孫とみなしていることは、以下のような演説の言葉のなかにもあらわれている。「私、そしてすべてのイラン人、二五〇〇年前に汝(キュロスのこと―筆者注)の手によって設立されたこの古代帝国のすべての子孫」。(歴史高三、一九七二年度、九九頁)
(19)　ペルシア帝国建国二五〇〇年祭の様子については、以下を参照。Roy Mottahedeh, *The Mantle of the Prophet*, New York : Simon and Schuster, 1985, pp. 326-327.
(20)　歴史高三、一九七二年度、九四頁。
(21)　一三三九年アーバーン月九日は、西暦一九六〇年一〇月三一日。
(22)　国語中二、一九七二年度、一三〜一四頁。
(23)　中三社会、一九八九年度、七九頁。一九八九年の憲法改正で、この文章の続きとなる部分が書き換えられた。
(24)　Wilber によれば、イラン人口の九八%がムスリムで、そのうちの九〇%がシーア派に属する。(Donald N. Wilber, *Iran Past and Present*, 9th edition, Princeton : Princeton University Press, 1981, p. 162.)
(25)　一五世紀イランは、大勢としてはスンナ派に属していたが、一方ではシーア派の活動拠点もイラン各地に存在していた。(羽田正「後期イスラーム国家の支配」『講座イスラム2』筑摩書房、一九八五年)一二〇頁)
(26)　王朝はウラマーに与えたサドル職を通じて宗教行政を管理した。サドル職の役割は、シーア派の普及、宗教寄進地の運営、裁判官の監視、主要都市のシャイフ・アルエスラーム(主要都市のシャリーア法廷を統轄する職にあるウラマー)の任命、セイエド(預言者の子孫たち)の長の任命などである。(Michael M. J. Fischer, *Iran from Religious Dispute to Revolution*, Cambridge : Harvard University Press, 1980, p. 29.)
(27)　一九世紀の中頃までは、三、四人程度しか存在していなかったモジュタヘドも、しだいにその数が増加し、一九世紀末には、数百人にまで膨らんだために、シーア派一般信徒や地方のモジュタヘドが依拠することのできる傑出したモジュタヘド、すなわちマルジャエ・タグリードがシーア派学問の中心地であるナジャフに出現するようになった。シーア派世界において最初の単独マルジャエ・タグリードとなったのは、晩年のアンサリーないしは、シーラーズィーとされている。(Moojan Moomen, *An Introduction to Shi'i Islam*, New Heaven : Yale University Press, 1985, p. 205.)

（28） Shahrough Akhavi, *Religion and Politics in Contemporary Iran*, Albany : State University of New York Press, 1980, pp. 32-59.

（29） 歴史中三、一九八二年度、四四頁。

（30） ロウハーニーヤットという用語は革命後頻繁に使われるようになったもので、ウラマー集団をさす。この用語の詳細は、本書の一二五頁を参照。

（31） 社会小五、一九八五年度、二二九頁。

（32） 社会小三、一九八五年度、五七〜五八頁。

（33） 「紹介」が使われている例としては次のようなものがある。「神はこの地位（イスラーム共同体の指導）に相応しい人間を人々に紹介する」、「……預言者は自分の後継にアリーを人民の保護者（valī）、指導者（rahbar）となるようにムスリムに紹介した」、「アリーもまた……神の命令と預言者の指示によりイマーム・ハサンを指導者に選び、ムスリムに紹介した」（傍点筆者）。（宗教小五、一九八五年度、一〇一〜一〇二頁）

（34） 一般にペルシア語で指導をラフバリー（rahbarī）というが、特にコーランでは、この指導をヴェラーヤト（velāyat）として説明する。ヴェラーヤトとは友情（dūstī）、援助（yārī）、監督（sarparastī）、権力の所有（ṣāheb ekhtiyārī）のような意味である。そして現在の意味は監督である。（社会高二、一九九〇年度、三六頁）

（35） 社会高二、一九九〇年度、四一頁。

（36） 同右、四三頁。

（37） 同右、四二頁。

（38） 同右、四二頁。

（39） 同右、四二頁。

（40） ホメイニーの死後、憲法第一〇九条が改正された。ホメイニーの後継者であるハーメネイーがマルジャエ・ダグリードでなかったために、指導者の条件からマルジャエ・ダグリードであることがはずされた。以下は、改正以前の第一〇九条である。「指導者および指導評議会のメンバーの条件および特性について、（一）教令の発令とマルジャエ・ダグリードとしての仕事に必要な学識と宗教心、（二）指導に必要な政治的・社会的洞察、勇気、強さ、管理能力」。（社会中

三、一九八九年度、一〇三頁)
(41) モジュダヘドとは、研鑽の末、その能力がエジュテハードの行使(教義決定および立法行為)を許可されるまでに達した者。
(42) 社会中三、一九九〇年度、一七頁。
(43) 革命文学高四、一九八三年度、六六頁。
(44) 社会小五、一九八五年度、二三八頁。
(45) 革命文学高四、一九八三年度、六五頁。

第四章　共同体のイメージ

一般にイランは、ペルシア民族の国として知られる。しかし、現実のイランは、多民族、多言語、多宗教社会であり、人々は、自分たちの地域社会や民族集団に強い帰属意識をもっている。民族別人口統計がないことから、推計に頼らざるをえないが、ある研究者の推計によれば、多数派とされるペルシア人(ペルシア語を母語とするシーア派ムスリム)ですら、全人口の五〇%を占めるにすぎない。北西部の都市を中心に居住するトルコ系のアゼルバイジャン人は、アーザリー語を母語とする民族集団で、二六・四%を構成している。西部の山岳地帯に住むクルド人は、一〇・二%を占めるが、アラブ、バルーチ、ガシュガーイー、トルクメン、バフティヤーリー、ロルの各部族は、いずれも一%台、あるいはそれ以下である。この他に、現憲法で公認されている宗教的少数派がいる。ゾロアスター教徒、ユダヤ教徒、キリスト教徒であるアルメニア人とアッシリア人である。これ以外に、非公認のバハーイー教徒がいる(1)。

一　王制期の歴史教科書――栄光と苦難の物語

現在、地球上に暮らす大半の人々が、自らの意志とは関わりなくいずれかの国家に属する国民として生きることを余儀なくされている。このような状態に苦痛を感じている人々や集団が存在する一方で、このような状態に積極的な意味を見出す人々がいる。特に後者の場合には、人々は、自分の属する国家共同体を誇り、そこに強い一体感を抱いている。

しかしながら、このような国家への愛着や一体感といった感情は、自然発生的に生じるものではない。なぜならば、人間がその生涯において出会える人々の数は限られ、また国土を限無く尋ね歩くこともほとんどないからである。それにもかかわらず、近代の歴史には、祖国や国家のために命を捨てた多くの人々が登場した。国家に対する愛情は、かぎりなく崇高であり、そこから発する自己犠牲は、最も美しいものとして称えられる。

では、一体、人々はどのようにして、祖国や同胞といったものの存在を知り、そこに一体感を感じることができるのだろうか。アンダーソンは、国家や民族に対する愛着としてのナショナリズムは、想像の産物であると説明する。(2) 近代国家は、この想像をかき立てるためのさまざまな装置を生み出してきた。これから取り上げる歴史教育もまたそのような装置の一つとみることができる。

歴史そのものは、近代以前にも存在していた。しかし、長い間、文字によって記録された歴史は為政者や特権層の所有物であり、一般人には無縁のものだった。歴史は、支配者と彼らを取り巻く世界を記述したものであり、支配者にとっては、後世に自身の功績や教訓を残すためのものであった。(3) ところが、イランでは二〇世紀初頭より、西洋世界との接触のなかでエリートの間にナショナリズムの覚醒がみられ、また立憲革命を契機にイランという国家の領域内での政治的・社会的な統合の必要性が認識されるようになるにつれて、歴史への関心が高まっていった。一九世紀頃から欧米のオリエント研究家の手になるイラン史が書かれるようになり、これらの影響を受けたイラン人が、自らの手で国家や民族を主体とする二五〇〇年に及ぶ栄光の共同体の物語を語りはじめるようになった。西洋のナショナリズムを目の当たりにしたエリートは、王の統治対象にすぎなかった人々を民族という名の共同体として歴史の舞台に登場させ、王のための歴史ではなく、民族のための歴史を書くことで、イランへの自己同一化を果たそうとした。(4)

また、二〇世紀になると、世俗学校で使用する教材用の歴史が書かれるようになった。二〇世紀初頭に使用されていた教科書用の歴史は、イランという国家の枠組みのなかで運命をともにする民族としてのイランを創出することを主眼としたものであった。[5] ところが、二〇世紀後半になり、教科書が教育省の監視下に置かれるようになるにつれて国家目標へ奉仕するような歴史の筋書きが好まれるようになり、それにともなって民族を主体とする共同体像よりも政治的枠組みとしての国家を優先させた共同体像が強調されるようになった。歴史教育は、さまざまな利害関係のうえに成り立っている現実のイラン国家とは全く別の、いにしえより現代に至るまで共通の利害と目標に導かれた理念としての共同体像を作り出していった。

本章では、小学校の教科書に書かれた歴史が、膨大な歴史事象の取捨選択やその配列によってどのような歴史を描いてきたのかを考察する。[6] 共同体の物語は、共同体の起源、人々が過ごしてきた時間、数々の栄光、苦難とその克服、歴史の主人公、そして何よりも人々が共通の祖先をもつことを明らかにしようとする。

1　共同体像の源流

革命は教科書の描く共同体のイメージに、数々の変化をもたらしたが、レザー・シャー期に正式に採用された「イラン」という国名は現在でも使用されている。両体制がともに国家の正式な呼称として使用するイランという概念が、どのような意味をもっているのかをまずは確認しておきたい。

イラン概念の多義性　一九三五年三月二一日、レザー・シャーは、諸外国に対してペルシアの代わりに「アーリヤ人たちの国」[7] を意味するイランを正式な呼称として用いるよう要請した。[8] 革命後、国名はイラン・イスラーム共和国となったが、イランという呼称はそのまま使用されている。

ところで、このイランという呼称は、すでに一八世紀末から二〇世紀のガージャール朝期にも慣用的に使用されていたことがわかっている[9]。さらに遡ってサファヴィー朝末期にも国に対する呼称としてイランが使われた例が確認されている[10]。しかし、いずれの時代においても、イランが唯一の国名だったわけではない。またイランは、現在のように領土国家を指していたというよりも、王国を指していたと考えられている。

国名あるいは国家概念として使用される以前から、地域概念としてのイランは存在していた。イランは、狭義には、イラン高原を中心とする領域を指すが、イスラーム期には、アム河、インダス河、カスピ海、ユーフラテス河、ペルシア湾に囲まれた地域の名称として用いられていた[11]。現在、イランとほぼ同義語のように使用されている地域概念としてのペルシアは、本来は、アケメネス朝が拠ったイラン南西部ファールスを指していたものである[12]。

この他に、イランという概念には、言語・文化的な意味が存在し、イラン系の諸言語をもつ民族の居住地であったイラン高原、アフガニスタン、マー・ワラー・アンナフル、場合によってはターリム盆地を包含する領域での言語・文化を表わすためにも使用されてきた[13]。このようにイランという概念それ自体は、古くから存在していたが、それが示していた内容や適用範囲は、時代によってかなり変化している。

さらにイランという概念のもつ人種主義的側面についても触れる必要があろう。イランの原義からもわかるように、イランとよばれる地域は、アーリヤ人の居住地とみなされている。アーリヤンという呼称は、元々は、アーリヤ系言語を話す古代インドならびに古代イランの人々が自らをそう呼んだことに由来するものであり、基本的には、言語上の概念である[14]。しかし、一八世紀末頃から世界に分布する言語の系統についての学問的研究が進み、インドからヨーロッパ大陸にまたがって分布する多数の言語が、単一の言語系統に属するという仮説が多くのヨーロッパ人を虜にした。それがインド・ヨーロッパ語族と呼ばれるもので、アーリヤンはその一派(インド・イラン語派)とみなされた[15]。さらには、アーリヤンあるいは、インド・イラン語派の人々は、紀元前二〇〇〇年頃に分裂するまでは一つの集団を構成しており、その人々の言語(proto-aryan, the aryan parent language)が、インド・ヨーロッパ語族に属する全ての言語の祖語であるという仮説がたてられた[16]。この仮説は、言語学の概念であったはずのインド・ヨーロッパ語族を政治化させる結果となった。

比較文法に基づく理論的な祖語の割り出し作業は、いつのまにかヨーロッパの人々の人種的な起源論へとすり変わっていった[17]。ヨーロッパの人々は、インド・ヨーロッパ語族の祖語を発見することによって、「自分たちの祖先が何処から来たのか[18]」、「エデンの園で、アダムとイヴは何語をはなしていたのだろうか[19]」という問いに答えることができるかのような錯覚に陥っていった。かくして「アーリヤン学説」と称されるものがヨーロッパを席巻するようになる[20]。

イラン概念の政治化　歴史的にイランという概念は、地域、王国、あるいは、言語や文化などを指すものとして使用されてきたが、現在のような民族や領土国家を指す概念ではなかった。それと同様に、同質のイラン人という概念も、西洋から学ぶまで存在していなかった[21]。イランという概念は、ヨーロッパの産物であるナショナリズムや人種主義と出合うことによって、一九世紀末から二〇世紀にかけて新しい意味を持つ概念へと変容していったと考えられる。

そのような変容の第一は、イランという概念が特定の領土国家を代表する呼称として意識されるようになったことである。一九世紀末から二〇世紀初頭、世俗主義の影響のもとで「宗教や民族のアイデンティティーの相違を越えて、領土を共有するという領土アイデンティティー[22]」の形成に対する関心が高まり、その過程で近代的な領土国家に固有の属性である主権の存在と社会・経済的な統合体としてのイランの存在が想定されるようになった。国家の法的な基礎としての憲法制定は、そのような流れのなかで実現したものである。二〇世紀初頭には、「イランにいる多様な住人たちは、それぞれ固有の宗派に属してはいても、領土ならびに憲法からみてイラン人であると規定されるようになった[23]」。

第二に、ナショナリズムの影響のもとに、すでに領土国家として存在している空間を占有するのにふさわしいイランという民族が創出されていったことである。民族としてのイラン人が創出されるためには、領土と憲法の他に、民族の証としての文化的なアイデンティティーが必要となる。イラン人の文化的アイデンティティーの基礎となったのは、ペルシア語である。歴史的に、ペルシア語が話されていた地域は、現在のイラン国家の枠組みと一致するものではなく、より広い地域の言語だったが、イランに関心を抱く西洋の東洋学者やイランのナショナリストたちによって、ペルシア語はイランの民族言語とみなされるようになった。[24]

第三に、一九世紀の初頭にヨーロッパで流行した仮説であるアーリヤ人という概念が二〇世紀初頭にイラン人にも受け入れられ、イランという概念に人種主義的な意味が付与されていったことである。「アーリヤン学説」のもつ人種主義的な優越意識は、民族の歴史物語を書こうとしていた人々にとって都合のよい概念だったのである。

このように一九世紀末から二〇世紀にかけてイランという概念は、領土、民族、人種といった概念と密接に結びつき、それは、レザー・シャーの国家建設のなかでより明確なものとなっていった。イランは、一九三四年、ヨーロッパでナチズムが猛威をふるっていた時代に、敢えて人種主義的な意味合いを帯びた「アーリヤ人の土地」を意味するイランを正式な国名とした。この選択の背景には、ベルリンにあるイラン公使館の勧めがあった。その狙いとは、アーリヤ人種誕生の地としてのイランの役割を誇示するためというのものであった。実際、レザー・シャーは一九三〇年代後半よりドイツ寄りの外交政策を展開し、イラン人留学生のドイツへの派遣やドイツ人顧問の受け入れなどをおこなっている。[25]ドイツもまたナチズムを評価するレザー・シャーを利用し、ペルシアとドイツが同じアーリヤ人であることを強調した。[26]そして、アーリヤ人誕生の地としての誇りは、イラン文化からアラブ文化の影響力を排除するとともに、アラブに征服される以前の古代ペルシアの礼賛へと結びついていった。

2　共同体のはじまり

革命前と革命後の歴史教育にみられる相違の一つは、人類史の出発点の描き方にある。王制時代のカリキュラムでは、小学校三年の教科書で、人類が長い歳月をかけて火を発見し、道具を作ることを覚え、家畜を飼うようになり、農業を習得し、しだいに動物とは異なる人間固有の生活様式を身につけ、そのうえで文字、貨幣、宗教、法といった文化を生み育てていった過程を四章にわたって解説している。さらに太古の人々の暮らしを描いた挿絵には、原始人とはいえ裸体の女性も登場している点で、イランの教科書史のなかでは特筆すべき現象と思われる（図4-1）。

進化論への言及こそみられないが、以下のような記述は、太古の人類がかぎりなく動物に近い存在であったことを想像させる。例えば、

> 人類は、家を作ることを動物から学んだ。人類は、鳥の巣を見て、木の枝で壁を作り、そのうえを枝や葉で覆うことができることに気づいた。蜂やその他の昆虫の巣から、土や泥でも壁が作れ、そのうえを枝や葉で覆うことができると知った。（社会小三、一九七一年度、三三～三四頁）

これ以外にも「人類は衣服を身にまとうことも動物から学んだ。人類は捕獲した小動物の皮を身にまとった」[27]、あるいは、「長い間、最初の人類は生肉だけを食べていた」[28]といった表現が見られる。

図 4-1　原始人（社会小 3，1970 年度，p. 62）

このような人類のはじまりについての説明は、フランクリン図書計画の援助によって一九五〇年代に作成された歴史教科書にも見られることから、アメリカの影響が推察できる。[29]

王制時代の国定教科書は、イラン史のはじまりを「アーリヤン学説」に依拠しながら、以下のように説明している。

約三〇〇〇年程前、アーリヤ人と呼ばれていた部族が北から我々の土地にやってきた。この国土の至るところで緑の平原や山の牧草地を占領し、そこに住んでいた人たちと混じりあった。我々の土地はそれ以来イランと名付けられた。（社会小四、一九七〇年度、九三頁）

「我々の土地」という表現に見られるようにイランはまず地域をさす概念として登場する。そしてこのイランと名付けられた土地は、「我々」のものであり、そこに住みついた人々が我々の祖先であると説明している。このアーリヤ人は、メディア人とペルシア人という二つの集団に分かれていた。

アーリヤ人の一集団は、メディア人であり、北西ならびに西イランでザーグロス山脈周辺にテントを張り、はじめは狩猟をおこなっていた。……別の集団は、ペルシア人で南部のファールス山脈周辺にテントを張り、狩りや農業に従事していた。ペルシア人とメディア人は同じ言葉を話していたが、文字を持たなかった。（社会小四、一九七〇年度、九三～九四頁）

メディアは、好戦的なアッシリアと接しており、しばしば攻撃の対象とされてきた。

この戦争は、メディア人に多大な損害を与えてきた。ついに、メディア民族は、防衛のために連合せざるをえなくなり、自分たちの王を選び、メディア政府を誕生させた。メディアの王たちは、自分たちの土地や村を守るために常備軍を作り、アッシリア軍を倒し、ペルシア人をも支配下に置くことができた。メディアの初代国王の命令で、アルヴァンド山麓に入り組んだ七つの城壁に囲まれた都市を作った。この都市は、「ハグマター

ネ」と名付けられた。この都市は、今日のハマダーンであり、イランの最初の首都となった。（社会小四、一九七〇年度、九五頁）

イラン史上、最初に登場する国メディアは高官たちの腐敗により、しだいに弱体化していった。そのような時に、ペルシア人の若者キュロスが立ち上がる。

3　偉大なる王――キュロス

メディアが衰退の一途を辿っている時、ペルシア人の若者が立ち上がった。その人が、古代イランの英雄キュロス大帝である。

メディア政府が高官たちの放蕩な暮らしぶりによって弱体化していた時に、キュロスはイランのすべての部族を統一しようと決意した。キュロスは、ペルシア人の大軍を編成し、メディアの領地を攻撃した。メディア人もまた彼の支配を受け入れた。その後、当時、強大であった二つの政府、リディアとバビロニアを次々に征服し、アケメネス大帝国を築いた。（社会小四、一九七〇年度、九七頁）

このようにしてメディアの後、アケメネス家出身のペルシア人キュロスがイランを支配することになったが、キュロスの皇帝としての正当性は、「彼の母がメディアの最後の王の娘」であり、「彼の父はペルシアの一地方の支配者」であったことによって保障された。アケメネス朝帝国を築いたキュロスは、帝国内に住む人々に宗教の自由、言語の自由、仕事の自由を与えた偉大な王として称えられている。キュロスの後、アケメネス朝ペルシアの版図を拡大したのはダリウスであった。[30]

この帝国を治めるのは、簡単な仕事ではなかった。なぜならば、さまざまな部族や国によって構成されていたからである。これらの国々のいくつかには、王がいた。これらの王たちは、自分たちの国を治めていた。しかし、アケメネス朝の王の配下にあった。彼らは、アケメネス朝の王を、シャーハン・シャーと呼んだ。すなわち諸王の王という意味である。(社会小四、一九七〇年度、一〇一〜一〇二頁)

パフラヴィー国王が自分の呼び名としたシャーハン・シャーは、アケメネス朝のダリウスに由来する。

キュロスの時代に、メディア、リディア、バビロニアを併合したアケメネス朝は、キュロスの息子カンビュセスの時代に「偉大な文明」を誇ったエジプトを征服した。さらにダリウスとその息子は、「輝かしい文明をもち、芸術、文学、科学において進歩を遂げていた」ギリシャにたびたび攻め入り、アテネに勝利している。[31]

このようにしてアケメネス朝はイラン高原を遥かに越えた大ペルシア帝国を築き、イランに栄光の過去をもたらしたのだが、そのアケメネス朝もついに終焉を迎える時が来る。

アケメネス朝の初期には王や高官や軍人らはイランの国を強化するために努力し、人々もまたイランを発展させるために努力した。けれども、この王朝の末期には高官や軍人らは金を好み、怠惰な生活を送り、人民を省みなくなった。(社会小四、一九七〇年度、一〇九頁)

やがてダリウス三世の時代にイランは、マケドニアのアレクサンドロスの攻撃に晒される。アレクサンドロスはペルセポリスを略奪し、火を放ち、エスタフルの町を滅ぼした。ダリウス三世は殺され、二二〇年続いたアケメネス朝の栄華は幕を閉じた。

王朝崩壊の原因は、常に高官、軍人らの腐敗や外敵の侵入によって説明される。メディアの崩壊も同じく高官の放蕩が原因であった。イランの栄光の時代を王たちの武勇伝で満たそうとする王制時代の歴史教科書は、王朝崩壊の原因をできるかぎり王自身にではなく、王を取り巻く高官や貴族の腐敗に帰すことで、王の責任を不問に付そうとしている。

アケメネス朝の崩壊後、異邦の支配者から国土を解放するためにイラン人意識は高揚する。

アケメネス朝帝国が滅亡し、アレクサンドロスの後継者たちがイランを支配すると、イラン人（Īrāniyān）は四方から外国人に反対して立ち上がった。そのなかから今日のホラーサーンやゴルガーンに居住するパルティアという部族がアルシャクという名の族長の命令でアレクサンドロスの後継者たちに反乱を起こし、政府を建てた。アルサケス朝の王たちはアルシャクの後も彼に敬意を表し、皆アルシャクやアシュクという名前を自分の名前に足した。このようなわけでイランの王たちによる王朝をアルサケス朝と呼んだ。アルサケス朝はしだいにイラン全土をアレクサンドロスの軍人の手から解放した。（社会小四、一九七〇年度、一一一頁）

アルサケス朝の成立によってイランは、外国の支配から脱することができたが、この時代は地中海世界に台頭したローマ帝国との戦いの時代でもあった。イランが再びアケメネス朝の栄華を取り戻すためには、サーサーン朝の樹立を待たなければならなかった。

4　サーサーン朝の繁栄

サーサーン朝を樹立したアルダシールは、平安をもたらすために国土の統一に力を注いだ。教科書は、サーサーン朝によるイラン統一をそれ以前の時代と比較し、その差異を強調する。

イランは、アケメネス朝の王たちの時代にも、アルサケス朝の王たちの時代にも大小の部分で構成されており、それぞれに王や支配者がいた。……彼らは、自分の町や土地に城を作り、強固な城壁をめぐらし、兵士たちがそれを守っていた。（社会小四、一九七〇年度、一一八頁）

これに対して、アルダシールによる統一は、「地方の支配者の力を奪う[32]」ことによって、全国を平定しようとするものであった。彼は「帝国の全領土を四つに分け、各地域に自分で支配者を配置し、支配者のための軍隊を任命した[33]」。アルダシールはまた、ゾロアスター教を国教化したことでも評価される。

この王(アルダシール—筆者注)は、イラン民族(melli-ye Īrān)の風俗習慣の強化を王権の礎とした。良き考え、良き言葉、良きおこないを支えとするゾロアスター教を国の正式な宗教とし、アヴェスターという名のゾロアスター教の聖典を集め、翻訳し、荒廃している神殿を再建するよう命じた。(社会小四、一九七〇年度、一一九頁)

以下はシャープール二世ならびにホスロー一世アヌーシールヴァーンの功績について説明した部分である。

イラン高原を中心に帝国を築いたサーサーン朝の王たちは、イラン史上、最も偉大な王たちとして描かれている。シャープールの幼少時代は、イランの高官らは互いに対立していたのでローマ人やアラブ人が北西、南西から、また野蛮な部族が北東からイランに攻めてきた。シャープールは一六歳になるや否や、敵をイランから追い出した。彼はローマ人やアラブ人や野蛮な部族を打ち破った。このようなわけで彼をシャープール大帝と呼んだ。この勝利ののち、彼は開発と行政整備に従事した。(社会小四、一九七〇年度、一二二〜一二三頁)

*

アヌーシールヴァーンが戴冠した時、イランの国情は干魃と飢餓と重税と宗教暴動で困窮していた。ローマ人やアラブ人や野蛮な部族らが新たにイランを攻撃した。アヌーシールヴァーンはまず始めに徴税方法を整備し、誰からもその人の収入の程度に応じた税を徴収することを命じ、その後に宗教暴動を一掃し、イランの敵を退治した。……この王の命令でジョンディー・シャープールに大きな大学が建てられた。この大学で世界の偉大な医者たちが仕事をした。(社会小四、一九七〇年度、一二三〜一二四頁)

5　イスラームの到来——苦難の時代

アヌーシールヴァーンがサーサーン朝を治めていた時期に、アラビア半島で、預言者モハンマドが誕生する。六一〇年、四〇歳になったモハンマドに、神から最初の啓示が下った。預言者となったモハンマドの説くイスラームは、徐々に改宗者を増やし、彼の死後、四代カリフの時代にアラビア半島一帯にその勢力を伸ばし、ついに、サーサーン朝と対決するに至る。そして、この戦いでのサーサーン朝の敗北は、次のように説明される。

サーサーン朝政府が弱体化したことと特権階層を排除したいというイランの人々の願いのために、イラン軍は、アラブの攻撃に対して抵抗しなかった。（社会小四、一九七〇年度、一二八頁）

アラブに首都を奪われ、サーサーン朝が崩壊するとともにイラン人のイスラームへの改宗が始まる。

サーサーン朝政府の崩壊によってサーサーン朝末期に存在していた差別や権利の剥奪に怒っていたイランの人々は集団ごとにすべての人は平等で兄弟であると説くイスラームへ改宗していった。それ以来イランはイスラーム諸国に数えられるようになった。（社会小五、一九七〇年度、一一五頁）

しかし、この新しい時代の到来は、決してイランにとって好ましいものではなかった。なぜならば「数世紀の間、わが国の政治的独立が失われ、イランの歴史的な出来事はイスラームの歴史と結合[34]」してしまったからである。アラブの征服から脱するまでの数世紀はイランにとって屈辱の時代であった。しかしながら、「ついには、わが祖先は、勇気と自己犠牲によって祖国(mihan)が喪失した独立を手に入れ、古代の栄光を回復することができる[35]」のである。

イラン高原での出来事を中心に描いてきた歴史教科書は、ここでイランのイスラーム化を理解するために、アラビア半島での出来事を説明することになる。そのために、イスラームの誕生、正統カリフ時代、シーア派の誕生、ウマイヤ朝(六六一～七五〇年)の成立などの学習が、挿入されることになる。しかし、それらはイラン史としてではなく、あくまでも「アラブ史」として語られている[36]。

宗教としてのイスラームは否定しないが、政治的独立を奪ったアラブに対する強烈な敵意は隠さない。アラブという敵の存在を通して、「我々」という集団の存在が顕在化されていく。ここへきて「イラン人」という言葉が頻繁に使用されるようになる。イラン人のアラブに対する憎しみは、ウマイヤ朝の暴君ヤズィードとの戦いにおけるシーア派三代イマーム・ホセインの殉教の物語のなかに凝縮されている。

ヤズィードは、最も腐敗し、最も悪名高いウマイヤ朝のカリフであり、醜悪なことをたくさんした。そのようなわけで、我々シーア派の三代イマーム・ホセインは、彼に対抗して立ち上がり、クーファの民の招きでメッカからイラクへとむかった。カルバラーの荒野で繰り広げられたイマーム・ホセインとヤズィード軍との戦いで、イマーム・ホセインは世界の歴史に比類なき勇敢さで戦った。しかし、ついに、イマーム自身と七二人の親類や信者らがイスラームの真理のために暴虐で利己的なウマイヤ朝との戦闘で殉教した。（社会小五、一九七〇年度、一三二頁）

しかしながら、ウマイヤ朝の圧制に対するイラン人の抵抗は続き、ついに「勇敢なイランの司令官」アブー・ムスリム・ホラーサーンは、「イラン人の愛国主義者(mihan parastān-e Īrānī)」の支援のもとにホラーサーンで蜂起し、ウマイヤ朝を倒し、アッバース朝(七五〇～一二五八年)への道を開いた。しかしながら、アッバース朝下でもイラン人は、アラブの圧制に苦しむことになる。

イラン人に対するアッバース朝の虐待や敵意は、イランの愛国主義者たちをアラブの支配者に対して再び蜂起させることになった。（社会小五、一九七〇年度、一三四頁）

アラブ支配下でイラン人が味わった屈辱とアラブへの敵意が、イラン人意識、イラン民族意識を発揚させた。教科書は、「イラン人の愛国主義者」という表現によってその気持ちを伝えようとする。この愛国主義という表現によって、教科書は、一九世紀以降、欧米列強の帝国主義的な支配に苦しむイランで芽生えた愛国主義と同質の感情がこの時代から存在していたような印象を与え、愛国主義のルーツをこの時代にまで遡らせようとしている。

6　イラン民族の復興――イラン系独立諸政府の樹立とモンゴルの征服

アケメネス朝ならびにサーサーン朝という栄光の時代に対比されるのが、アラブに征服された屈辱の時代である。栄光と屈辱というこの二つのコントラストがイラン史の基調をなしている。アラブ支配下のイランにとって、これ以降の歴史は、独立と栄光を回復するための戦いの歴史となる。

九世紀に入り、アッバース朝の弱体化が進むとアラブからの独立を目指してイラン系小王朝が次々と樹立されることになる。教科書は、これらの小王朝を「イラン民族の復興」とみなす。

イラン人はイスラームが好きであったが、アラブの統治にはうんざりしていた。そして外国への服従という不名誉を決して受け入れようとはしなかった。イラン人の集団は常にアラブの剣の力を祖国(mihan)から追放しようと努力していた。そのために、イランの各地でたえず暴動があった。(社会小五、一九七〇年度、一三八頁)

アラブからの解放をめざして九世紀初頭より多くの地方王朝が樹立された。「イスラーム以後最初に樹立されたイラン政府[37]」がターヒル朝(八二〇～八七二年)である。続いて、サッファール朝(八六七～九〇三年)が樹立され、支配者のヤーグーブによってペルシア語の使用が奨励された。

ヤーグーブの時代になるまで二世紀以上も、イランの諸都市は、アラブの支配者によって運営されてきたために、イラン人の間にアラビア語が普及していた。イランの詩人の多くがアラビア語で詩を詠んだ。イラン人の作家が自分の本をアラビア語で執筆していた。(社会小五、一九七〇年度、一四二頁)

ヤーグーブの時代に「イスラーム以後最初のペルシア語詩」が執筆された。その後、ボハラを首都とするイラン系のサーマーン朝(八七四～九九九年)が興り、やがてホラーサーンにまで支配が及んだ。サーマーン朝下でもペルシア語が奨励され、「ペルシア詩の父ルーダキー[38]」もこの時代に活躍した。

また、この時代にマーザンダラーンやギーラーンを中心にズィヤール朝(九二七〜約一〇九〇年)が栄えた。「わが民族の偉大なる作家」[39]に数えられるガーブースはこの時代の人である。同じ頃に、イランの中央、南部、西部を支配したブワイフ朝(九三二〜一〇六二年)は、「イランにおけるアッバース朝の政治的、宗教的影響に終止符を打つために、イランにおいてシーア派を正式に広めた」[40]。これらの地方王朝は、いずれも「イランをアラブから解放する」[41]ことを目的としていた。

このように教科書は、九世紀から一〇世紀にかけてイラン高原で興亡したこれらの地方王朝をイラン系王朝とみなすことによってイラン史の正当な流れの一部に加えている。しかし、これらの地方王朝はイラン的である以上に、アラブ的であり、あるいはまたトルコ的であった。そのために、一九三〇年代にミノルフスキーがこれらの地方王朝をイラン史の一部として扱うまでは、イラン史という枠組みの対象外にあったのである[42]。

その後、イラン高原には、ガズナ朝(九六二〜一一八六年)、セルジューク朝(一〇三七〜一一五七年)、ホラズム・シャー朝(一〇七七〜一二三一年)とトルコ系の諸王朝の興亡が続く。「これらの王朝の設立者たちはみなトルコ系であったが、イランの強力な文明が彼らに非常に影響を与えたために、彼らの民族的特性の痕跡が残らなかった。彼らはイラン化し、イラン人の強力な社会に奉仕した」[43]。

ガズナ朝のソルターン・マフムードは学問や文学を奨励し、「詩人や雄弁家を各地から自分の宮廷に招き、彼らに高い報酬を支払っていた。その結果、サーマーン朝で栄えたペルシア語やペルシア文学が彼の時代に非常に発展した」[44]。フェルドウスィーが『シャー・ナーメ』を詠んだのはこの時代である。セルジューク朝の時代にも多くのイラン人官僚が登用され、ペルシア語が栄えた。この時代の代表的な宰相ネザーム・アルモルク(一〇一八〜九二年)は、ネザーミエ学院を設立し、イスラーム諸学の振興に寄与した。イラン高原にイラン系統一王朝が存在しなかった政治的な空白期は、このようにして、ペルシア語やペルシア文芸の復興によって埋められ、イラン民族の存続の証とされた。

しかし、政治的にはさらにもう数世紀、イラン高原を統一するような民族王朝が樹立されないままに、中央アジアからイラン高原に移動してきたモンゴル族によって支配されることになる。「国の諸都市の運営は、チンギス・ハーンとモンゴルの支配者の手に落ちた[45]」。モンゴルの支配下でイラン人はその影響力を失い、国土は荒廃した。暗黒の時代は、次のように描かれている。

ティムールは三度イランを攻撃した、その度にイラン各地が灰と血で染まった。……この侵略の結果、新たに何百万人もが殺され、イランの名家は滅び、都市は廃墟に変わった。このような状況のもとで暮らす人々は、モンゴル族に殺されるのを常に恐れていた。（社会小五、一九七〇年度、一六六～一六七頁）

7　サファヴィー朝の樹立――イラン高原の統一

一五〇一年、サファヴィー朝の樹立によってサーサーン朝の崩壊以来、実に一〇〇〇年に近い歳月の後にイラン高原は再び統一された。その喜びは次のように表現されている。

人民とサファヴィー朝の王の努力の結果、ついに内外の敵を排除し、イランを窮状から解放し、サーサーン朝以来最大の政府がわが祖国に誕生した。（社会小五、一九七〇年度、一七三頁）

サファヴィー朝の誕生によって、イラン人は異民族による支配に甘んじなければならなかった長い屈辱と荒廃の時代に終止符を打ち、ついにサーサーン朝崩壊以来の「民族の悲願」を達成した。この「民族の悲願」が、サーサーン朝崩壊からサファヴィー朝樹立までの一〇〇〇年近い統一王朝不在の期間を埋め、古代から現代に至るまで二五〇〇年に及ぶ連続したイラン史を生み出した。このようなイラン民族史への関心は、民族のみを正当な国家の所有者とみなす西洋の国民国家体制を支える歴史観の影響にほかならない。

サファヴィー朝の樹立によって、イラン人は政治的な独立を達成しただけでなく、宗教的にも周辺諸国からの自立性を獲得した。なぜならば、サファヴィー朝の始祖エスマーイールは、「アゼルバイジャンを征服した後、タブリーズで戴冠し、シーア派をイランの国教とした。その結果、イランに宗教的な統一が生まれた[46]」。

サファヴィー朝は、五代目の王シャー・アッバース(在位一五八八～一六二九年)の時代に最盛期を迎えた。シャー・アッバースは、数々の戦いに勝利するとともに、「人々の生活を改善した。多くの場所に、道、橋、市場、宿場を建設した[47]」。さらには芸術に対しても関心が高かったことから、この時代にイランは文化的に大いなる発展を遂げたとされる。

シャー・アッバースは、書道、絵画、建築、音楽に非常に興味があった。彼の時代、これらの芸術は大いなる進歩を遂げ、あらゆる分野の芸術家の巨匠たちが、エスファハーンに集まり、価値ある作品を生み出した。これらの多くの手本がいまなお残っている。(社会小五、一九七〇年度、一七七頁)

また、シャー・アッバースの宗教的な寛容さを以下のように高く評価している。

シャー・アッバースは宗教に対して激しい偏見を抱いていたエスマーイール王や彼の後継者とは反対に、アルメニア教徒やゾロアスター教徒のような宗教的少数派に対してまことに寛大に接した。キリスト教徒に対するシャー・アッバースの関心によってイランとヨーロッパの間に商業関係ができ、商人は自由に商業に従事することができた。(社会小五、一九七〇年度、一七七頁)

これを、イスラームやシーア派へ固執することへの批判的見解として読むこともできる。つまり特定の宗教への固執がもたらす排他性は、国家の繁栄にマイナスに作用することを示唆している。特に近代化、西洋化を国家目標とするパフラヴィー朝にとって、ヨーロッパとの通商は価値のあるものだった。

シャー・アッバースの時代に最盛を極めたサファヴィー朝の繁栄も、しだいに、陰りをみせ、やがて衰退していった。教科書は、サファヴィー朝の衰退の原因を次のように説明する。

この王朝の最後の王となった者の一人はソルターン・ホセインという名であった。彼は、無能であった。そのために、軍司令官たちは、国事を自分の好みと利益にしたがって遂行した。王は、状況について知らされず、またもし知っていたとしても、彼には対処できなかった。（社会小五、一九七〇年度、一八〇頁）

結局、サファヴィー朝は、アフガン族の侵略に抗することはできず、首都エスファハーンを包囲された王は、王冠をアフガン族に渡した。だが、「イラン人にとって、彼らの支配は不快であった(48)」。このような時に、アフシャール族のナーデルが立ち上がり、アフガン族を破った。戦いに勝利したナーデルとイランの長たちは、モガーンの砂漠に集まり、ナーデルを王に選んだ。「イランの有力者たちが王を選ぶというのは、アケメネス朝の王、ダリウス以来はじめてのことであった(49)」。

次々に戦いに勝利していったナーデル・シャーも、晩年には、「虐待と短気」が目立ち、ついには側近の者に暗殺された。彼の死後、イランは、再び混乱に陥ったが、ナーデル・シャーの軍隊の司令官の一人であったキャリーム・ハーン・ザンドによってホラーサーンを除くイランが再び統一された。「カリーム・ハーンはシーア派であったが、決して政治や行政を遂行していくうえでシーア派を利用しなかった(50)」。

8　ガージャール朝と立憲革命

ザンド朝(一七五〇〜九四年)の後、イランの王位は、ガージャール族のアガー・モハンマド・ハーンの手に渡り、ここにテヘランを首都とするガージャール朝(一七七九〜一九二五年)が樹立される。ガージャール朝時代のイランは、周辺諸国からの圧力だけでなく、ヨーロッパ列強、特にロシアとイギリスの侵略に苦しんだ。教科書はガージャール朝初期の国境とガージャール朝末期の国境線を地図で示し、ガージャール朝時代にイランが喪失した領土を明らかにし、王たちの失政と無能を批判している。

この時代に、もしイランに賢明で有能な、しかも世界情勢に通じている指導者がいたならば、ヨーロッパの政府、特にロシアとイギリスとのせめぎ合いを利用し、国を発展させる方法を用意することができたであろう。しかし、まことに残念なことにガージャール朝の王たちは、イランにとって有能かつ賢明な指導者ではなかった。彼らの政策は、人々をいつまでも無知と読み書きのできない状態のままにし、イランにヨーロッパ文明の影響が及ぶのを妨げていた。（社会小五、一九七〇年度、一八六頁）

そしてこのような時代に改革を志したアミーレ・カビールのような人たちは、ガージャール朝の王たちによって殺害されていった。

王制擁護の姿勢を貫く教科書は、一般に王の無能や失政を直接に批判するような記述を控える傾向にあるが、ガージャール朝の王たちだけは例外である。それは、第一にガージャール朝を廃止し、パフラヴィー朝を樹立したレザー・シャーの行為を正当化するために、ガージャール朝が無能だったことを明らかにしなければならないからである。第二の理由は、パフラヴィー朝の立憲君主が、ガージャール朝の専制君主と異なっている点を強調する必要があったからだ。

ガージャール朝史を学習する狙いは「イランがどのようにして独立を守ったのか、自由主義者たちがどのようにして、ガージャール朝の王たちによる専制君主制に代わって立憲君主制を樹立したのか(51)」を学ぶことである。立憲制は、ガージャール朝の失政に対する対抗手段として想起されたものであった。そして注目すべき点は、以下にみられるような自由主義者に対する評価である。

このような状況に暮らすイラン人は、ついに、自分たちに対するガージャール朝の王たちの不条理ならびに外国に対する彼らの脆弱さや卑劣さのために窮地に追い込まれた。国民はガージャール朝の王たちの権力を制限し、国の運命を自分たちの手に委ねることを決意した。これを実行することは容易なことではなかった。しかし、イランの自由主義者たちは、大胆かつ献身的に自らの命を犠牲にしてこの仕事を成し遂げた。（社会小五、一九七〇年度、一八六〜一八七頁）

教科書は、アーガー・モハンマド・シャー（在位一七七九〜九七年）、ファトフ・アリー・シャー（在位一七九七〜一八三四年）、ナーセロッディーン・シャー（在位一八四八〜九六年）、モザッファロッディーン・シャー（在位一八九六〜一九〇七年）の各時代について概説するなかで英国やロシアの圧力のもとでイランが疲弊していった様子を描きながら、そのような状況のなかで人々がしだいに改革を欲していったことを明らかにしようとする。ナーセロッディーン・シャーの半世紀近い統治の後、息子のモザッファロッディーン・シャーが王位を継承した。その時の様子を次のように説明する。

愛国主義者や知識人らは、王の交替によって国民に改革と自由の道が開かれることを望んだ。けれどもシャーがアミーノッ・ソルターンを首相に任命したために、彼らの希望は失望に変わった。（社会小五、一九七〇年度、一九五頁）

ここでは、圧制の原因、知識人の怒りの対象は、王そのものよりもむしろ首相に向けられている。

彼らは、モザッファロッディーン・シャーに対して正義の実現とエイノッ・ドウレ（首相—筆者注）の解任を要求した。エイノッ・ドウレは、人々の声を鎮静するために力に訴えた。この措置は人々の不安を増大させ、暴動の範囲が各都市に広がった。ついに革命は成功し、モザッファロッディーン・シャーはエイノッ・ドウレを首相から解任し、人民に信頼のあるモシーロッ・ドウレを首相に選び、一二八五年モルダード月一四日、[52]立憲政治の勅令を出した。（社会小五、一九七〇年度、一九五〜一九六頁）

立憲革命に関する説明のなかで注目すべき点は、立憲運動において大きな役割を果たしたウラマーの活躍への言及が皆無に等しいことである。「自由主義者たちは、何名かの宗教指導者(pīshvāyān-e dīnī)の指導で、専制との戦いに立ち上がった」[53]という記述が欄外にあるにすぎない。王と立憲主義者たちとの戦いは、立憲主義者らの勝利に終わった。以下は、そこに至るまでの経過である。

立憲政治の勅令に調印した数カ月後、モザッファロッディーン・シャーは死去し、息子のモハンマド・アリー・ミールザーが……王位についた。……彼は、公然と皇太子であった時代に調印した憲法に反する行動をとり、立憲主義者たちと争った。ついにモハンマド・アリー・シャーは国民議会を砲撃した。一群の立憲主義者たちを投獄し、拷問した。しかし立憲主義者たちは抵抗し、タブリーズ、ギーラーン、エスファハーン、テヘランで王の部隊と戦った。(社会小五、一九七〇年度、一九八頁)

戦いの結果、王は立憲主義者に敗れ、ロシアに逃亡したために「人々は彼を退位させ、彼の一二歳の息子アフマド・ミールザーを王に選んだ。議会は再開され、選挙がおこなわれ、国の仕事は人民の代表の手に渡った」[54]。

9　レザー・シャーの登場

このように立憲革命期には、わずかながらも国民、人民の代表といった表現や、王に退位を要求するような人民の政治参加への言及がみられる。だが、このような政治参加の動きは、第一次世界大戦の勃発による混乱のために、民主主義の萌芽として定着することのないままに終っている。そして、立憲革命で国民が獲得したはずの政治参加の権利は、レザー・ハーンに王位を委ねること、言い換えれば、ガージャール朝の廃止とパフラヴィー朝の樹立を正当化する際に行使されたものの、その後は、再び王によってその権利を制限されてしまった。

かくして、国民議会はイラン国民の要求に基づいて、アフマド・シャーを退位させ、ガージャール朝の終焉に批准した。新しい国王を選出するためには、憲法の何章かを改訂する必要があった。……数カ月後に、各州の代表がテヘランに集まり、憲法制定議会を組織した。憲法制定議会は憲法のいくつかの章を改訂し、一三〇四年アーザール月二一日、[55]レザー・ハーンの尽力によってイラン政府は衰弱と困窮から救われたことから、レザー・ハーン軍司令官に王位を委ねた。……王位が国民よりレザー・シャー・カビールに委ねられた時から、イラン皇帝は全力で国内改革に乗り出した。（社会小五、一九七〇年度、二〇一〜二〇三頁）

このように王制時代の教科書に描かれた公認の歴史は王朝史観によって貫かれている。歴史は、王朝の興亡とそのなかで活躍する王たちの記録である。歴史を動かすダイナミズムは、王朝を運営する王自身の能力と外部から王朝を狙う敵との力関係によって決まる。

このような歴史観ゆえに、国民はいつの時代も王の臣民であり、名君の時代には安定と繁栄を享受するが、高官の腐敗や外敵の侵入によって王朝が終焉を迎える時には、滅びゆく王朝に運命を委ねる以外になすすべを知らない存在であり、決して歴史の主体となることはない。国民が共同体であるのは、ただ一人の王に運命を委ねているからである。

教科書の歴史叙述に顕著な特徴として、もう一つ指摘しなければならないのは、イラン社会を構成しているはずの諸集団の存在やそれらの集団間に存在するはずの利害の対立について一切触れていないことである。国民はあたかも同質の集団であるかのように扱われている。さらに、数千年に及ぶ歴史のなかで変化してきたはずの社会・経済的な諸条件についての説明が皆無に等しく、歴史を動かす要因とはみなされていない。アーリヤ人のイラン高原への移住から現代に至るまでの数千年の歴史が、ただ王朝の興亡によってのみ語られている。

二　王制時代の共同体像

1　祖国イラン

祖国への愛着　教科書は、人々が本来持っている身近な集団に対する帰属意識の延長線上に、より大きい集団である祖国すなわちイラン国家への帰属意識を育てようとしている。しかし、身近な集団への帰属意識と国家に対する帰属意識の間には相違がある。

家族、親族など最も身近な集団あるいは部族、村落などの集団の場合には、所属する集団のメンバーとの間に、日常的な接触が存在し、生活・活動空間を共有している。それゆえに、他村の人や他部族などの到来をきっかけに、日常的に接する人々との間の「我々」意識は強化される。また町や都市など風俗習慣、言語、宗教などの異なる複数の集団が共存する場合には、集団ごとに「我々」意識が芽生えることは不思議ではない。このような条件のもとで生まれる「我々」意識は、実際に「我々」とは異質の他者との出会いのなかで、個々人が体験に基づいて獲得しうるものであり、人々が日常生活のなかで獲得する認識枠組みのなかで培われるものである。

ところが、国境という人為的な境界設定によって囲われた空間のなかに属するすべての集団をイラン国民としてまとめ、一つの運命共同体であると人々が認識するに至るためには、人為的な働きかけが不可欠となる。なぜならば、イランという領土国家内には、風俗・習慣、宗教、言語などを異にする多様な集団が暮らし、すでに集団相互のあいだに他者意識が存在しているからである。したがって、これらの他者意識を越えて、これらの集団を「我々」としてまとめるためには、イランという領土国家内に住む人々を結びつけるものが存在しなければならず、またイランという枠組みの外に新たな他者の存在が必要となる。

王制時代の教科書は、人々が培ってきたそれぞれの民族、地域、親族集団を越えたイランという枠組みを「祖国」(mihan)という名前で呼び、「祖国」への強い愛着や帰属意識を育てようとしている。教科書は、「祖国」という枠組みのイメージを作り出すために、さまざまな説明を試みている。「祖国」がどのような共同体であるのかを説明するにあたって、教科書は、祖国＝イランという定式を徹底して教え込むとともに、人々の生まれ育った土地への愛着を国境にまで拡大する想像力を人々に与えることによって、祖国への愛着を育てようとする。

祖国＝イランという図式は、以下のような形で表現されている。

私たちの国はイランです。私たちは、イランに暮らしています。私たちはイラン人です。イランの国には、たくさんの町や村があります。イランの人々のいくらかは、町に住んでいます。イランの人々のいくらかは村に住んでいます。イランの人々はどこで暮らしていようともイラン人です。私たちの祖国はイランです。私たちは、自分たちの祖国を愛しています。(国語小一、一九七三年度、八九頁)

そして祖国＝イランで暮らす人々が一つの国民を形成する。

一つの村あるいは一つの町で暮らしている男たち、女たち、子どもたちは、一つの村社会ないしは町社会を形成している。一つの国に暮らし、一つの政府と一つの法に従っている男たち、女たち、子どもたちは、国という大きな社会を形成しており、国民の名で呼ばれている。(社会小四、一九七〇年度、一五二頁)

祖国への特別な感情は、次のように表現される。

イラン――私は、そこで生まれ、そこで大きくなった――は、私の祖国です。私の両親も私と同じようにここで生まれました。私の両親が謹んで追悼する私の祖先も、歴史でその名を学んだ偉人たちも皆、この大地に眠っています。四方に広がる美しい自然の眺め、私の思考を育む本、これらの本を読む時の言葉、私の兄弟、姉妹、友人、私個人の属する偉大な民族、つまるところ私が見るものすべて、私が愛するものすべてが、皆、私

の祖国の一部なのです。(国語小四、一九七〇年度、五四頁)

＊

私たちの祖国は、イランの風土、河川、森林、町や村の建物だけではない。そうではなく、すべてのイラン人が共有している記憶、感情、思想、願いや理想の偉大な集合体である。おそらく、平穏な時代には、イラン民族の団結や連帯は、明らかではないかもしれない。しかし、祖国の敵が、私たちの独立を脅かそうとしている危険な時代には、イラン民族は、一致団結してあらゆる方法で愛しい祖国から危険を遠ざけるであろう。(社会高一、一九六三年度、五一頁)

祖国イランは、国境によって囲われた土地である。それは、地球上の限られた土地である。祖国を守ることは、すなわち、自分たちに与えられた限られた大地を守ることなのである。

あなたの祖国は、地球のなかの限られた土地であり、たびたびその地図や境界線を描いてきたものです。あなたの祖国は、あなたの民族の土地であり、あなたの両親や先祖が、何世紀にもわたって、そこに町や村を作り、繁栄と開発のために努力し、その独立を守るため侵略者に対峙し、その命を亡くしてきました。(社会高一、一九六三年度、五一頁)

祖国と外国を分かつ境界線の向こうには、「我々」とは異質の国々が存在し、それらは、時にイランを攻撃したり、イランを征服もする。敵の存在は、イランにとって脅威であり続けてきたが、またそれゆえに、イランの絆を強固にしてきたのである。敵の脅威に晒され、痛めつけられながらも、イランが文化的なアイデンティティーを維持してきたことに対する誇りが強調されている。被害者意識を刺激しながら、時に哀れで、時に栄光に満ちたイランへの熱い思いが次の文章に凝集されている。

イランは驚くべき国である。その歴史は多様性という点からあまり例を見ない。……イランに生起した出来事は選ばれた偉大な国にふさわしい種類のものである。イランは輝かしい勝利、辛い敗北、多くの不幸と成功を味わってきた。あたかも運命が自らの全ての災難や勝負事をイランに試してきたようである。運命はたびたびイランを断崖の淵まで連れて行きながらも落ちるのを防いできた。イランは恐らく世界の国々の中でも最も生命力の強い国の一つであろう。いく時代も半死半生の状態で生きながらも、息絶えることはなかった。まるで自分の近親者たちを試そうとする病人のように、皆が絶望したその瞬間に、目を開けて、生き返った。

数々の苦い思いにもかかわらず、我々には自国を誇る権利がある。我々の腰は歴史の重圧で湾曲してしまった。しかし、まさにこの歴史が我々に力を与え、我々が倒れるのを防いでくれる。己の人生で苦労を経験しなかった者は、幸福に値しない。(国語中二、一九七二年度、六頁)

歴史のなかで、繰り返しイランを襲撃し、征服してきた敵たちは、具体的な史実とは離れたかたちで、敵としてイメージ化され、繰り返し語られる。この敵の存在を通じて自国のイメージがより鮮明となる。

アラビア人の攻撃で、サーサーン朝帝国は崩壊し、城は破壊され、財宝は散逸した。けれども、イラン人の魂は、征服されなかった。イランは、何世紀もの間、イラン人以外の支配者たちに支配されてきた。しかし、何を恐れることがあろうか。アラブ、トルコ、グズ・トルコ、モンゴル、タータール、彼らは、数日、イランの食卓布を囲んだお客であった。彼らは、イランを連れ去ることができないままに、来てはまた去った。このような時代にこそイランの肖像は固まった。(国語中二、一九七二年度、七頁)

このように幾多の侵略に耐え抜いた祖先の歴史は、「征服され、祖国を失った民族は、奴隷状態と貧困に甘んじるほか、逃げ場も救済手段もないことを私たちは十分に理解しています」[56]という教訓として語られている。

2　教科書のなかの「私たち」

中央集権的な政治機構によって国内を統治する近代国家としてのイランの枠組みが形成されるのは、レザー・シャーの時代である。レザー・シャーは、国内統一を実現させるために軍事力を背景に中央政府から自立性を享受する遊牧の諸部族の定住を強要した。このように、レザー・シャー期に推進されたイランの国家形成は、イラン民族のナショナリズムの結果ではなく、国家という枠組みを必要とする国王によって上から強制されたものである。人々は、もともとイラン国家の国民であったわけではなく、それぞれが属する民族グループ、言語集団、宗派、地域、家族に所属し、そこに一体感を感じていたはずである。したがって、教科書を通じた共同体像の形成は、すでに存在する多様な帰属意識の形態のなかから、あるものは否定し、あるいは無視し、あるものは利用し、最終的にはすべてを包摂するような共同体像を作ることであったと考えられる。

それでは、ここで改めて王制時代の教科書に描かれた「私たち」と呼ばれる集団の特質を整理してみることにしたい。

第一の特徴は、「私たち」すなわちイラン人は、祖国とよばれる土地で何千年もの間、集団としての連帯を放棄することなく存続してきた民族集団である。長い異民族支配も、この民族集団を分裂させるどころか、かえって民族としての団結を強めてきた。

第二の特徴は、歴史の始まりから現在に至るまで、イラン人は、王によって代表されることで共同体としてのまとまりを維持してきた。イラン人が一つの民族集団として存続し、かつ栄光の帝国を築くことができたのは、偉大な王が存在したからである。したがって、王の存在はイラン人と呼ばれる集団が存在することの前提なのである。

第三の特徴は、「私たち」は、皆、古代ペルシア帝国の王者や英雄たちの子孫であり、以下の表現にみられるように彼らの遺産を直接に継承している。

愛しいイランは、わが家、わが祖国、わが郷里、わが巣なり。キュロス、アルダシール、ダリウスから、私たちが継承した。(国語小五、一九七一年度、五五頁)

第四の特徴は、「私たち」という集団の属性に関するものである。「私たち」はイラン人とよばれ、紀元前三〇〇〇年頃にイラン高原に移住してきたアーリヤ人の子孫とされる。イランは、一般にアラブ民族が多数派を占める中東世界において、アーリヤ人の国として独自のアイデンティティーを保持してきたと説明されている。このような説明は、さまざまな民族がイラン高原を舞台に興亡を繰り返してきた歴史を想起するならば、決して現在の領土国家としてのイランに暮らすすべての人々が共有できるような共同体像ではないはずだ。しかし、教科書は、イラン人を皆アーリヤ人の子孫にしている。

教科書が説明するアーリヤ人の特質には次のような興味深いものがある。

イラン高原への最初の重要な集団移住は、自らをアーリヤ人と名乗る白色人種の部族の移住であった。アーリヤ人は、数千年前シベリアの西や南の平原に生きていたといわれている。(歴史中一、一九七二年度、三四〜三五頁)

自然条件の変化などを理由に始まったアーリヤ人の移住は次のように説明されている。

移住の際、アーリヤ人はいくつかの集団に分かれた。ある集団は、ヨーロッパの方角へ出発し、ヨーロッパの中部地方に住居を定めた。ある集団は、今日のアフガニスタンからインドに赴き、若干が、マーザンダラーン海の両側から、後にイランつまりアーリヤ人の土地として有名になる土地へ進んだ。(歴史中一、一九七二年度、三五〜三六頁)

この説明から、教科書がいわゆる「アーリヤン学説」に依拠し、イラン人の祖先が白色人種であり、ヨーロッパの人々と共通の祖先をもっていたという見解を公式に採用していたことがわかる。さらにイラン高原へと進んだアーリヤ人は、ここで先住民たちとの戦いを強いられるが「ついに、原住民に勝利し、この国土のさまざまな地方に散っていった(57)」。この説明自体は曖昧なものであるが、アーリヤ人が先住民を征服し、征服民族として純血を保ったかのような印象を与えている。

第五の特徴は、イスラームが「私たち」を相互に結びつける絆とみなされていないことである。教科書は、イスラーム化以後の歴史をアラブによって征服された暗黒時代とみなすだけでなく、イスラームがイラン史に与えた影響についてさえ言及することを極力避けようとしている。

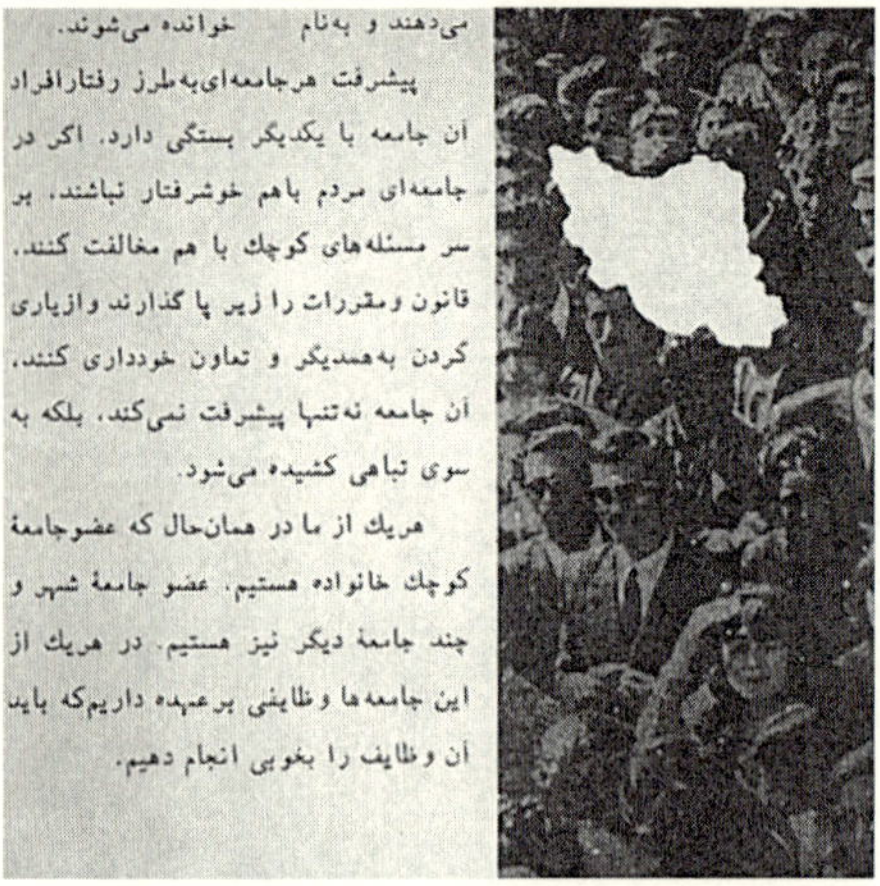

図 4-2　西洋化されたイラン国民（社会小 4, 1970 年度, p. 152）

第六の特徴は、図4-2にみられるように国民が西洋化がされた大衆として描かれていることである。革命後の教科書が群衆の写真を頻繁に掲載しているのとは対照的に、王制時代の教科書には、国民の姿が登場することは極めて稀である。

次節では、このような革命前の歴史教科書の特徴に留意しつつ、革命後の教科書をみていくことにしたい。

三　イスラーム共和国の歴史教科書——抑圧者対被抑圧者の戦い

1　歴史教育の目的

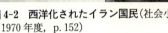

革命前の歴史教科書が、キュロス大帝の子孫としてのイラン人の歴史を描こうとしていたのに対して、革命後は、可能な限りイラン史をムスリムの歴史に置き換えようとしている。

歴史教育がはじめて導入される小学校四年生の教科書は、歴史の部の冒頭において歴史教育の目的は「昔の人々のなした事柄から学び、善行と悪行の結末を知ることである」[58]と述べ、歴史を、そこから得られる教訓の種類に応じて、(一)「我々にとって最良の模範」である預言者とイマームたちの歴史、(二)預言者やイマームたちの信者であった清い人々の伝記、(三)抑圧的な王や支配者たちの歴史、(四)汚れや腐敗と戦う真理を求める人々の伝記、という四つのカテゴリーに分類している。[59]

歴史教育の目的は、客観的な歴史認識を育てることではなく、歴史という名の物語から教訓を学ばせ、自分たちが現在、理想に到達するために最善の選択をしているという確信に導くことである。

王制時代の歴史教科書は、動物に近い存在であった人類が、長い歳月をかけて狩猟採取社会から農耕社会へと進歩していった過程を明らかにしようとしていた。これに対して革命後の歴史教科書は、人類の歴史をノア、アブラハム、モーセ、イエスなどの預言者の物語から始めている。これら預言者は、イラン人の祖先として登場しているのではなく、人類を抑圧、腐敗、偶像崇拝という誤った道から救済し、真実の唯一神信仰へと導いた人物として紹介されている。預言者たちの存在を通じて、確固たる唯一神信仰をもつ人間だけが、人間として生きていく資格があるということを生徒の意識のなかに刻み込もうとしている。

教科書に最初に登場する預言者ノアは「人々を唯一神信仰へと導くよう」、また「圧制や偶像崇拝をやめさせるよう」[60]神に命じられた。なぜならば、この時代の人々は、「唯一神を信仰する代わりに、偶像を崇拝していた。人々は、偶像を石、木、金銀を用いて人間や動物の形に作り、これらの生命のない無力な偶像に向かってひれ伏していた」[61]からである。続いて紹介されるアブラハムも人々の偶像崇拝を戒めた預言者の一人である。アブラハムは

「歴史上はじめての偶像破壊者」[62]に位置づけられている。

モーセやイエスは、唯一神信仰が抑圧者からの人類解放に繋がることを伝えた預言者として位置づけられている。モーセは、イスラエルの民を率いてエジプトを脱した。なぜならば「何年もファラオの奴隷や捕虜となっているイスラエルの虐げられた民を解放し、唯一神の崇拝と唯一神への服従を呼びかけたいと願っていた」[63]からである。イエスは、「神は哀れな人々に吉報をもたらし、不幸な人々を慰め、奴隷の解放を呼びかけ、捕虜を釈放し、抑圧された人々を助けるよう私を遣わされた」[64]と人々に呼びかけた。

イスラーム以前にこの世に遣わされた預言者たちが戦った抑圧者とは、次のようなものである。

多くの王たちが圧制を敷き、人民の労働によって美しく高価な宮殿を建て、そこで放蕩に暮らした。彼らは自分たちの支配に反対する者を皆、殺害ないしは投獄した。(社会小四、一九八五年度、一〇二頁)

イランの人々は古代から現代に至るまで、このような抑圧者に苦しめられ、そして多くの犠牲を払ってきた。だが、それにもかかわらず、人々は「敵や外国人が我々の国を攻撃してきた時にはいつでも、わが祖国の人々は、祖国が外国の手に落ちないようにあらゆる犠牲を払ってきた。なぜならば、祖国は王のものではなく、国民すべてのものだからである」[65]。

ここまでは歴史を学ぶための基本的な視点を提示したものである。歴史のダイナミズムは、人々を唯一神信仰へ導こうとする預言者たち、それに従おうとする人々と彼らを搾取し、抑圧する専制君主らの対決として捉えられている。

2 イラン史のはじまり

パフラヴィー朝時代の教科書と同様に自分たちの祖先を紀元前四世紀頃にイラン高原に南下してきたアーリヤ人

とする解釈は、革命後の教科書においても継承されている。しかしながら、革命後の教科書は、革命前の教科書のように、アーリヤ人であることをヨーロッパ世界とイランを結ぶ絆として、また、栄光のサーサーン朝を倒し、数世紀にわたってイランの土地を征服した宿敵アラブ民族との違いを際立たせるための概念とはみなしていない。革命後の体制は、アラブ世界を含む他のムスリムとの連帯を重視し、イスラーム世界の多数派であるアラブとの相違を強調するよりも、必要に応じてイラン史とイスラーム史を融合させることで、イスラーム世界との一体感を強調している。

イスラーム以前の預言者たちの伝記を学習したのち、教科書は歴史の舞台をイラン高原へと移し、アーリヤ人のイラン高原への移住について説明する。

この領土に最初にやってきた人々は、自らをアーリヤ人と呼ぶ民族であった。アーリヤ人とは高貴な人々という意味である。アーリヤ人たちはおよそ三五〇〇年前にこの領土にやって来て、青々とした平原や山々の居住に適した地域に住み、そこに暮らしていた人々と混っていった。そしてその時代から私たちの領土はイランと名付けられた。アーリヤ人にはいくつかの集団があった。その一つは、メディアであり、イランの西や北西、ザーグロス山脈の周辺でテントを張り、牧畜や農業に従事していた。……別の集団は、ペルシア人で、イラン南部、ファールス地方でテントを張り、牧畜や農業をしていた。(社会小四、一九八五年度、一〇九頁)

やがて、イラン高原では、メディアとアッシリアとの抗争がはじまり、その過程で力をつけたメディアがアッシリアやペルシアに勝利することになる。そして、歴史のごくはじめから、抑圧的な王とそれに耐える国民という二項対立が登場し、それは、抑圧者対被抑圧者という構図に一般化されていく。

メディアの長たちは、他の王たちと同様に、勝利とともに、人々の状態を無視し、圧制を布いた。人々もまた彼らを助けようとはしなかった。……メディア政府が圧制とわがままと高官たちの放蕩のために人民と乖離し、弱体で無力と化した時期、ペルシア人たちは、キュロスという名の人物の手で、メディア政府を倒し、アケメネス朝を樹立することができた。(社会小四、一九八五年度、一一一〜一一二頁)

3　暴君ダリウス

抑圧的な王と人民の対立の構図は、革命前の教科書が絶賛する栄光のペルシア帝国時代にも存在していた。アケメネス朝の大帝国を築き上げたダリウスもまた、悪名高き暴君の一人に数えられている。

彼(ダリウス―筆者注)は、自分の統治の基礎を固めるために、他の者が謀反を考えないように、彼に反対する大勢の高官を絞首刑にすると命令した。このようなことは、多くの抑圧的な王たちがおこなってきたことであった。彼は戦争に負けた国々の人民から貢ぎ物や税金を取り立てた。つまり、彼らに、自分たちのお金や高価な品物をアケメネス朝の首都に送るよう強制したのである。(社会小四、一九八五年度、一一四頁)

抑圧的な大帝国の末路は、次のように描かれている。

この時代の末期には、王や高官や軍人たちは、自分たちの力に高慢になり、圧制を布き、放蕩に暮らし、富を蓄えた。このようなわけで、人民のことはなおざりにした。この時代、人民もまた彼らに協力しなかった。そして、アケメネス朝政府は弱体化した。(社会小四、一九八五年度、一二〇頁)

弱体化したアケメネス朝は、マケドニアのアレクサンドロスによって征服された。イランの人々は抑圧的な王を好まなかったが、それ以上に異民族による支配を嫌った。

セレウコス朝がイランを統治するようになると、アレクサンドロス大王の時代にイランに流布したギリシャの言葉や文字を広めた。セレウコス朝の人々は、イランの文化や文明の代わりにギリシャの文化や文明を使うように強制した。イランの人々は、いつも、自分たちの国が外国人によって支配されることを不満に思っていた。

(社会小四、一九八五年度、一二二頁)

＊

しかし、イランの人は、決して外国人によって自国が占領されることに対して黙従することはなかった。そして自国を救済するために反乱を起こした。(社会小四、一九八五年度、一二四頁)

このように外国への服従、異民族による支配という屈辱の体験を強調することで、この当時の人々がイラン人としての文化的なアイデンティティーをもち、民族独立への意志をもっていたことを印象づけている。

セレウコス朝を倒したアルサケス朝がイランを支配していた時代に、パレスチナにイエスが誕生した。イエスの誕生を元年とする西暦の使用について次のように述べている。

ムスリムである私たちの暦の基礎は、イスラームの偉大なる預言者の聖遷にある。預言者がメッカからメディナへ移住した年がヒジュラ暦元年である。残念なことにイスラーム諸国のなかには、外国による支配の結果、自分たちの暦を西暦に基づいて定めている国がある。(社会小四、一九八五年度、一三〇頁)

アルサケス朝末期には、「……繰り返される戦争はアルサケス朝政府を弱めた。アルサケス朝の王たちによる圧制や人民を放置したことが、彼らの衰退を手伝った」。

弱体化したアルサケス朝に攻め入って、イランを征服したのはアルダシールである。アルダシールは、サーサーン朝を樹立するとともに、ゾロアスター教を国教とした。「アルダシールの命令で、ゾロアスター教の聖典アヴェスターが集められ、翻訳された。破壊された神殿は、新たに建てられた」[66]。

王制時代には、イラン史上最も輝ける時代であったサーサーン朝ペルシアも、革命後の教科書においては、その圧制ゆえに厳しい批判に晒されている。

サーサーン朝時代もまたそれ以前の時代と同様に、イランの人々は公平に扱われなかった。僅かの人々が多くの特権を享受した。しかしながら、多くの人々はそれらの特権を剝奪されていた。国の辛く困難な仕事は抑圧された人民が負った。そして、人民は、戦争ではあらゆる階層のなかで最も多く殺され、誰よりも多くの税金を支払った。しかしながら、享受できる国の天恵は誰よりも少なかった。なぜならば、法はすべての人に平等ではなかったために人民は不当に扱われた。（社会小四、一九八五年度、一三四頁）

4　サーサーン朝の専制君主

サーサーン朝の名君として、王制時代の教科書では高く評価されていたアヌーシールヴァーンの功績も、ごく一部の特権層を対象とする政策にすぎなかったとして、批判している。

アヌーシールヴァーンは、自分の好みどおりに国の状態を整備した。税金は上層に利するように課した。王族や廷臣のためにジョンディー・シャープール大学を設立した。なぜならば、その当時、下層の人々が学ぶことは、禁じられていたからである。彼らは、知性や才能をもっていたにもかかわらず、読み書きの学習機会を奪われていた。……アヌーシールヴァーンは、公正なことで知られてはいるが、多くの圧制をおこなっていた。そのなかの一つは、大勢の外国人を殺害したことである。（社会小四、一九八五年度、一三五頁）

＊

サーサーン朝の王たちが国土を広げるために自分たちの統治期間におこなった多くの戦争は、人民に貧困と病気と空腹を与えただけであった。……なぜならば、王たちが戦争を継続するために人民から取り立てる税金は、人々を一層貧しくしたからである。（社会小四、一九八五年度、一四一頁）

このように王制時代には、イランの誇りであった古代ペルシア帝国の繁栄は、専制君主によって人々の権利や富が剝奪された暗黒の時代として描かれることになった。教科書は、サーサーン朝に限らず、すべての時代を通じて、王による人民の搾取が存在していたことを強調している。公正なことで知られているアヌーシールヴァーンでさえもが、残虐であったという記述は、大きな意味を持つ。なぜならば、教科書の狙いは、王による圧制が王の個人的な資質によるものではなく、王制そのものが本来的にもっている傾向であることを印象づけようとしているからである。イスラーム革命による王制の廃止を正当化させるための論理は、このような解釈のなかから引き出された。

5　イスラームの到来

七世紀のイスラームの到来に対する革命後と革命前の教科書の評価は、当然のことながら対照的である。革命前の教科書は、アラブ軍によるサーサーン朝征服をペルシア対アラブの民族対立として描き、アラブに対する憎しみを全面に押し出していた。これに対して、革命後は、アラブ軍をムスリム軍と呼び換えることによって、同じ出来事をムスリム軍によるイラン人民の解放と解釈する。つまり、イランの人々は、アラブ軍によって独立を奪われたのではなく、以下の文章にみられるようにムスリム軍の到来とイスラームへの改宗によって、サーサーン朝の圧制から解放されたのである。

アラビア半島でイスラームが広まるにつれて、タウヒード、同胞愛、平等のスローガンが少しずつイランの人々の耳にも届くようになった。イラン人たちは、ムスリムは征服するつもりはなく、ただ彼らの目的は、抑圧的な王たちから人々を救済することだということを知っていた。このようなわけで、人々はサーサーン朝の王たちの圧制から解放されることを望んだ。まさにこのような時代にイスラーム軍はイランにやってきた。そして、武器や人数のうえでは王の軍隊に劣っていたにもかかわらず勝利した。（社会小四、一九八五年度、一四一頁）

＊

イランの人々はイスラームを受け容れたことで、王たちの圧制から自らを救済することができた。サーサーン朝時代、王、廷臣、豪族たちは、自分たちを他の人々よりも優れているとみなしていた。彼らはすべての特権とやすらぎの手段を自分たちのために欲した。この時代、人々は家や土地や仕事をもつことはおろか、読み書きさえも剝奪されていた。あらゆる生活手段は、王や貴族やゾロアスター教司祭のためのものであった。(社会小四、一九八五年度、一四三頁)

＊

イラン人がムスリムとなってからは、人々は互いに平等な兄弟となった。もはや誰も自分が他人よりも優れているとみなすことはできなくなった。……イスラームの教えのおかげで、イラン人はあらゆる分野、なかでも特に科学の分野で進歩を遂げ、イスラームの時代にイラン人のなかから偉大な学者が出現した。(社会小四、一九八五年度、一四三頁)

6　シーア派の誕生

革命後の教科書は、アラビア半島におけるイスラームの誕生を可能な限りイラン史の一部に組み込もうとしている。そのために歴史の舞台は、一時イラン高原からアラビア半島へと移動するとともにアラブ人が歴史の主役となり、預言者モハンマドの活躍、預言者の死後に後継者となる四代のカリフ、アブー・バクル、ウマル、ウスマーン、アリーの活動が語られることになるが、彼らはアラブとしてではなく、ムスリムとしてイラン史に登場する。

しかしながら、イランの人々がアラブと完全に一体化し、あるいはアラブの支配に甘んじることを良しとしていたわけではなかった。アラブに対する反感は、イスラームを無視する抑圧者への反感に置き換えられた。ウマイヤ朝のカリフたちは、アラブだという理由によってではなく、イスラームの教えに反する抑圧的なカリフであるという理由で敵とみなされることになる。
このような反アラブの感情は、具体的には四代カリフ・アリーを支持する人々の運動としてはじまったシーア派運動への傾倒によって表現されている。モハンマドの娘婿であるアリーは、四代カリフに就任したものの、ウマイヤ家との対立が深刻化したために、アラビア半島から離れ、「……ムスリムがイラクに新しく作った町の一つであるクーファをカリフの中心に定めた[67]」。この遷都とともに歴史の舞台は、アラビア半島からイラン高原の方向へと移動していくことになる。
アリーは不正をなすムアーウィヤをシリア総督から解任した。ムアーウィヤは、これに従わず、シリアに残り、アリーとの戦いに備えた。（社会小五、一九八五年度、一三九頁）
しかしながら、六六一年、「アリーはクーファのモスクで朝の礼拝をしていた時」に「有毒の剣」で刺され、「この一撃が原因で二日後、ラマダーン月の二一日に殉教した[68]」。殉教したアリーに代わって人々は、
……アリーの長男イマーム・ハサンに忠誠を誓った。ムアーウィヤは人々がイマーム・ハサンに忠誠を誓ったことを知り、ハサンと戦う決意をした。彼は大軍とともにイマーム・ハサンがカリフをおいた地域、イラクに攻め入った。（社会小五、一九八五年度、一四四頁）
結局この戦いでは、ムアーウィヤの提案で和平協定が結ばれることになる。しかし、
イマーム・ハサンはイマームの地位にあった一〇年の間、自宅にいる時でさえも安全でないほどの極めて困難な生活を送った。そしてついにヒジュラ暦五〇年[69]、メディナにおいてムアーウィヤの挑発によって配偶者の手で毒殺され、殉教を遂げた。（社会小五、一九八五年度、一四四頁）
イマーム・ハサンのあとを継いだのは、ハサンの弟ホセインである。彼は「兄イマーム・ハサンが殉教したのち、神の命令と預言者の推薦によってイマームの地位に就いた[70]」。

イマーム・ホセインは、一〇年イマームの地位にあった。その間ムアーウィヤがムスリムを支配していた。ヒジュラ暦六〇年[71]にムアーウィヤは死去し、彼の息子ヤズィードが彼の後を継いだ。ヤズィードは、好色で、腐敗した男だった。彼はイスラームの法を踏みにじってきた。彼は強引に人々に忠誠の誓いを求めた。しかし、イマーム・ホセインはヤズィードに忠誠を誓わなかった。ついに、ホセインはヤズィードに対して反乱を起こし、クーファの民の招きでメッカからイラクへと向かった。……

ヒジュラ暦六一年のムハッラム月一〇日[72](アーシューラー)に、イマームはわずかな仲間とではあったが、信仰を支えに敵の大軍と対峙した。その日、戦いは夜明けから始まり、午後まで続いた。イマームと彼の仲間は最後の一息まで勇ましく抵抗し、一人残らず殉教した。この戦いにおけるイマームと彼の仲間たちの勇気と自己犠牲は、世界の真理を求める戦いにおいても比類なきものである。(社会小五、一九八五年度、一四七頁)

ホセインが殉教したこの事件は、「カルバラーの悲劇」として語り継がれ、いまもなおシーア派の人々の宗教的原点となっている。教科書によれば、「カルバラー事件は、イスラームの確立と、ウマイヤ朝支配に対する継続的な戦いに効果を挙げたばかりでなく、歴史における圧制と背教に対する戦いの良き手本となった[73]」。

このカルバラーの悲劇の扱いにおいて注意すべきことは、この事件が、シーア派としてのアイデンティティー形成、あるいは、シーア派対スンナ派の対立としてではなく、反イスラーム的な支配者に対する抵抗の原型として描かれていることである。歴史の基本的な構図である抑圧者対被抑圧者の構図がここでも採用されている。

7　ウマイヤ朝の崩壊とアッバース朝の樹立

革命前の教科書は、ウマイヤ朝やアッバース朝の支配を「アラブ」によるイラン支配として説明し、そこから脱することを民族の悲願として描いていたのに対し、革命後の教科書は、両王朝を反イスラーム的な抑圧的王朝によるイラン支配と位置づけ、これに対してイラン人は、ムスリムとして抵抗したと説明されている。

一方では、イマーム・ホセインと彼の仲間たちの屈辱的な殉教が、そして他方では、ウマイヤ朝の圧制と暴虐が原因となって、ムスリムはウマイヤ朝に反乱を起こした。その間にさまざまな人や集団もまた人々の不満に乗じて邪悪で抑圧的なウマイヤ朝を倒し、自ら支配を手に入れようとしていた。（社会小五、一九八五年度、一五〇頁）

ついに、アブー・ムスリム・ホラーサーンの蜂起で、ウマイヤ朝最後のカリフは殺害され、ウマイヤ朝は崩壊する。その結果、アッバース朝が樹立されるが、この時代もまたイラン人にとっては明るいものではなかった。それは、アッバース朝がウマイヤ朝と同様に住民の権利や富を剝奪するような抑圧的な体制であったからだ。

ついに、アッバース朝が政権につき、この王朝の最初のカリフ、サッファーフが権力を掌握した。支配者は代わったが、支配の方法は何も変わらなかった。彼らもまたウマイヤ朝と同じ道を歩んだ。このようなわけで、まもなく大量殺戮、投獄、追放、有罪判決、人々の社会的報酬や特権の剝奪がはじまった。（社会小五、一九八五年度、一五〇頁）

＊

一方では、アッバース朝のイスラームに反するおこないが、そして他方では、非アラブのムスリム、特に大半がイラン人であったシーア派に対する虐待が原因となってイラン人のさまざまな集団が――それぞれに異なった理由から――アッバース朝に対して幾度も蜂起した。もちろんこれらの蜂起のすべてが真のイスラーム政府を樹立するためのものではなかった。反乱の一部は、イランをサーサーン朝の時代に戻すことを目的とし、また一部は、独立政府の樹立が目的であった。（社会小五、一九八五年度、一五一頁）

＊

イラン人は、イスラームが大変に好きだった。彼らはイスラームを解放の手引きとみなしていた。……ムスリムであるイラン人は、このようにイスラームの原理を遵守しないアッバース朝カリフの支配に幻滅していた。このような訳で、彼らはアッバース朝カリフの影響下からイランを解放し、独立政府を樹立するよう努力していた。（社会小五、一九八五年度、一五三頁）

このように教科書は、シーア派の誕生とウマイヤ朝、アッバース朝との対立の歴史について多くの紙面を割いているが、歴史叙述の目的は、明らかに事実の伝達よりも道徳的・倫理的な教訓を与えることに置かれている。アリー、ハサン、ホセインらシーア派のイマームたちの蜂起は、スンナ派との戦いではなく、反イスラーム的なカリフたちへの抵抗運動として説明されている。

8　イスラーム系独立諸政府からサファヴィー朝へ

革命前の教科書は、ターヒル朝、サッファール朝、サーマーン朝、ズィヤール朝、ブワイフ朝など九世紀から一一世紀はじめにかけてイラン高原で興亡した地方王朝をイラン系と位置づけ、イラン人による独立王朝樹立という民族の悲願が部分的にでも実現した時代として高く評価し、多くの紙面を割いて説明していたのに対して、革命後はこれらの王朝をイスラーム系と名づけてはいるが、イラン民族の復興とはみなしていない。また王制時代の教科書にみられるような「ペルシア文芸復興」への言及はなく、欄外でわずかにイブン・シーナーの活躍に触れているだけである。

これらの諸王朝の後に興隆するガズナ朝、セルジューク朝、ホラズム・シャー朝といったトルコ系の王朝に対しては、以下のような評価が与えられている。

これらの王朝の創始者たちは皆、トルコ語をはなすトルキスターンの人々であったが、イスラームやイランの文化、文明は彼らに多大な影響を与えた。彼らの大いなる発展もまた、イラン人の賢明な大臣たちによるものであった。（社会小五、一九八五年度、一五七頁）

フェルドウスィーの『シャー・ナーメ』は、ガズナ朝の王、マフムードに献じたものであったが、ここでも彼の名には、触れられていない。

一三世紀になるとイラン高原は、モンゴル族の支配下に置かれることになる。モンゴルの征服に抵抗する人々の姿を描いた次の文章は、この時代のイラン人が国家的なアイデンティティーを共有していたかのような印象を与える。

この残忍な襲撃のなかでイランの勇気ある人々は、実に勇敢かつ大胆であった。老若男女、子どもでさえもそれぞれの町で外国人に服従するという恥辱を受け入れないよう、国を守るために立ち上がった。（社会小五、一九八五年度、一六一頁）

七世紀にサーサーン朝が崩壊して以来、イラン高原では、さまざまな民族による王朝の興亡が繰り返されてきたが、一五〇一年、サファヴィー朝の樹立によってイラン高原の政治的統一が実現しただけでなく、初代国王となったエスマーイールがシーア派を国教としたことで、宗教的な統一も進められた。

エスマーイール王は、わが国にイスラームが到来した当初から根付いていたシーア派を国教とした。彼はこれを国の大部分の場所で、人々を団結させるための要素の一つとみなしていた。（社会小五、一九八五年度、一六六頁）

このような説明は、イラン高原の住民の大多数が数世紀間、スンナ派であったという事実に反して、シーア派の誕生以来、イランが一貫して同派に属してきたかのような印象を与えている。

また教科書は、ほとんどの場合、王＝抑圧者という図式を採用しているが、イランの政治的統一を成功させたサファヴィー朝のエスマーイールに対しては、「人民とエスマーイール王の努力の結果、東西の国境はウズベク族やオスマン族の攻撃から守られ、この時期イランは、混乱から解放された[74]」と評価している。

その時代、エスファハーンでは、イラン人の芸術家や建築家によって壮大な美しい建築が建てられた。イランのムスリム人民の趣向や才能を象徴するこれらの建物の多くがいまでも残っている。（社会小五、一九八五年度、一七〇頁）

しかし、このような穏やかな時代は長くは続かない。イランは、再び無能な王のために外国支配の手に落ち、人々は、外国による支配から脱するための戦いを余儀なくされるのである。

サファヴィー朝最後の王の一人はソルターン・ホセインだった。この王の無能さゆえに、イランの状況は混乱した。アフガン族がこの機に乗じて、イランにやってきた。ソルターン・ホセイン王は自ら彼らに降伏した。その結果、国はアフガン族の手に落ち、しばらくの間、外国人によって支配されることになった。（社会小五、一九八五年度、一七二頁）

*

アフガン族は二〇年イランを支配した。しかしイランの人々は、おとなしくはしていなかった。彼らは、立ち上がり、ナーデル・ガリー・アフシャールの助けを借りて、外国人を国から追放し、アフガン族の支配を打倒した。（社会小五、一九八五年度、一七三頁）

9　ガージャール朝

その後、イランは、ザンド朝の支配を経てガージャール朝によって再び統一されることになる。ガージャール朝のファトフ・アリー・シャーの時代にイランは、一〇年に及ぶロシアとの戦いを強いられることになる。この戦いとこれまでの戦いとの大きな違いは、人々がロウハーニーヤットの指示によって行動したことである。
この時代、イランの人々は、国とムスリムを守ることを義務とみなしていたロウハーニーヤットの指示にしたがって、ロシアの侵略者に対して立ち上がった。(社会小五、一九八五年度、一七七頁)
しかし、この戦いはイランの敗北に終わる。その理由を教科書は次のように説明している。
イラン軍が負けた原因の一つは、新しい軍事技術や近代兵器を知らなかったことである。イランがこの戦争に負けたもう一つの理由は、ファトフ・アリー・シャーの誤った政策ならびに外国の干渉と陰謀であった。(社会小五、一九八五年度、一七七頁)
二度にわたるロシアとの戦いに破れたイランは、ロシアとの間にゴレスターン条約、トルコマンチャーイー条約を締結し、多くの領土を喪失した。こうして西洋列強への従属が深まるなか、ナーセロッディーン・シャーの時代に宰相となったアミーレ・カビールは、イランの改革に着手したものの暗殺され、大きな成果を収めることはできなかった。一九世紀後半には、英国とロシアの干渉によってイランの国情はさらに悪化したために、人々は、「非常に心配し、彼らは、王と統治機構を打倒するための好機を待っていた[75]」。
人々の不安や怒りは、ガージャール王朝がイギリス国籍の投機家にタバコの買付けや販売等に関する利権を売却したことで頂点に達し、それは、タバコ・ボイコット運動(一八九一～九二年)となって噴出することになるが、この時に、ウラマーの指導で蜂起するという闘争の型ができあがる。
偉大なるマルジャエ・タグリードであった故ミールザーエ・シーラーズィーがタバコの喫煙は不法であると全国に宣言した。人々は、タバコ禁止を支持することでガージャール朝の王と外国に対する自らの嫌悪を表明した。そしてロウハーニーヤットとの絆を示した。(社会小五、一九八五年度、一八二頁)
ガージャール朝を半世紀にわたって支配したナーセロッディーン・シャーは「イラン国民に屈辱と損害の他、何ももたらさなかった[76]」し、後を継いだ息子のモザッファロッディーン・シャーもまた、「ガージャール朝のそれまでの王たちのやり方を踏襲し、国情を悪化させた。王族の腐敗、法外で無駄な出費、政府の必要とする収入の欠如が、人々を強烈に圧迫した[77]」。

この運動によって、王は人々の要求に屈し、英国に売り渡したタバコの利権を破棄せざるをえなくなった。しかし、王の圧制それ自体は、緩和されることなく続いた。

ついに人々は、これらすべての不幸の原因は、王の専制にあることを悟った。人々は、王制が当時の高慢な権力――すなわちロシアとイギリスに従属していることに気づいた。高慢な権力の目的は、常に弱い国々の富を略奪することであった。人々は、国の基本的な仕事を王から取り上げ、自分たちの代表に託す、すなわち独裁制に代わって立憲制とすることを考えるようになった。(社会小五、一九八五年度、一八六頁)

立憲運動によってイランは、初めて憲法を発布することになったのだが、それには次のような欠点があった。なぜならば、

この憲法は、ロウハーニーヤットと人々の期待に反して、聖なるコーランとイスラームの戒律から霊感を得たものではなく、フランスやベルギーなどのヨーロッパの国々の憲法にしたがって書いたものであった。(社会小五、一九八五年度、一八七頁)

この不満を幾分でも緩和するためにアーヤトッラー・ヌーリーは、憲法の補則に五人のファギーフを議会に参加させるという条項を盛込ませた。その目的とは、次のようなものである。

イスラームに反する法が議会で批准されないように、また西洋にかぶれたイスラームの敵が議会をイスラームと戦うための手段にすることができないようにするためであった。(社会小五、一九八五年度、一八七頁)

10　パフラヴィー朝の圧制

レザー・ハーンの独裁に対する教科書の見解については、すでに第三章二の2で説明したとおりであるが、教科書は、この時代に反レザー・シャー闘争を率いた人々を高く評価している。

この時代、人々は、国事に対する外国の干渉に非常に心を痛めていた。そして外国の影響に屈せぬ人々を探していた。もちろん、このような人々が祖国の各地で立ち上がり、外国の影響に反対して蜂起した時には、人々もまた彼らを支援してきた。（社会小五、一九八五年度、一九二頁）

ミールザー・クーチェク・ハーンもその一人であり、彼は、「戦う、目覚めたロウハーニー」[78]として、外国支配に立ち向かった。タブリーズでは、「シェイフ・モハンマド・ヒヤーバーニーという名のもう一人の戦うロウハーニー」[79]が活躍した。彼らは、それぞれの戦いで殉教している。

また、レザー・ハーンの独裁に真っ向から立ち向かったロウハーニーとして紹介されているのがモッダレスである。しかしながら、彼の戦いは成功せず、結局、「レザー・ハーンは外国から支援を受け、ついには、憲法改正に成功し」、その結果「彼は、ガージャール朝を廃止し、王位を自分の家族の世襲とした」のである[80]。教科書は、レザー・シャーに対する反感と憎悪を、彼の末路を蔑む次のような言葉にこめている。第二次世界大戦の勃発とともに、レザー・ハーンは「何の抗議も抵抗もせずに降伏した。連合国は、彼をモーリシャスという遠くの島に追放し、彼の息子モハンマド・レザーをその後任とした。レザー・ハーンはその島で、屈辱の極致で死を迎えた」[81]。

一九五一年、石油国有化法案が可決される。しかし、国有化運動の際に指導的役割を果たしたアーヤトッラー・カーシャーニーもまた、英国やアメリカの干渉と陰謀によってモサッデグとの仲を引き裂かれ、挫折に追い込まれた。

モサッデグは、アーヤトッラー・カーシャーニーの指導で人々が献身的に働いたおかげで首相の地位に就いたのに、アーヤトッラー・カーシャーニーと対立し始め、彼を国会議長からはずし、隠退させた。(社会小五、一九八五年度、一九八頁)

＊

かくして、モサッデグの政府は崩壊し、国王は再び、アメリカの大悪魔の支援によって権力を獲得し、日ごとに強化される厳しい独裁が始まった。彼の治世に、神が与えてくれた国の資源や富は、以前にもまして彼の統治の後ろ盾である抑圧者たちのものになり、人々は真の自由を奪われ、新聞、ラジオ、テレビの自由は失われた。このような状況は、二五〇〇年の不名誉な帝国を終焉させる偉大なるイスラーム革命まで続いた。(社会小五、一九八五年度、一九九頁)

古代から現代に至るまで続いた抑圧者と被抑圧者の戦いの歴史は、ホメイニーの出現によって新しい段階を迎える。それは「わが国の空に輝く星」のような存在であるホメイニーが、「反専制、反植民地主義、反シオニスト運動の指導を引き受けた(82)」からである。イスラーム革命は、ホメイニーの指導の成果なのである。そして、教科書が語る公認の歴史は、次のような言葉で結ばれる。

我々皆の願いは、この革命をメフディー(一二代イマームの称号—筆者注)の世界革命へと繋げることであり、またすべての被抑圧者を犯罪的な超大国の牙から救うことである。(社会小五、一九八五年度、二一三頁)

このように革命後の教科書が語る歴史は、一九七九年のイスラーム革命成就による被抑圧者の勝利を結末とする古代からパフラヴィー朝崩壊に至るまでの抑圧者に対する被抑圧者の抵抗の物語である。

四　革命後の共同体像

1　二つの共同体像——祖国とウンマ

革命後の教科書には、異なる性質をもった二つの共同体像が登場する。一つは、領土を核とする共同体であり、もう一つは信仰を核とする共同体である。そして、特定の領土を前提とする共同体は、祖国(vatan, mihan)、イラン、イラン・イスラーム共和国、我々の国などと呼ばれ、単一の政治体によって統治され、国境によって囲われた領域のなかに共同体のイメージが築かれる。人々のアイデンティティーは、イランと称される特定の領土のうえに築かれ、この共同体への帰属資格は、この領土内に生まれた人々に自動的に与えられる。

これに対して、信仰を基礎とする共同体は、イスラーム共同体(ウンマ)とよばれ、特定の領土に拘束されることなく信仰を同じくするすべての人に開かれている。ウンマへの加入資格は、改宗という行為によって獲得することができることから、世界各地でイスラームへの改宗が進めば、無限に拡大しうる枠組みである。ウンマは特定の領土国家のなかにイメージさせることも、またいくつかの国家にまたがってイメージさせることもできる。

また信仰を基礎とする共同体は、信仰を共有するすべての人を包摂することができる一方で、信仰の解釈をめぐる相違によって、分化させることもできる。教科書は、ウンマという全世界のムスリムを包摂する共同体を描くとともに、シーア派という共同体についても語っている。

教科書は、国境の内側に築かれる共同体と国境を越える共同体という異なる性質をもった共同体像を、それぞれに挿絵としてイメージ化している(図4-3、4-4)。

革命後の教科書が描く祖国イランは、駿馬にまたがる英雄たちの駆けめぐる栄光の大地ではなく、暴君や圧制者との戦いで殉教した者たちの血で染められた悲劇の大地である。この大地に暮らす人々は、イスラームへの信仰を支えに、圧制や剝奪に耐え、互いの絆を深めてきた。祖国への想いをうたった詩には、これらのテーマが繰り返し登場する。

イランの各州の人々は、経済や農業活動、一部の社会的な風俗習慣の点で、互いに相違はあるものの、皆、お

図 4-3　領土を共有する国民(社会小 4，1992 年度，p. 188)

図 4-4　イスラーム共同体ウンマ(メッカのカーヴァ神殿に集うムスリム)(社会小 4，1985 年度，pp. 180-181)

互いに一致協力し、家族の成員のように一つの家で暮らしています。この大きな家の名をイラン国(keshvar-e Īrān)といい、この大きな家族の名をイラン国民といいます。

イランの人々は、共通の伝記をもっています。この人々は、何世紀もの間、ともに王や暴君たちの圧制に苦しんできました。そしてお互いに、彼らに対して立ち上がり、自分たちの宗教や風習や土地を守ってきました。この人々は、悲しみや喜びを共有する仲間であり、共通の希望や願いを持ってきました。(社会小四、一九八五年度、一七〇〜一七一頁)

*

ああイラン、ああ我が華麗なる家よ、我は汝を愛する。

汝の子どもたちの笑い、若者たちの叫び、男たちや女たちの叫びを我は愛する。

ああ我が華麗なる家よ、我は尊敬する。殉教者たちの血に染まった汝の清浄なる大地を。我は口づける。殉教者たちの墓に咲く汝の赤いチューリップに。

ああイラン、ああ我が華麗なる家よ、我は知っている。汝の高い山々は汝の子どもたちの勇気と栄光の印であることを。我は思う。汝の大きく広げた手は自由と寛大の印だ、と。

ああイラン、ああ我が華麗なる家よ。ああ清浄と勇気の大地、ああ気高き人民の大地、ああイスラームと信仰の大地、我は汝を守る。汝を繁栄させるために我は努力する。真実の愛と信仰をもって汝の気高き人民を我は愛する。彼らを助けるために我は、急ぎ、怒りと憎悪によって我は汝の敵を倒し、絶滅させよう。(国語小三、ああイラン、ああ我が祖国、ああ不満とざわめきの大地、ああ叫びと歓喜の大地、ああ救済と勇気の祖国、ああイスラームと信仰の礎、汝の全存在を愛する。私は神と誓いを交わした。汝を警備し、どんな欺瞞や陰謀からも汝を守ることを。（国語小五、一九八五年度、四一頁）

＊

これらの文章や詩には、大地、抑圧者、敵、抵抗、戦い、殉教、そして殉教のシンボルであるチューリップといった言葉が繰り返し登場する。祖国は、抑圧者と被抑圧者が対峙する戦いの舞台に他ならない。

ガイダンス課程の国語教科書に登場する「愛国心」と題する叙事詩は、イラク軍に占領された町の郡長が、祖国のために死を選んだ物語を詠んだものである。ここでも、抑圧者対被抑圧者の戦いが基本的なテーマであり、祖国、抑圧者としてのイラク、抵抗、殉教という言葉が繰り返し登場するが、注目すべき点は、愛国心＝信仰というメッセージが加えられていることである。

この詩に詠まれた郡長の最期とは、次のようであった。イラク軍の騎兵隊が町に迫ってきた時、郡長は、人々に「即刻、己の町を捨てろ」と呼びかける。町には、郡長と若き防衛隊員の他に、住人はいなくなり、「希望の道は閉ざされ、救済の門は閉じられた」。しかし、彼は、「私は、自分の巣を捨てない。たとえ命を捨てることになっても」と決意し、最後まで抵抗する。「翌朝、郡長の冷たい身体と血に染まった棺桶だけが残されていた」。彼が英雄として称えられるのは、絶望的な状況にあっても祖国を守るために最後まで抵抗し、決して降伏しなかったからである。この戦いの結果、郡長は帰らぬ人となった。「しかし彼は満足していた」。郡長は「優しき神の幸福な使者」であり、人々に「愛国心は信仰の印である」というメッセージを残した(83)。

次に教科書が、イスラーム共同体ウンマをどのように説明しているのかをみたい。

私たちはムスリムで、私たちの宗教はイスラームです。どのムスリムも、世界のどこにいても他のムスリムと信仰と目的を同じくしています。イスラーム共同体は、世界の全ムスリムによって構成される社会です。世界のムスリム人口は、およそ一〇億です。世界の全ムスリムは、白人であろうと黒人であろうと、イラン人であろうとトルコ、アラブ、アフガニスタン、アジアの人であろうと、あるいは、ヨーロッパ、アメリカ、ソ連のムスリムでさえも、イスラーム共同体の一部であり、皆、互いに兄弟です。ムスリムは皆、唯一の神すなわちアッラーを信じています。ムスリムの預言者は、モハンマドで、彼らの聖典はコーランです。皆一つのキブラに向かって礼拝をします。

神、預言者、聖典、キブラが一つである世界のムスリムは、互いに団結したいと願っています。けれども、敵はムスリムの連合を恐れ、たえず、ムスリムの間に不和を作り出そうとしています。もし、世界のムスリムが互いに結束したならば、いかなる力もムスリムを支配することはできないでしょう。

けれども互いに対立していた場合には、植民地主義勢力は、ムスリムの運命を手中に納め、腐敗した政府がイスラーム諸国を支配することになるでしょう。腐敗した政府はイスラーム諸国のあらゆる地域の人々を肌の色や言葉、人種などの相違を口実に他のムスリムから引き離そうとします。

私たちは、賢明であらねばなりません。そして、ただムスリムであることを誇りとし、自分の言葉や人種を他よりも自分が優れていることとの理由としてはなりません。私たちイランのムスリム人民は、イスラーム共同体の一部であり、世界の他のムスリムと自分たちとの結びつきをより強固なものとするよう努めます。(社会小四、一九八五年度、一八一～一八二頁)

＊

イスラーム社会の最も重要な特徴の一つは、人々の団結である。コーランはムスリムに次のように命じている。

「皆、丈夫な神の綱である宗教にすがり、分裂してはならない」。唯一神を信じ、預言者と聖典と唯一のキブラを持つムスリムは、互いに一致協力しなければならない。もし、イスラーム社会に団結の代わりに分裂が存在するならば、敵は簡単にムスリムを負かし、ムスリムの宗教も名誉も破壊するだろう。（社会小五、一九八五年度、二五三頁）

＊

文字、言語、国旗のような民族の特徴が、我々を世界の他のムスリムから引き離す原因となってはならない。すでに述べてきたように、人間の真価は、人間の思考と信仰であって、肌の色、民族、文字、言語ではない。人間を団結させる最も重要な要因は、「共通の目標」への信仰であり、世界における真の連帯は、この方法によってのみ獲得される。……神とイスラームの預言者の預言とコーランを信仰する全ムスリムが「イスラーム共同体」を形成している。

イスラーム共同体の団結の基礎は、この世界のムスリムの共通の信仰である。このウンマを団結させているものは、神と神の言葉への信仰であり、また神以外のあらゆるものへの服従から解放されるための努力である。私たちは自分の習慣や伝統、自分の自然的特性や歴史に興味を持っている。しかしこの興味が、私たちと世界の「イスラーム共同体」との団結の妨げになってはならない。私たちは世界の全ムスリムと兄弟であり、彼らの悲しみは私たちの悲しみであり、彼らの喜びは私たちの喜びである。（社会中一、一九九〇年度、一五〜一六頁）

＊

ムスリムの人数を知っていますか。この人口の偉大な力について考えたことがありますか。世界のムスリム人口は非常に大きく（一〇億人あまり）、世界の非常に広大で豊かな土地に暮らしています。多様な町、村落、州、国、大陸に暮らし、さまざまな人種がおり、いろいろな言葉を話しています。どの領土でもある集団が人々を支配し、彼らの国のために国境を定めています。残念なことに国境内の人々だけに目を向け、国境の外の他のムスリムに対しては関心を示さず、彼らをよそ者とみなすことさえします。けれどもイスラームや聖コーランはこのような短絡的な考えを認めません。そうではなく、世界の全ムスリムは何処にいようとも、どのような言語を話そうとも一つのウンマとみなします。想像上の国境が、世界のムスリムを互いに分断することはできません。

ムスリムの土地はさまざまな政府によって統治されているとはいえ、互いに外国なのではありません。イスラームとその大きな社会、イスラームの単一で大きなウンマに対して共同責任があります。イスラームの国々を統治する指導者たちは、他のイスラーム諸国を異国と仮定し、それらの国々に無関心でいることはできないし、またそのようであってはなりません。(宗教中二、一九八七年度、一四四〜一四五頁)

これらの説明からもわかるようにイスラーム共同体は、西洋近代の生み出したナショナリズムの結果としての国民国家に対するアンティテーゼなのである。政治単位としての国家の存在を認めながらも、それを唯一の統合原理とすることに異議を唱えたものである。世界各地で民族紛争が噴出するポスト冷戦時代に、イスラームが人種や民族を越えて人々を団結させうるイデオロギーであることを訴えようとしたものである。

教科書は、シーア派とスンナ派の差違を越えたイスラーム共同体の存在とその重要性を強調することで、イスラーム世界からの孤立を避けるとともに、革命の輸出を容易にしようとしている。教科書は、シーア派とスンナ派を区別すること自体、帝国主義者の陰謀であると警告する。

すべてのムスリムは――スンナ派であろうとシーア派であろうと――神を崇拝し、モハンマドを神の尊敬すべき使徒とみなし、コーランを聖典とみなす。すべてのムスリムは――スンナ派であろうとシーア派であろうと

——唯一神を崇拝し、多神教や偶像崇拝を本気で嫌悪し、神への冒瀆とみなす。……（宗教小四、一九八五年度、七七頁）

それにもかかわらず「イスラームの敵は常に、この二つのムスリム集団と兄弟の間に分裂や不和を作り出そうとしてきたし、いまもそうしている」[84]。

このように教科書は、シーア派とスンナ派を区別することを否定的に捉えているが、その主張とは裏腹に、現実のイランは極めてシーア派的色彩の強い宗教環境にある。一九七九年の革命はイスラーム革命と呼ばれるが、革命を指導したモジュタヘドは、シーア派世界に固有のものである。エジュテハードの門を閉ざしているスンナ派世界のウラマーと比較すると、シーア派世界のウラマーはイスラーム法の解釈において大きな自由をもっている。ホメイニーの「イスラーム法学者による統治」論は、シーア派特有のイスラーム解釈であり、イランのイスラーム革命は、まぎれもなくシーア派の土壌のなかから生まれたものである。そしてイラン＝イラク戦争において世界の耳目を集めたイラン人の殉教精神は、ホセインの殉教に習おうとするシーア派精神に他ならない。シーア派的側面を強調することを控えようとする教科書の態度は、逆に、イラン人の宗教アイデンティティーが、強烈なまでにシーア派へのアイデンティティーであることの裏返しなのかもしれない。

このように教科書は、シーア派とスンナ派を区別することに消極的な態度を示す一方で、やはりイランの国教はシーア派であると明言する[85]。教科書によれば、最初のシーア派は、預言者の時代に、アリーを慕った一部のムスリムであった。彼らは、「アリーと一緒に宗教を守り、イスラームの発展と人類の救済に努力し、戦っていた」。そのために、モハンマドは、「神に対して正直で、神の使徒を信じ、預言者の言行や方針を完全に遵守するこの集団を「シーア派」と名付けた[86]」。

現在、イランのムスリムの人口の九〇％以上はシーア派とみなされている。それに対して、イランの周辺諸国はスンナ派が多数派を構成している。シーア派のイマームたちは、民族的にアラブであっても、イラン人にとって理想の人物であり、またイラン人意識を掻き立てる存在なのである。ナショナリズムを否定する革命後の教科書にとってイマームたちは、逆説的ではあるがナショナルな感情を鼓舞するための格好の素材とはいえないだろうか。

2　イラン・イスラーム共和国

革命後の教科書は、革命ならびに戦争という共通体験に基づく共同体意識の形成に力を入れている。なかでも、イランの人々が、民族、階層、地域の相違を越えて、ともに参加したイスラーム革命運動は、国民の「共通体験」として強調されている。

イラン・イスラーム革命は、過去の苦悩からの解放と共通の目的に到達するためのイラン国民の団結の現われである。この国民は、農民、都市住民、トルコ、トルコマン、クルド、ロル、バルーチ、ファールス、アラブで構成されているが、神を信じ、イランでイスラームに基づいて人間らしく暮らすことを望んでいる。……現在では、イラン国民は手に手をとって、互いにイラン・イスラーム革命と自分たちの愛しい祖国を守るために団結し、さまざまな工業製品や農産物を生産し、自分たちの国の必需品を作り出そうと努力している。（社会小四、一九八五年度、一七一頁）

＊

行進で人々が何といっていたか覚えていますか？　殉教者たちは、何を叫んでいたのですか。皆、「独立、自由、イスラーム共和国」と叫んでいたのです。皆、「私たちが生きている限り、ホメイニーは私たちの指導者です」と叫んでいたのです。（国語小二、一九八一年度、一一五頁）

革命運動の様子を伝える文章には、ホメイニーの顔や革命のスローガンを描いたプラカードを掲げ、あるいは拳を振り上げた民衆が広場や街頭を埋めつくしている挿絵が添えられていることが多い。

これらの記述や挿絵は、国民が自分たちの意志と行動によってイスラーム共和国を樹立したことを理解させるためのものである。さらには、国民が望み、自らの力で樹立した体制であるが故に、これを守るためにいかなる苦労も惜しんではならないと説く。

国際社会における自らの役割や位置づけを明確にすることは、自己イメージを形成するうえで重要な意味をもつと考えられる。革命後の教科書は、国際社会を見る際に「イスラーム対非イスラーム」、「抑圧者対被抑圧者」という二項対立を採用している。この二項対立は、国家対国家の関係だけでなく、国内における支配者と被支配者との関係にも適用される。例えば、国家間関係においては、アメリカ、旧ソ連、イスラエルなどは抑圧国の代表となり、イスラーム諸国、アフリカ諸国、キューバ、ニカラグアなどは欧米列強の帝国主義と戦う被抑圧国に位置づけられる。

以下は、イスラエルをパレスチナのムスリムを苦しめる帝国主義の手先として糾弾したものである。

君は僕を知っていますか？　僕は君と兄弟です。僕はパレスチナ人で、僕たちは、ムスリムで、パレスチナの子どもです。僕たちの国の名はパレスチナで、君たちの国の名はイランです。君たちは、自分の国で、自分の家で暮らしています。けれども、僕たちは砂漠で難民になっています。なぜならば、敵が僕たちの家や祖国を占領してしまっているからです。……

君たちの革命が勝利してから、僕たちの敵は非常に恐れています。そして、まさにその理由によって、僕たちを一層苦しめ、困らせているといわなければなりません。

僕たちの敵は、イスラエルです。イスラエルは、僕たちの敵であり、君たちの敵であり、気高き人間すべての敵です。僕たちは、最後の一息までイスラエルと戦います。そして、君たちが僕たちを助けてくれるだろうと

いうことを知っています。すべての気高き人間が、僕たちを助けてくれるでしょう。（国語小二、一九八一年度、四八〜五〇頁）

一国内における支配と被支配の関係が説明される場合には、アメリカの黒人は被抑圧者として描かれる。またイスラームの国々においては、イスラームから逸脱した支配者と被抑圧者であるムスリム大衆の対立が取り上げられる。

抑圧者対被抑圧者という二項対立に基づいて国際社会を見た場合に、そこでのイランの立場は、「東でもなく西でもなく、イラン・イスラーム共和国」というスローガンに代表される。革命前のイランがアメリカの傘下にあったことへの批判から、東西両陣営に巻き込まれることなく、イスラーム国としての独自性を維持することを基本路線としている。

（1）　Patricia J. Higgins, "Minority-State Relations in Contemporary Iran", in Ali Banuazizi & Myron Weiner (eds.), *The State, Religion, and Ethnic Politics : Afganistan, Iran, and Pakistan*, New York : Syracuse University Press, 1986. p. 178.

（2）　Benedict Anderson, *Imagined Communities*, London : Verso, 1991. 邦訳、B・アンダーソン著、白石隆、白石さや訳『想像の共同体：ナショナリズムの起源と流行』リブロポート、一九九一年。

（3）　パフラヴィー朝時代にイラン民族の起源神話として、また栄光の歴史を後世に伝える叙事詩としてその価値が高く評価され、イラン中で読まれていたフェルドウスィーの『シャー・ナーメ』も、元来は民衆のために書かれたものではなく、支配者や貴族の歴史書であった。(Mostafa Vaziri, *Iran as Imagined Nation*, New York : Paragon House, 1993, pp. 124-125.)

上岡弘二もまた『シャー・ナーメ』が広く民衆のなかに浸透し、読まれていたという考えに異議を唱えている。（上岡弘二「イランの民族と文化」『イスラム世界』第四四号、一九九四年、五四頁）

(4) Mostafa Vaziri, op. cit., pp. 154-165.
Vaziriによれば、フォルーギーの手による『イラン史』(一九〇一年)が、最も初期の民族的な観点から執筆されたイラン史であるという。

(5) Z̲akā' al-Molk(ed.), *Tārīkh-e Mokhtaṣar-e Īrān, Barāye Sāl-e Panjom va Sheshom-e Madāres-e Ebtedā'ī-e Īrān*, Tehrān, ヒジュラ暦1343(1924-1925).
本書は、二〇世紀初頭の世俗学校の教材として使用されていたものである。この教科書の内容については、Keiko Sakurai, "Creating an Image of Community through Textbooks in Iran".(『日本中東学会年報』第九号、一九九四年)を参照。

(6) この章で、小学校の教科書を選択した第一の理由は、小学校教科書はすべて収集することができたからである。第二の理由は、小学校段階の歴史教育は限られた紙面のなかで、非常に大胆に歴史教育の目的に沿って歴史内容の取捨選択がおこなわれており、歴史物語の筋書きも単純化されているために、革命前と革命後の教育内容の相違を比較的、容易に明らかにすることができると考えたからである。

(7) イランという単語が「アーリヤ人の国」を意味することについて、ヒネルズは以下のように説明する。すなわち、インド・ヨーロッパ語族のなかで、インド亜大陸およびイラン高原に侵入した人々は、「アーリヤ」と自称した。彼らは自分たちの国を「アーリヤ人たちの国(アルヤーナーム)」と呼んだらしい。この「アルヤーナーム」の語尾が落ちてパハラヴィー語(三~九世紀頃の中世ペルシア語)で「エーラーン」となり、現在の国名「イラン」のもととなった。(J・R・ヒネルズ著、井本英一、奥西峻介訳『ペルシア神話』一九九三年、二九八~二九九頁)
イラン概念についての包括的な議論は、八尾師誠『イラン近代の原像』東京大学出版会、一九九八年、八一~一二七頁を参照。

(8) Donald N. Wilber, *Iran Past and Present*, Princeton, 9th edition, Princeton University Press, 1981. p. 3.

(9) 坂本勉「イラン人」(川床睦夫編『アラブとアジャム(非アラブ)』中近東文化センター、一九八三年)一八頁。

(10) 羽田亨一「二種の「イラン」——「イラン国民」意識形成史序説」(『アジア・アフリカ言語文化研究所』第二七号、一九八四年)一九三頁。

(11)　同右、一八八頁。
(12)　三世紀のサーサーン朝時代には、ファールスではなく、イラン高原一帯の地域を指す用語としては、イランシャフルが使用されていた。(Mostafa Vaziri, op. cit., p. 67.)
(13)　七〜九世紀頃には、マーワラー・アルナフルを中心とする東イラン語派とイラン高原を中心とする西イラン語派が存在していたが、一〇〜一五世紀には、ホラーサーンを中心とする地域の言語であった西イラン語派のダリー語を主体とする近世ペルシア語が確立され、マーワラー・アルナフルとイラン高原とアフガニスタンを言語的に一体化した近代ペルシア語文化圏が確立された。このような環境のなかで、『シャー・ナーメ』が完成した。しかし、一六世紀以降、マーワラー・アルナフルではウズベクが登場してペルシア語の優位性が失われ、アフガニスタンではダリー語が主流となり、イラン高原では、サファヴィー朝が樹立され、近代ペルシア語はファールシーとよばれるようになり、イラン文化圏の一体性は形骸化していった。(坂本勉、前掲「イラン人」一八〜二四頁)
(14)　"aryans", in Ehsan Yarshater (ed.), *Encyclopædia Iranica*, vol. 2, London: Routledge & Kegan Paul, 1987, p. 684.
(15)　風間喜代三『印欧語の故郷を探る』岩波書店、一九九三年、二〜二三頁。
(16)　"aryans", op. cit.
(17)　津田元一郎は次のように記している。「アーリヤン学説」の最大の難点は、言語と人種の安易な混淆にある。言語の同一あるいは近似は、必ずしも人種の同一性を立証するものではない。(津田元一郎『アーリヤンとは何か』人文書院、一九九〇年、一五八頁)
(18)　ポリアコフによれば、私はどこからやってきたのだろうか？　および私は何であろうか？　という本源的な問いが、共通の祖先の追求や、起源神話の探求へと発展する現象は、人類に普遍的なものであり、ヨーロッパの人々がつくりだしたアーリヤ神話もそのような問いにみちびかれたものだった。(L・ポリアコフ著、アーリア主義研究会訳『アーリア神話』法政大学出版局、一九八五年、三〜一二頁)
(19)　M・オランデールによれば、聖アウグスティヌス(三五四〜四三〇年)は人類の歴史の黎明期に、エデンの園のアダムとイヴはヘブライ語を話していたという公式見解を支持したが、殊にルネッサンス以降、人々はこれに異を唱え、こぞって人類最初の言語を探し当てようとした。そしてヨーロッパ人が探し当てたものがヴェーダの言語であるサンスクリット語だったのである。ヨーロッパの諸言語とサンスクリット語との間の結びつきが発見されることによってインド・ヨーロッパ語族という概念が成立することになる。このインド・ヨーロッパ語族は、別の言語グループであるセム系諸語を話す民族をことごとく比較の対照とし、これを否定した。セム系諸語への否定的な態度は、ヘブライ語をはなすユダヤ人に集中的に向けられ、一八七〇年代には、「アーリヤ人」と「セム人(=ユダヤ人)」という用語が全ヨーロッパを席巻し、そのような状態がナチズムが倒れるまで続いた。(M・オランデール著、浜崎設夫訳『エデンの園の言語』法政大学出版局、一九九五年、六〜二二頁)

(20) 全ヨーロッパを巻き込んだこの学説の辿った運命は、以下のようなものであった。「一八世紀末に、言語におけるインドとヨーロッパの近縁性を示す学説として登場し、一九世紀後半に、インドとヨーロッパの人種的共通性を主張する人種論に変質し、二〇世紀前半には、その人種論の上澄み部分だけが、「アーリヤン(白人)優越論」として世界を風靡することになる、殊に、ヒットラーによってゲルマン至上主義の用具とされた」。(津田元一郎、前掲『アーリヤンとは何か』一七八頁)。

(21) Mostafa Vaziri, op. cit., p. 4.

Ann. K. S. Lambtonによれば、一九世紀のイラン社会では、「領土国家に基づくナショナリズムは、ほとんど知られていなかったし、宗教的感情を除いては、愛国心は存在していなかった」。(Ann K. S. Lambton, *Qajar Persia*, Texas: University of Texas Press, 1967, p. 301.)

(22) Mostafa Vaziri, op. cit., p. 189.

(23) Ibid., p. 178.

(24) Ibid., p. 176.

(25) ガージャール朝期に英国とロシアによって半植民地化されていたイランにとって、中東での帝国主義的な侵略の歴史がなく、かつ科学技術の進歩したドイツは魅力的な存在であった。一方、ナチス・ドイツは、英国を牽制するためにトルコやアフガニスタンと同様にイランに対しても寛大な経済的、技術的援助をおこなった。一九三〇年代末には、六〇〇人あまりのドイツ人専門家がイランの産業、商業、教育等のプロジェクトで活動していた。また一九三八〜三九年には、イランの外国貿易の四一%をドイツが占めていた。(Gavin R. G. Hambly, "The Pahlavi Autocracy: Reza

Shah 1921-1941", pp. 241-242. ; Amin Saikal, "Iranian Foreign Policy, 1921-1979", pp. 433-434, in Peter Avery, Gavin Hambly, Charles Melville (eds.), *The Cambridge History of Iran*, vol. 7, Cambridge : Cambridge University Press, 1991.)

(26) M. Reza Ghods, *Iran in the Twentieth Century*, Colorado : Lynne Rienner Publishers, 1989, p. 106.

(27) 社会小三、一九七一年度、三七頁。

(28) 同右、四一頁。

(29) 入手できた教科書が限られているために、いつから人類のはじまりについて解説するようなったのかを明らかにできなかったが、少なくとも一三四〇(一九六一・六二)年発行の小学校の歴史教科書には掲載されているが、一九二〇年代に使用されていた小学校の歴史教科書には、このような記述はみられない。

(30) 社会小四、一九七〇年度、九七頁。

(31) 同右、一〇六〜一〇七頁。

(32) 同右、一一九頁。

(33) 同右、一一九頁。

(34) 社会小五、一九七〇年度、一一五頁。

(35) 同右、一一五頁。

(36) 教科書では、「アラブ史」という章が設けられており、イラン史とは区別されている。革命後の教科書では、アラブ史とイラン史の境界線は曖昧で、むしろイスラーム史というかたちでの融合がはかられている。

(37) 社会小五、一九七〇年度、一四〇頁。

(38) 同右、一四四頁。

(39) 社会小五、一九七〇年度、一四六頁。

(40) 同右、一四八頁。

(41) 同右、一三九頁。

(42) Mostafa Vaziri, op. cit., p. 132.

ミノルフスキーがイラン高原で興亡した小王朝を「イラン民族史」の一部として扱ったとされる *La Domination des Dailamite* は一九三二年にパリで出版された。Vaziri によれば、二〇世紀初頭にイラン史に関する書物を著わした E. G. Brown や Sykes などは、これらの小王朝をイランの民族史というカテゴリーのなかで扱ってはいない。

(43) 社会小五、一九七〇年度、一五一頁。
(44) 同右、一五五頁。
(45) 同右、一六五頁。
(46) 同右、一七三頁。
(47) 同右、一七六頁。
(48) 同右、一八〇頁。
(49) 同右、一八一頁。
(50) 同右、一八二頁。
(51) 同右、一八七頁。
(52) 一二八五年モルダード月一四日は、西暦一九〇六年八月五日。
(53) 社会小五、一九七〇年度、一九七頁。
(54) 同右、一九八頁。
(55) 一三〇四年アーザール月二一日は、西暦一九二五年一二月一二日。
(56) 公民小六、一九六五年度、一〇頁。
(57) 歴史中一、一九七二年度、三六頁。
(58) 社会小四、一九八五年度、八四頁。
(59) 同右、八四〜八六頁。
(60) 同右、八七頁。
(61) 同右、八七頁。
(62) 同右、九一頁。

(63) 同右、九六頁。
(64) 同右、九九頁。
(65) 同右、一〇二頁。
(66) 同右、一三二頁。
(67) 社会小五、一九八五年、一三九頁。
(68) 同右、一四一頁。ラマダーン月の二一日は、西暦の一月二九日。
(69) ヒジュラ暦五〇年は、西暦六七〇・七一年。
(70) 同右、一四七頁。
(71) ムアーウィヤの死は、西暦六八〇年。
(72) ヒジュラ暦六一年ムハッラム月一〇日は、西暦六八〇年一〇月一〇日。
(73) 同右、一四八頁。
(74) 同右、一六八頁。
(75) 同右、一八二頁。
(76) 同右、一八五頁。
(77) 同右、一八五頁。
(78) 同右、一九二頁。
(79) 同右、一九三頁。
(80) 同右、一九四〜一九五頁。
(81) 同右、一九七頁。
(82) 同右、二〇二頁。
(83) 国語中二、一九九〇年度、一二四〜一二六頁。
(84) 宗教小四、一九八五年度、七七頁。
(85) 憲法、第一章第一二条「イランの公式宗教はイスラームであり、シーア・一二イマーム派のジャアファリー法学派に属する。この原則は不変である。イスラームのその他の法学派であるハナフィー、シャーフィー、マーリキー、ハンバリー、ザイドの教義は尊重されるものとする。……」。

(86) 宗教小四、一九八五年度、七六頁。スンナ派については、「ムスリムのなかの別の人々は、スンナ派とよばれ、アリーを四代カリフとみなす」と記述している。

第五章　服従の形態

一　パフラヴィー朝の臣民

1　服従の証としての国王崇拝

国王を最高の指導者として認め、尊敬し、崇めること。これが、王制時代のイランにおいて国民に課された最も基本的な義務である。国王の存在なくして、イランは存在しえないという前提に基づいて、すべてが語られる。教科書は、モハンマド・レザー・シャー・パフラヴィーの力を信じ、彼を崇拝する国民の姿を繰り返し描くことによって、あるべき国民像を作り出そうとしている。三章の一で引用した文章のなかに、王を崇め、王の求めに応じて、王の仕事を助ける国民の姿が数多く描かれていたので、ここでは、以下の文章を引用するに留めたい。

私たちは、自分たちの皇帝を尊敬します。(国語小一、一九七四年度、八七頁)

＊

私たちは、私たちの独立と自由と栄誉の代表者であり、守護者である自分たちの皇帝を愛し、賛美し、また皇帝に課された聖なる義務の遂行において皇帝を助けなければならない。(公民小六、一九六五年度、一〇頁)

2　国民としての義務

兵役、納税などは、国家としてのイランが国民に課している重要な義務である。男子に課せられた兵役義務について教科書は次のように説明している。

各人の第一の義務は、国の独立を守ること、すなわち自分の栄誉と自由を守ることであるので、健康な人は誰でも、自分の身体を強化し、兵器の使い方を学ばなければならない。（公民小六、一九六五年度、一三頁）

兵士となって祖国のために戦うことは、大いなる名誉である。したがって、そのために負傷した者は、英雄として迎えられる。

弾丸で穴だらけの国旗、その国旗の後から首筋を伸ばし、頭をあげて行進する戦傷者たちの顔、彼らの周りをすっかり興奮した町の人々が取り囲み、花や口づけ、称賛や祝賀の雨が彼らの頭上や顔、そして手足に降り注ぐ。このような光景が人を自然の状態から引き離す。この時、私たちは、愛国心を正確に理解する。（国語中二、一九七二年度、一七五頁）

納税義務については「なぜ私たちは税金を支払わなければならないのでしょうか」という章で説明している。

……支配者や官吏たちはすべての時間を人民のための仕事に費やすので、彼らには、直接に自分たちの食物や衣服を手に入れるために働く時間がない。このような理由から、支配者らが自分や官吏の生活ならびに責務を負っている仕事に関わる支出をまかなうことができるように、人々は、各自、自分の収入の一部を政府に支払うよう決めた。すべての人が自分の収入に応じて政府に支払うこの割り当てを税金とよんでいる。

今日、ほとんどの国で、人々は、快く税金を支払っている。なぜならば、自分の政府に、国のなかに秩序を築き、よい路地や平穏で明るい通りを作り、病院、診療所、小学校、高等学校、大学などを建ててもらいたいからである。政府はこれらの仕事を遂行するためにお金がなければならない。政府がこれらの仕事を遂行できるように誰もが自分の収入に応じて税金を払わなければならない。（社会小四、一九七〇年度、一四八〜一四九頁）

以下の文章は、税金の支払い義務を履行しないことが、なぜ罪とみなされるのかを説明したものである。

もし国民一人一人が、収入に応じて税金を支払わなければ、政府はいかにしてこれらの仕事を遂行することができるだろうか。いくらかの人々は、政府に支払うお金の対価を何も得ていないと思い、それを理由に税金を滞納している。……

法にしたがって自分の税金を支払っていない人は、二種類の詐欺や盗みの罪を犯している。第一は、社会を代表して政府諸機関が彼らのためにおこなっている仕事に対して支払いをしていない。第二に、公共の財産や社会資本を何ら貢献することなしに使用していることになる。それは一種の盗みである。(社会高一、一九六三年度、五四頁)

3　祖国を敬う

徴兵や納税が国家に対する実質的な奉仕義務であるのに対して、国旗掲揚や国歌斉唱、国家行事、伝統行事等への参加は、国家に対する敬意や民族への一体感を表明するための行為である。

国旗は国際社会において国家をあらわす象徴として重要な意味を付与されてきた。国旗は、国家という目には見えない存在を象徴的に表現したものである。しかしながら国旗そのものは、布に特定のデザインを施したものにすぎない。黄金や宝石のようにそれ自体が稀少であったり、物質的な価値があるようなものではない。したがって、国旗の価値は、自然に認知されるもののような種類のものではない。人々は、特定のデザインを施した布に込められた意味を知って、はじめてこれに敬意を示すようになる。国旗の意味や国旗の扱いについて教科書が繰り返し説明しているのは、その意味を全国民に徹底して教えるためである。

小学校一年生の教科書では、まず、イラン国旗の図柄が紹介され、そのような図柄の布が特別の意味を持っていることが説明されている。

私たちの国旗は美しい。
私たちの国旗は三色です。
イランの旗の上部の色は緑です。
イランの旗の真ん中の色は白です。
イランの旗の下部の色は赤です。
私たちは、自分たちの祖国の旗を敬います。(国語小一、一九七三年度、九〇頁)

小学校三年生の教科書になると、より踏み込んで国旗を敬うことが、すなわち国家を敬うことになるという「象徴的な行為」を父と子の会話を通じて教えている。

スーサンは、新聞を開いた。その一面の上の方に跪いて国旗に口づけている将校の写真を見つけた。スーサンはしばらくこの写真を見ていた。お父さんは尋ねた。娘よ、何をそんなにじっと見ているのだ。スーサンは答えた。お父さん、なぜ将校さんは国旗に口づけをしているの? ところで私は国旗が何のためにあるのか知らないわ。(国語小三、一九七四年度、三五頁)

このような娘の問い掛けに対して父親は、国旗が「国の存在を象徴する」ものであることを教え、国旗がどのような場面に登場するのかを具体的に説明している。

国旗に口づけをしている将校は、国に仕え、国を守るよう努力すると誓っているのです。国際競技大会では、各国の選手たちは、自分たちの国旗を携えて、競技場へ入場します。人々は、それぞれの国旗から、各選手団がどこの国に属するのかがわかります。この大会で、私たちの選手が国旗を携えて競技場へ入場すると、そこにいるイラン人たちは、歓喜して叫び、万歳を唱えます。つまりイラン万歳です。(国語小三、一九七四年度、三五頁)

父からこのような説明を受けたスーサンは、「お父さん、なぜ、小学校で、朝、国旗に向かって直立し、歌を斉唱するのかわかったわ」(1)と答えるのである。さらに国旗の意味を学習した生徒に対して教科書は、次のように要求している。

私たちは、イランの国旗を敬わなければなりません。イランの国旗が掲揚されている場所では、ただちに、謹んで直立不動とならなければなりません。(国語小三、一九七四年度、三六頁)

国旗は、国家を象徴する特別なものであるために、学校行事や国民行事などの公式行事において掲揚される。国旗とそれを囲む先生や生徒の様子が次のように描かれている。

朝の鐘が鳴った。生徒たちは、すばやくイラン国旗に向かって整列した。秋の涼風に旗がたなびいている。皆、静粛だ。校長先生の指示で、朝の祈禱が始まった。(国語小二、一九七四年度、一一頁)

このようにパフラヴィー朝期には、小学校低学年で「国旗を敬う」ことが、すなわち「国家を敬う」ことになるということを徹底的に教えている。

4　愛国心と『シャー・ナーメ』

イランという共同体への服従は、愛国心を育て、愛国心に基づいて行動することによって示されなければならない。教科書は、愛国心が、人間が本来もっている自然な感情であり、神が人間にのみ与えた宝物であると説く。

祖国(mihan)に対する愛情や愛着は、自然の感情であり、それは各人の心に存在しているものである。私たちの祖国に対する愛着は、父母や家族に対する愛情から霊感を受けたものだ。(社会高一、一九六三年度、五〇頁)

＊

私たちもまた、他の動物と同じように、自分の住処や家族に対して親しみや愛着を持っている。しかしながら、動物の子どもに対する愛情は、子どもたちを養育すべき期間に限定されている。人間の場合には、全生涯、自分の家族を愛するだけでなく、親類、知人、同郷人、同胞、世界の人々をも愛することができる。なぜならば、神が私たちの心に授けたこの愛情の宝物は、尽きることがなく、驚くことには、与えるほどに多くなる。（公民小六、一九六五年度、九頁）

このように愛国心が人間本来の自然な感情であるならば、愛国心を学習する必要はなくなるはずである。さらに、このような発想は、愛国心を持たない人、つまりイランへの帰属意識や一体感を持たない人を、人間本来の感情が欠如した人にしてしまう危険性を孕んでいる。

ところが、教科書は、愛国心は人間本来の自然な感情であると述べる一方で、愛国心を育むための学習が必要だと説いている。そのための最良の教科書は、いうまでもなく『シャー・ナーメ』である。中学二年の教科書に掲載されている「フェルドウスィーの位置づけと『シャー・ナーメ』の重要性」(2)という教材のなかで、筆者フォルーギー(3)は、『シャー・ナーメ』を読むことは、イラン人の義務であり、愛国心を身につける最良の方法であると力説している。

読むことができるものは誰でも、『シャー・ナーメ』を読んでいる。読むことを知らないものは、『シャー・ナーメ』を聞いて、楽しむために『シャー・ナーメ』詠みの会に出席している。『シャー・ナーメ』の話を知らず、『シャー・ナーメ』の詩を暗唱しないイラン人はほとんどいない。（国語中二、一九七二年度、一七九頁）

フォルーギーによれば、『シャー・ナーメ』は、「祖国を求める心(vatan khāhi)」、国王崇拝(shāh parasti)、イランを愛すること(Īrān dūsti)」を学習するうえで最良の本であるばかりでなく、「最も健全な娯楽」なので、すべてのイラン人が、「まず、自ら『シャー・ナーメ』に親しみ、さらに同胞に『シャー・ナーメ』に親しむよう推奨」(4)しなければならない。さらにフォルーギーは、「フェルドウスィー自身がイラン人の完全な手本」(5)だとも述べている。

『シャー・ナーメ』のなかでも特に教科書が好んで取り上げるのは、英雄ロスタムの物語である。[6] ロスタムは、当時イランと敵対していたトゥーラーン(トルキスタン)人から祖国を守った救国の英雄であり、教科書は、ロスタムについて学習する意義を次のように説明する。

『シャー・ナーメ』は、古代イランの無比の英雄や名高き勇者たちの物語である。これらの英雄のなかでロスタム以上に光り輝く人物はいない。……ロスタムは、勇者の手本、義侠心の見本、高貴と偉大さの模範である。一〇〇〇年もロスタムの物語の存在は、イラン人に愛国心と勇気と男らしさを吹き込んできた。イラン人が各自『シャー・ナーメ』を読み、ロスタムの生涯と彼の気質と行動から勇気と義侠心とイランを愛する心を学んで一〇〇〇年になる。(国語小五、一九七一年度、二〇三頁)

『シャー・ナーメ』には、ロスタム以外にも多くの英雄や王が登場し、勇気や知恵を披露する。彼らは、外敵からイランを守るために勇敢に戦う理想のイラン人である。『シャー・ナーメ』には、悪鬼、トゥーラーン人、ギリシャ人、アラブなどの敵が登場する。英雄ロスタムは「強力な敵が国境を攻撃してきた時にはいつでも腕力と賢明さで敵を打ち砕き、敵を敗走させた」。彼は、「イラン・ザミーンの番人であった[7]」。

このように教科書は、『シャー・ナーメ』の登場人物たちを手本に愛国心を学ぶようにと教えているが、愛国心の手本とされる登場人物は、勇者、英雄、王であって、農民や貧しい労働者ではない。『シャー・ナーメ』を学習する子どもたちが、英雄の活躍に心をときめかせ、彼らの振る舞いに憧れ、その宿命に涙したとしても、果たしてどれだけ英雄たちの生き様を自らの手本としうるのであろうか。多くの子どもたちを脅かす敵は、悪鬼、トゥーラーン人、ギリシャ人、アラブであるよりも、病気や貧困、イラン社会に蔓延していた不正や不平等であったにちがいない。皮肉なことに『シャー・ナーメ』の英雄たちから学んだ愛国心は、シャーの退位と王制廃止を迫る反体制運動のなかで威力を発揮した。石油に象徴されるイランの富を独占する専制君主こそが、人々の目に映った最大の敵だったからである。

5　祖国のための行動

教科書は、本当の愛国心を持つ者は、祖国への想いを実践によって示さなければならないと説く。「祖国を豊かにし、守るための行動をせずに」、ただ祖国を想っているだけでは、本当の愛国心を持っていることにはならないと戒めている。愛国心の証として要求される行動には、次のようなものがある。(一)祖国を豊かにする行動、(二)祖国を守るための行動、(三)祖国に栄光を与える行動。

教科書は、子どもたちに「……手に手をとって友情を交わそう。自分たちの祖国を繁栄させよう(8)」と呼びかけ、祖国を豊かにするための行動について説明する。

今日のイランに存在し、私たちが、享受している数々の恩恵は、私たちの前にこの国土に暮らし、私たちの祖国を豊かにし、開発するために日夜努力し、献身的に働いた何百万人ものイラン人の労働と苦労の成果である。祖国に対する真の奉仕とは次のようなものである。祖先と同じようにイランの幸福のために努力することであり、私たちもまた日々、自らに課せられた労働や義務を果たすことである。……祖国のための奉仕や献身には多様な方法があることを知りなさい。不毛の土地を実りある豊かな土地にし、地中から鉄、石炭、石油を採掘する無名の労働者や農民、病人を看護するために、人の命を死の危険から救い出すために、夜の眠りと安息を切り詰める看護婦や医者、祖国の子どもたちを育てるために努力する教師や助手、科学技術の進歩のために研究所で研究や実験に従事する学者や専門家、これらは皆、祖国のために奉仕し、献身している人々である。(社会高一、一九六三年度、五二〜五三頁)

れている。

このように国民の従事するさまざまな生産活動は、愛国心に支えられた「祖国のため」の活動として位置づけら

愛国心が試されるのは、イランが異国によって侵略された時である。そして、祖国を守るための行動が最も多くの犠牲をともなう故に、最も美しい。

私は、自分の祖国を心から愛します。私は、祖国の法律を順守し、祖国に対する自分の義務を実践します。よく学び、健全な考えをもち、善良な言動をします。私は、大人になったならば、イランの進歩と発展のためにできる限り努力したいと願っています。もしある日、イランが危険に晒されたならば、それに対して私の命は、どのような価値があるのでしょうか。その時、私は進んで自分の命を祖国を守るために捧げるでしょう。（国語小四、一九七〇年度、五四頁）

＊

……愛国心について質問した子どもに対して父親は実にうまく答えた。お父さんの愛国心（'eshq-e vatan）は非常に強烈である。だからもしおまえが兵士だとして、おまえが自分の命を守るために戦場から戻ってきたと知ったとしよう。私は、おまえを愛している。おまえは、自分の命よりも大切であり、おまえが生きているのをみること以外に望むことはない。今日、学校から戻ってきたおまえを喜び、笑いながら出迎えに急ぐ私ではあるが、その時には、悲嘆と妬みと痛みをもっておまえを迎えることになるであろう。おまえをもう愛することはできなくなり、悲哀と失望で私は墓に入るであろう。（国語中二、一九七二年度、一七五〜一七六頁）

愛国心に基づく行動のモデルとして好んで用いられるのは、勇者や英雄たちが祖国を守るために戦う姿である。「祖国のために死すことは何て爽快なことであろうか」(9)と題する教材は、マケドニアのアレクサンドロスが大勢の兵士を引き連れてイランの地に攻め入ってきた時に祖国イランを守るために命をかけて戦った勇者の話である。勇

気のない者たちは、絶望した。このような時に、どうするべきか、物語は読者に次のように問いかける。「よそ者がわが国土を馬蹄で踏みつけるのをただ無邪気に放置せねばならないのだろうか。断じてそのようなことはない。祖国を愛する者は、自分の血の最後の一滴まで、敵に抵抗するであろう[10]」。

そして、それを実践したイランの勇士アーリブボルザンの武勇伝を紹介する。彼は、アレクサンドロスとその軍勢が、狭い道を通過することを知っていた。このような場所においてなら、わずかの軍勢でも大軍を破ることができると確信した。彼は、山の頂上でアレクサンドロスの軍勢を待ち伏せ、彼らが、狭い道に差し掛かった時に上から岩を投げ降ろした。打撃を受け、また進路を阻まれたアレクサンドロスの軍勢は、平原への後退を余儀なくされた。しかし、異国の地において捕虜となった男の導きで、アレクサンドロスは、軍の一部を率いて山の頂上に向けて再び出発した。勇士アーリブボルザンの一行がそのことに気がついた時には、すでにアレクサンドロスの軍に包囲されていた。しかし勇士アーリブボルザンは、降伏せずに、わずかな兵士でアレクサンドロスの大軍と戦い、敵に大きな打撃を与え、そして最後に全員殺された。彼らは、「勇気と殉国の手本[11]」として今日まで記憶されることになったのである。

革命前の教科書は、国際社会におけるイランの位置づけや評価を重視している。特に、国際社会において高い評価を受けるような活動や行為に対して称賛を惜しまない。オリンピックなどの国際競技はイランの力を国内外に誇示する絶好の機会であり、そのような場面での勝利は国家の栄光を増すと教えている。

近年、私たちの国でもスポーツが非常に盛んになり、我々同胞の間からもさまざまな種目で、名高いチャンピオンたちが出現している。これらのチャンピオンたちは、世界大会やオリンピック競技でイランの名を高め、イランの栄光を増大させた。イランの人々は、優勝者の名前と自分たちの能力をいつも心のページに刻み、決して彼らを忘れない。(国語小五、一九七一年度、一七九頁)

＊

かつてイランの偉大な科学者や文学者たちは、世界の文明に多大な貢献をし、イランの名を永遠のものとした。そして、世界で科学と知識のたいまつを燃やしてきた。現代イランの子どもである君たちも、世界史のページにイランの名を不滅のものとするよう、科学や知識の習得に努力しなければなりません。（社会高一、一九六三年度、六〇頁）

二　イスラーム共和国のムスリム

1　モジュタヘドとモガッレド

革命後の教科書が描く支配者と被支配者の関係は「指導」や「模擬」という言葉によって表現されている。支配者は、イスラーム法学の解釈を通じて人々に正しい道を示しうる能力を持たなくてはならないことから、必然的にイスラーム法の解釈能力を独占するイスラーム法学者が、イスラーム共和国の指導者となる。したがってイスラーム共和国においては、支配者と被支配者との関係は、イスラーム法学者（モジュタヘド）と一般信徒（モガッレド moqalled）の関係にたとえられる。[12]

イスラーム社会では人々はモジュタヘドないしはモガッレドのいずれかの集団に属し、モジュタヘドでない者は、誰でもモガッレドであらねばならない。……貧乏人であろうが金持ちであろうが、都市に住もうが村に住もうが、またいかなる職業や地位にあろうともモジュタヘドでなければモガッレドにならなければならない。一国の大統領さえも、モジュタヘドでなければ自分のマルジャエ・タグリードに従わなければならない。（社会高二、一九九〇年度、四四〜四五頁）

それではモジュタヘドとモガッレドの間に存在するのはどのような関係なのであろうか。両者の関係は、まずイスラーム法学者の役割をどのようなものとみるのかによって異なったものとなる。イスラーム法学者をイスラーム法を解釈し、推論を下すことのできる専門家と見た場合には、彼らの役割は、医師や科学者などと同様に、自分の専門分野に限って人々を指導することである。この場合、イスラーム法学者の権威は、医師や科学者などがもつ専門家としての権威と同等のものとなることが以下のような説明でもわかる。

宗教の真の戒律や法を知るためには誰に問い合わさなければならないか。……宗教法の推論や知識もまた、その他の技術と同様に熟達と専門知識が必要である。宗教戒律の推論の専門家がまさに「ファギーフとモジュタヘド」である。我々は宗教の戒律やイスラームの法を知るためには彼に問い合わせなければならない。（宗教中一、一九八三年度、一四七〜一四八頁）

ところが実際には、イスラーム法学者の役割はイスラーム法の専門家としての役割に留まらない。イスラーム革命によってイスラームは、政治、経済、社会のあらゆる問題に対処することのできる唯一絶対の原理となったために、すべての領域でイスラーム法学への服従が求められるようになった。なかでも宗教的な服従と政治的な服従の一体化は、憲法遵守の義務を説明する次のような文章に端的に表現されている。

イスラーム法学者による監督ないし指導によって運営されているイスラーム社会では、憲法違反は罪である。なぜならば、憲法に従わないことは、神の戒律を説明するイスラーム法学者の命令に背くことであり、憲法に従うことは、神と神の預言者に従うことだからである。（社会小五、一九八五年度、一二三八頁）

政治における支配者と被支配者の関係は、モジュタヘドとモガッレドの関係に置き換えられる際に、支配と被支配の関係から、指導と追従の関係に読み換えられるために、あたかも支配者と被支配者の間に共通の目標と利害が存在するかのような印象を与えるばかりではなく、両者間に存在する利害の対立が隠蔽される。なぜならば指導を媒介とする典型的な関係として人々が思い浮かべるのは、教師と生徒の関係だからである。この場合、教師による強制や制裁と生徒の服従義務という権力関係が存在していたとしても、両者は、共通の目標と利害で結ばれている。それというのも学習において生徒が好成績を修めることは、生徒と教師の双方の目標であるばかりか教師の業績ともなり、ともに高い評価と満足を得るはずだからである。[13] 教科書を学習する生徒たちは、教師の延長上に政治指導者をみることになる。

図 5-1　アッラー・イスラーム法学者と人々（社会小 5, 1985 年度, pp. 216-217）

第三に、モジュタヘドとモガッレドの間に愛情や好意といった感情を介在させることによって、両者の関係を支配・被支配の関係とは異なるものとして印象づけようとしている。例えば、次のような説明は、その好例であろう。

人々のマルジャエ・タグリードへの服従は「マルジャエ・タグリードに対する好意や彼の友情と結びついているものであり、世界で一般的な軍隊における兵士の上官への服従、あるいは独裁的な支配者に対する人民の服従のようなものではない[14]」。

第四に、モジュタヘドとモガッレドの関係においては、服従の動機が権力への屈服ではなく、自分よりも優れた者の指示や意見に従おうとする人間本来の自然な行為として説明される。

この男は、道に迷ってしまい茫然としている。自分が迷って、道がわからない時に、他の人を案内することができるだろうか。彼は、他の人を目的地に送り届けることができるだろうか。あなたは、道を知らない人について行くだろうか。読み書きを知らない人が他の人に読み書きを教えることができるだろうか。つまりは指導者や案内者は、人々を監督し、指導し、目的地へ届けられるほどに博識で賢明でなければならない。

(宗教小三、一九八五年度、二六頁)

人間が指導を必要とする存在であることは、イスラーム法学者に導かれて神への道を歩む人間の姿を描いた挿絵(図5-1)のなかに端的に表現されている。この指導者像は、すでに紹介した王制時代の挿絵(図3-6)にみられるような高所から民衆に命じる指導者の姿とは、対照的である。

2 国民としての義務

王制時代の教科書は、国民が政治に関わることを期待していなかったのに対して、イスラーム共和国では、政府が人々に対して義務をもつように、人々もまた自分たちの政府に対して義務をもつと教えている。

人々に課せられた義務の一つは、政府の仕事を監視することである。人々は、社会や政治に無関心であってはならない。法に定められた各種の協議会への参加・協力も国民の義務とみなされる。さらにまた「必要な時にはいつでも、責任者を批判すること」[15]も義務の一つに数えられている。

政府との協力もまた国民の義務とされる。「イスラーム共和国では、人々は、政府と一体であるために、政府諸機関に協力する」[16]。また人々は、社会の諸活動に関心をもち、参加することで自分の政府の能力や限界を知っていることから、「政府に対して、能力の限界を越えた期待を抱かない」[17]。

これらのやや理想的な義務とは別に、国民に課せられた義務として具体的に述べられているのが、憲法を尊重することである。また、当然のことながら王制時代と同様に納税と国の防衛は国民の義務である。

イスラーム社会では、個々人は、納税によって社会の運営を助けているのであり、納税を怠ることは、罪とみ

なされている。（社会小五、一九八五年度、二四六頁）

＊

異国の敵の脅威がイスラーム社会を脅かした場合には、皆が「独立、自由、イスラーム共和国」を守るために自分の命をも犠牲にする。これはイスラームでは、イスラームの領土の防衛義務として教えられているものである。（社会小五、一九八五年度、二四六頁）

3　共同体への服従

教科書は、イラン国民としての義務とは別に、ムスリムとしての義務について説いている。特に重視されているのが、ムスリムの団結である。この場合、イラン国内のムスリムはもちろんのこと、国境を越えた全ムスリムの団結が求められている。団結の目的は、外敵からムスリムを守ることであって、イスラームの初期に見られたような領土拡張や異教徒を改宗させるためではない。団結の必要性と団結への決意は次のように語られる。

ムスリムは不信心の世界に目をつぶり、団結と内部の力の強化そしてイスラーム世界の完全な独立のために努力しなければならない。それは、東西の激しく危険な嵐のなかで自由に、そして誇りを持って生きるためである。……イスラーム世界は、団結しなければならない。イスラーム諸国に対する敵のごく僅かな干渉も許してはならない。（宗教中二、一九八七年度、一四六〜一四八頁）

ムスリムの団結を守ることとは、宗教的な義務であり、信仰や名誉を守るために実践されなければならない。イスラームでは、戦争を「タウヒード（神の唯一性—筆者注）と自由を守り、敵の災いから救い、宗教の価値を守るための」戦いとみなす。(18)

周知のとおりイスラーム社会では、聖戦と防衛は宗教的義務であり、すべての人は全力で自分たちの領土、名誉、信仰を守らなければならない。これに基づいて、私たちは、神の敵や私たちの領土を脅かす敵に立ち向かうために、常に準備しなければならない。(宗教中二、一九八七年度、一三〇頁)

イスラーム共同体の防衛は、成人男性にだけ課された義務ではない。女性や子どももそれぞれに相応しい方法で参加することが求められている。

コーランを守り、イスラームを守ることは女性と男性の義務である。ムスリム女性は、射撃、防衛・軍事技術の習得に適している。負傷者に対する初期援助や看護方法を学び、偉大なるイスラーム国の眠らぬ番人でありなさい。……

わが国の気高き娘や婦人たちは、少年や男たちのように聖戦復興隊、識字運動隊、その他のイスラーム革命運動に参加し、イスラーム国の発展と自由のために努力している。この気高きムスリム女性こそは、イスラームの教えに基づいてチャードルを被り、拳をにぎり、男性とともに国を反逆者の爪から救い、いまも国の完全な発展と自由のために前進している。(宗教小五、一九八五年度、一一六頁)

教科書が理想とするムスリムの団結とは、既存の国家の枠組みに拘束されるものではない。ムスリムは、国家を越えて相互に助け合わなければならないと考えられている。特に外敵からの防衛に際しては、ムスリム諸国の連帯が不可欠である。

もし、あるイスラーム国が、外国に攻撃された場合、他のイスラーム諸国の義務は何か知っていますか。全イスラーム諸国は、自国の軍隊を動員し、侵入する敵を攻撃し、全力で、侵略されている国を解放すべき義務と必要があります。なぜならば、あるイスラーム国への攻撃は、イスラーム世界、大いなるウンマ、偉大なる無比の預言者に対する攻撃だからです。……

ムスリムは大いなる友情と兄弟愛をもって互いに暮らさなければなりません。そして全ムスリムの共通の敵である無信仰や物質主義に抗して団結しなければなりません。このイスラームの敵こそが、ムスリムを分裂させ、この国とあの国、この人種とあの人種、この大陸とあの大陸といったものを作り出してきたのです。（宗教中二、一九八七年度、一四六頁）

西側世界では、イスラーム脅威論が猛威をふるい、イスラームに対する露骨な批判が目立つが、それに対してイスラーム側は徹底的な不信感を抱いている。

イスラームの敵は決して、ムスリムの福祉や善を望まない。敵がたとえ友好的な態度を示しても、嘘をついている。欺瞞、戦利品、搾取以外の目的はない。協定もまた信頼はできない。（宗教中二、一九八七年度、一四八頁）

このように教科書は、「敵」というものの存在を前提に全ムスリムの団結を訴えているのだが、「敵」の具体的な姿にはあまり触れていない。

4　革命の輸出義務

あらゆる脅威からイスラーム共同体を守るために国境を越えたムスリム相互の団結の必要を説き、ムスリム諸国への期待をみせる一方で、革命後八年にわたって隣国イラクとの戦争を強いられてきたことや、その間に存在し続けたムスリム諸国間の利害対立や立場の相違からくる足並みの乱れに対する苛立ちを隠さない。

しかしながら、もし一部のイスラーム国の指導者が虚栄や利己主義ゆえに、あるいは外国の煽動ゆえに、他のイスラーム国を侵略し、戦争や対立を始めた場合には、すべてのムスリム、特にムスリムの指導者たちは、ただちに不和を解決し、彼らの間に平和と和睦を築かなければならない。

そして、イスラーム世界を最大の危機つまり分裂から救い、公平無私に、侵略者に布告し、侵略をやめるように求めなければならない。けれども、なお恨みを持ち、反抗し、侵略をやめない場合は、何をすべきであろうか。すべてのムスリムは、侵略者の軍隊に宣戦布告し、全力で戦争や流血をもいとわず、侵略者を処罰し、鎮圧し、衝突する二国間に和睦を築かなければならない。(宗教中二、一九八七年度、一四八頁)

イスラーム諸国の団結を疎外するあらゆる勢力に対抗するために、「革命の輸出」は正当化される。

イランの偉大なる革命が勝利した当初、革命の指導者イマーム・ホメイニーは、勇敢なるイラン国民は、イスラーム革命を全世界に輸出しなければならないと強調した。なぜならば、この神聖な運動をイランの国境内に制限すれば、敗北と消滅が宣告されそうだからだ。(歴史中三、一九八二年度、九二頁)

イスラーム諸国が自立性を回復するためには、東西両陣営のいずれへの従属も断ち切ることが必要であり、イランはその手本である。

イスラーム革命の勝利とともに、イスラームは一つの解放原理として生命を取り戻した。世界のムスリムは、ソ連に援助を求めることなしにアメリカと戦うことができること、またアメリカの庇護のもとに入らずともソ連に反対することができることを知った。(防衛中二、一九八七年度、一頁)

イランが革命を輸出しようとしているのは、イスラーム諸国に限定されない。西側諸国の抑圧と搾取の対象となっている第三世界のすべての国々が革命を輸出すべき対象とみなされている。イランの革命は、イスラーム革命であると同時に、西側の従属から解放されたいと願うすべての人々が頼ることのできる普遍的な処方箋である。

この国の人民によるイスラーム革命は、地理的国境、人種、民族などに制限されることのない本質的に世界的な革命である。この意味するところは、私たちの革命は、すべての虐げられた人々を助け、世界の被抑圧者と肩を組むことを使命としているのである。(歴史中三、一九八二年度、九五頁)

このようにイランの主張する「革命の輸出」は、イランがムスリム諸国のみならず、西側世界の支配に苦しむ第三世界のリーダーであるとの自負に支えられているのだが、現実には、この自負が他のムスリム諸国との団結の障害になっている。

5　服従の証としての殉教

殉教とは何と美しく意味深きものであろう！　情熱と自己犠牲の世界がこの魅力的な言葉に隠されている。あなたは殉教者がどんな人か知っていますか。殉教者は、神への愛と信仰のために、また人間の崇高な価値を復活させるために自分の愛しい命を犠牲にする優れた人です。（宗教中一、一九八三年度、一一六頁）

殉教は革命後の教科書のなかでも特に強烈な印象を与える言葉である。いかなる理由があるにせよ、この死を意味する言葉が、なぜ、かくも頻繁に甘美なものであるかのように使われるのか。革命とそれに続くイラン＝イラク戦争において死が日常化しつつあったイランで殉教がどのように奨励されていたのかは、権威に対する究極の服従形態として注目に値する。

自己犠牲としての殉教　イスラーム社会においては自己犠牲すなわち「自分自身よりも他人を優先させる」[19]行為が重んじられる。コーランによれば「信仰ある者とは、たとえ自分がひどく貧乏であっても他人を自分に優先させ、自己を犠牲にする者である」[20]。この自己犠牲にはさまざまな形態がある。その一つは、自分が困窮しているにもかかわらず、困っている人のために自分の財産を犠牲にする行為である。もう一つは、神への道を進む過程で、社会の平和や人々の幸福のために自分の命を犠牲にすることである。「殉教者は、他の人々が健全に暮らせるように自分の生活を犠牲にする[21]」。

命を犠牲にすること、すなわち殉教は、自己犠牲の最高形態として位置づけられる[22]。殉教は、預言者によると、「あらゆる善行と比べて、より優れた、またより高次の行為であり、殉教に優る行為は存在しない」のである[23]。「そのために、神もまた最高の報いを殉教者に与え、いつの日にか彼らに最高の地位を与える[24]」。

教科書は、殉教の価値を宗教的な側面ならびに社会的な側面から説いている。殉教という行為は、宗教的には、神への信仰の究極的表現とみなされている。

信仰(imān)の意味を理解することなしに殉教の意味を理解することはできない。殉教者は、疑いなく、より高い真理への信仰によって、自分の愛しい命、自分の世界や喜びや楽しみを放棄する。(社会高二、一九九〇年度、一一四頁)

信仰の証である殉教を遂げた者には、天国が約束される。したがって殉教は、死ではない。

誰が死を恐れるのだろうか。そして誰が死を恐れないのだろうか。死を無や消滅と思い、神と来世を信じない者は、死を恐れ、死から逃れるためにどんな屈辱も受け入れざるをえない。……しかしながら、神と来世を信じる者は、死を恐れない。なぜならば、死は無や消滅でないことを知っているからである。信仰厚き者は、死とともに来世へ、あの世のすばらしい生活へと旅立つのである。(宗教中二、一九八七年度、一三五頁)

殉教が死を意味しないことは、次のようにも表現されている。

……殺されることで彼が得るものは、彼が与えたものよりも価値のある永遠なものである。与えるのは、限りあるこの世の生活であり、手に入れるものは神の傍らでの永遠の命と神の喜びである。(社会高二、一九九〇年度、一一五頁)

＊

神のために殉教した者たちを決して死んだと思ってはならない。そうではなく、彼らは、生き続け、神の傍らで安らかに暮らすだろう。(革命文学高四、一九八三年度、一七二頁)

殉教者は、ただ天国が約束されているだけではない。彼らは、天国において最も歓迎される者、つまり神の客人として迎えられるという。

宗教の名において、神の戒律を守るために、イマームやイマームの代理人の命令に服するために、戦場に赴き、命を捧げた者は、神の御胸に抱かれる。このような人は、神の客人であり、神の傍らで「日々の糧を与えられ」、もてなされる。殉教者はすべてに寛大で、自分のすべてを、命さえも神に捧げた。それゆえに、神は殉教者にすべてを与えるのである。（国語高一、一九八二年度、五七〜五八頁）

殉教は、また強いられた死ではない。自らの意志で選び取るものである。

私たちの文化では、殉教は敵が戦士に強いた死ではない。殉教は、理想の死であり、戦士が自分のもつすべての知識、論理、理解力、覚醒、洞察力をもって自ら選択したものである！（国語高一、一九八三年度、一七頁）

殉教は、命を捧げる本人の自己犠牲であるばかりか、息子や夫を差し出す家族にも犠牲を強いる。殉教の尊さを知る者は、次のように息子を戦地に送ることになる。

もはや父は、息子に戦場へ行くなとは忠告しなかった。母親たちはいった。お行きなさい。神があなた方の支え。アリーの手があなた方のお供。

以前は出発のたびに私たちを思いとどまらせようとしていた老女たちは、今回は、デモをする人々や革命家たちにシロップを与え、彼らに砂糖菓子をふりかける。我々が通過する家々の戸から、住人たちがなにもかもを我々に捧げる。我々の兄弟姉妹は、屋根の上から、窓から、我々めがけて花を投げる。ある者たちは、我々に菓子を分け与える。だれもが我々が欲するものを与える。

だれも「なぜ」といわない。だれも「否」といわない。食事時になると、どの町でも調達できる。薬が必要な時には、ただちに家にあるどんな薬も病院に送り届けられ、医師や被災者や負傷者に与えられる。（国語中二、一九九〇年度、一〇頁）

正義の実現　教科書は、殉教から死のイメージを払拭し、殉教を甘美で、肯定的なものとして描いている。しかし、教科書が殉教を奨励している真の理由は、大半がイスラーム教徒であるイラン国民に来世を保障するためではない。殉教という行為が、現世における正義の実現に寄与すると考えられているからである。殉教とは、ただ単に現世での命を放棄することによって来世における安寧を獲得することではない。殉教者は自らの命を武器に現世に正義を実現させようとした英雄である。

ホセインをみよ。彼は死ぬために自分の町を出て、自分の生活を捨て、立ち上がったのだ！　なぜならば、自分自身の戦いのために、敵を辱めるために、支配者の軍隊の醜い顔を覆う欺瞞のヴェールを引き裂くために、この武器以外に、なかったからである。（国語高一、一九八三年度、一七頁）

＊

殉教は、信徒がえびらに納める最初の矢であり、また信徒が放つ最後の矢である。すなわち、信徒は真理のために歩み出し、圧制や圧制者と戦い始めたその時から、殉教への心構えができている。しかしながら、これは始めから自分自身を危険な状態に晒し、実りのないままに滅びることではない。そうではなくこの矢、つまりは彼の命を、えびらに納め、自分のためにもうこれ以外に矢がなくなるまで戦うのである。

真理が危険に陥り、宗教が、神の敵に無防備に晒され、もういかなる矢も敵に対して効力がないと確信するに至ったその時、大いなる実験を試みる。

信者は、一瞬、神と悪魔、真実と虚栄、現世と来世を比較し、熟考し、偉大なる決意、全世界よりも大きな決意をする。この時、自分自身を、その全存在に掛けて、弓にかけ、弾丸のごとく敵に向けて放つ。そうすることによって自分の全存在を神のために犠牲にし、自分の信仰を神に示し、神との契約にかけて、自分の忠誠を証明する。（社会高二、一九九〇年度、一一四〜一一五頁）

＊

人々が殉教を死や消滅としてではなく、自己発展への偉大な一歩として、輝かしい人生と永遠の魂への歩みとして受け入れるならば、所持するすべての武器で敵を無力にするであろう。殉教は信じる者が他のあらゆる武器を無力にする武器である。（社会高二、一九九〇年度、一一五頁）

この正義の実現という目標は、抽象的に語られているわけではない。圧制者であった国王に対する革命とイスラーム革命の存続を脅かすイラクとの戦争という具体的な事実のなかで語られている。したがって、殉教は、すなわち現体制へのコミットメントを示す最高の行為である。革命と殉教、戦争と殉教、この二つがイランの人々に強いられた現実であった。教科書は、「殉教を理解することなしにイスラーム革命を理解することはできない(25)」という観点から殉教の意義を説いている。

革命が勝利するまでの何カ月間、また革命勝利後の数年間、私たちは、自分たちの社会で多くの自己犠牲の手本を目撃してきた。私たちのイスラーム革命は、何万もの殉教者の自己犠牲によって手に入れたものである。革命勝利の後も、たくさんの兄弟が、イスラーム革命防衛隊やイラン・イスラーム共和国軍に入り、イスラームと革命を守るために、イスラームの領土を防衛するために自らの命を犠牲にしてきた。同様に、何十万の人々が、イスラーム共和国を守ためめに被抑圧者の動員(basij-e mostaz'afin)(26)に参加し、イスラームの敵と戦い、彼らの多くがその過程で殉教を遂げた。（社会小五、一九八五年度、二六五〜二六六頁）

＊

殉教は、イスラーム革命の柱の一本である。革命を大きな高い建物にたとえるならば、殉教は、この建物を支え、強固にしている柱の一本である。……イスラームはその始まりから殉教と共にあった。そしてイスラーム革命もまた同様の理由で殉教によって強固なものとなった。（社会高二、一九九〇年度、一一三頁）

殉教者はみな天国へと急ぎ、自分の遺族にも神の祝福を約束する。そして彼らに聖戦の続行を呼びかける。

（国語小三、一九八二年度、一五七頁）

＊

宗教と政治の一致を主張する現体制下のイランにおいて、イスラームを守るための死は、同時に現政権を守るための死でもある。殉教は殉国であり、殉国は殉教となる。このような思想は、次のような言葉となって教科書にあらわれることになる。

私の国の栄光と独立を守るために、喜んで殉教します。私は名誉ある死が無意味な生よりも優れていると熱烈に信じています。このような理由から捕虜にはなりません。誇りをもって戦場に駆けつけます。私は戦います。そして殉教と二つの世界の名誉を選び取ります。（国語小四、一九八二年度、一九四〜一九五頁）

殉教者という英雄　教科書は、殉教について語るために実に多くの紙面を割いている。そのこと自体、現体制が殉教に象徴されるような人々の献身に多くを期待していることを窺わせる。ところで、この殉教には、死の在り方によって英雄的な死、戦いにおける戦死、信仰や思想に殉じた死の三つのタイプが存在する。英雄的な死を代表するのは、英雄叙事詩に描かれるような勇敢な殉教者たちである。「イスラームの勇敢な戦士たちは、決して安易に殺されたりはしなかった。彼らは、常に、悪魔の軍隊、悪魔の権力に抵抗してきた。そして……殉教に赴いた。つまり、殺してから、殺されていった[27]」。

第二のタイプは、献身、自己犠牲に基づく殉教であり、宗教教育のなかでも特に強調されている殉教の形態である。社会闘争や宗教を守るための戦いにおいて、献身した者は、「殉教の最高段階に到達する[28]」。

第三のタイプは、崇高な目的のための殉教である。「殉教者たちは、宗教と公正原理を永遠のものとするために、また他の人々が、公正、慈悲、福祉、幸福の庇護のもとで暮らせるように、殉教を受け入れる[29]」。

教科書が特に人々に求めているのは、第二のタイプ、すなわち戦死であろう。いかに殉教の宗教的な意味や殉教の美学が説かれようとも、その目的は、戦場へ向かう積極的な動機づけを与えるものに他ならない。

イラン＝イラク戦争は、これまで民衆の宗教世界のなかで親しまれ、語り継がれてきた三代イマーム・ホセインの殉教を民衆自身に実践するよう迫った。革命によって解き放たれた人々のエネルギーは、殉教という最終目標へと方向づけられ、人々を、この目標を達成するための献身競争へと駆り立てた。国王の臣民にすぎなかった無名の人々は、革命運動の前衛として、またイラン＝イラク戦争を戦い抜くための戦士として歴史の主役に祭り上げられた。革命や戦争で命を落とした男たちは、たとえ彼らが、十代の少年であっても、あるいは無学な農民であったとしても、人々に生きるべき方向を示す教師にまで昇格する。

殉教者たちは、私たちの社会の教師です。彼らは、私たちに献身と信仰を教授します。（社会小五、一九八五年度、二六七頁）

さらに彼らは、革命や戦争の英雄として、自由と正義のために戦った英雄として人々から称賛され、手厚く迎えられる。

この自由と勝利は殉教者の贈り物です。そのようなわけで、私たちは、殉教者を賛美し、彼らの思い出を大切にします。彼らの貴重な贈り物を命にかけて守ります。（国語小三、一九八二年度、一五七〜一五八頁）

＊

殉教者の墓に詣で、殉教者のメッセージを聞き、彼らの遺書を読むと、非常に心が熱くなる。殉教者の軌跡を確認することは、目覚めた人々の魂を掻き立てる。……まことに、殉教に優る、殉教より価値ある敬虔な行為は存在しない。（宗教中一、一九八三年度、一一六頁）

テヘラン郊外にある公共墓地べヘシュテ・ザフラー（behesht-e zahrā）は、人々の死がランク付けされる場でもある。革命運動に身を投じながらも、革命後、現体制と対立した政治集団に属していた若者は、墓碑を建てることも許されないままに葬られた。これに対して革命運動やイラン＝イラク戦争で殉教した若者の墓には、写真や装飾品などを飾ったイラン特有のショーケースのような墓碑が建てられ、その死が称賛されてきた(図5-2)。

殉教者は自らの死によって英雄となったばかりではない。彼らは、「殉教者の遺書」において自らの言葉を歴史に残すことになる。イスラーム革命に命を捧げた殉教者たちの言葉は、「最も美しい本のページとなるだろう。そ

図5-2 ベヘシュテ・ザフラー(公共墓地)(社会小3，1985年度，pp. 42-43)

図5-3 昇天する殉教者と彼らの遺書(宗教中1，1983年度，p. 119)

して、いつまでも残り、永遠と自由を教え続けるだろう[30]」。そして次のように呼び掛けている。「親愛なる生徒諸君！　この永遠のメッセージにもう一度目を向けなさい。そしてこの自由人たる殉教者のメッセージから人生と自由、勇気、寛容と自己犠牲、愛と敬虔、誠意と信仰を学びなさい[31]」。天国からメッセージを送る殉教者の姿は、図5-3のように描かれている。

殉教者は、新聞に写真や遺書が掲載され、教科書でその功績が称えられた。これら無名の人々に与えられたこの途方もない栄光。これこそが、殉教を奨励する教科書のメッセージが、死の代償として人々に約束したものではなかったのか。教科書は、無名の人、年若き者であっても歴史の舞台に登場し、歴史を変えることができると強調する。しかし、それは、生きることによってではなく、死ぬことによって実現される。

つまるところ殉教とは、死に意味を与えることである。革命後の政治的・社会的混乱と長引く戦争のなかで、未来への希望を持てない若者たちが、殉教という最高の名誉を自らの意志で選び取ることができるのだと教えられた時に、はじめて生きていることに価値や誇りを見出せたとしたら皮肉なことである。

私たちの革命は、人民大衆の間から始まった。武器を持たない民衆は信仰から発するみなぎる勇気で腐敗した体制、悪魔の暴君との戦いに立ち上がった。この人々は「殉教」という武器で、すべての武器に勝ち、「血は剣に勝る」ことを証明した。(社会中一、一九九〇年度、三七頁)

革命やイラン＝イラク戦争という戦いの時代から遠ざかった現在も、殉教へのいざないは続いている。教科書は、革命の興奮を持続させることで、危機の到来に備え、常に殉教に向かうことができるような精神的緊張を維持させようとしている。

(1)　国語小三、一九七四年度、三五〜三六頁。

(2) 国語中二、一九七二年度、一七八頁。

(3) フォルーギー(Moḥammad ʻAlī Forūghī)。ヒジュラ暦一二九四年(西暦一八七七・七八年)生まれ。ダール・アルフォヌーンで医学を学んだ後、文学を学び、しばらくテヘランで教鞭をとる。後に国会議員となり、以後、生涯で外務大臣を五回、大蔵大臣四回、法務大臣三回、戦争大臣四回、経済大臣一回、宮内大臣一回、首相四回務めた。(Mahdī Bāmdād(ed.), *Sharḥ-e Ḥāl-e Rejāl-e Īrān*, Tehrān: Enteshārāt-e *Zavvār*, 1357〔1978-79〕, pp. 450-451.)

(4) 国語中二、一九七二年度、一七九頁。

(5) 同右、一八一頁。

(6) 『シャー・ナーメ』の学習は、小学三年より開始されるが、小学三年から中学二年までの国語の教科書をみると、ロスタムについての物語は、小学三年、五年、中学一年、中学二年とほぼ毎年取り上げられていることがわかる。

(7) 国語小五、一九七一年度、二〇六頁。

(8) 国語小二、一九七四年度、二六頁。

(9) 国語小五、一九七一年度、四九頁。

(10) 同右、四九頁。

(11) 同右、五二頁。

(12) モジュタヘドとモガッレドは、直訳すると「模擬される者」と「模擬する者」になる。

(13) 丸山真男によれば、教師と生徒との関係とは次のようなものである。すなわち「教師は生徒に対して一定の義務(学習義務)の履行を命じ、あるいは一定の行為を禁止し、そうした義務の懈怠もしくは禁止の違反に対して一定の制裁(進級の停止、退学、廊下にたたせること、ある場合には——それが効果的かどうかは別として——体罰)を課する。そうした制裁の行使が教育の常態になることは教育の自殺にほかならないが、このような権力関係の存在自体がアプリオリに教育目的に矛盾するわけではない。にもかかわらず、一般に教師と生徒の間に支配関係が存在するとは考えられないのである」。そして、教師と生徒の関係をこれとは対照的な従属関係にある奴隷と奴隷所有者(かりに主人とよぶ)と比較し、その最も顕著な対照点は「利益志向の同一性と対立性」にあると説明している。(丸山真男『現代政治の思想と行動』未来社、一九八一年、四一二〜四一四頁)

(14) 社会高二、一九九〇年度、四八頁。
(15) 社会小五、一九八五年度、二四五頁。
(16) 同右、二四五頁。
(17) 同右、二四六頁。
(18) 防衛中二、一九八七年度、二頁。
(19) 社会小五、一九八五年度、二六五頁。
(20) 同右、二六五頁。
(21) 国語高一、一九八二年度、五九頁。
(22) 社会小五、一九八五年度、二六五頁。
(23) 宗教中一、一九八三年度、一一六〜一一七頁。
(24) 社会小五、一九八五年度、二六六〜二六七頁。
(25) 社会高二、一九九〇年度、一一四頁。
(26) 志願兵を指す。志願兵の中核を占めるのは農村や地方の町出身の一七歳以下の青少年と年輩の市民であり、一般に教育水準が低く、体制への忠誠心が強い。志願兵は、革命防衛隊と同様にイラン＝イラク戦争において戦闘に参加したが、組織的には、独立し、通常、軽装備で最も危険な前線に配置された。(Kenneth Katzman, *The Warriors of Islam : Iran's Revolutionary Guard*, Boulder : Westview Press, 1993, p. 67.)
(27) 国語高一、一九八二年度、五八頁。
(28) 同右、五八頁。
(29) 同右、五九頁。
(30) 宗教中一、一九八三年度、一二三頁。
(31) 同右、一二三頁。

第六章　ポスト・ホメイニー時代

一　ポスト・ホメイニー時代の政治と社会

イスラーム革命からおよそ一〇年後にあたる一九八八年から八九年にかけて、イランは、重大な転機を迎えることになる。この間に、八年に及ぶイラン＝イラク戦争が停戦を迎え、また最高指導者アーヤトッラー・ホメイニーが死去した。革命後の社会を規定してきた二つの条件が一年あまりの間に消えたことになる。しかし、この出来事の前後には、さらに多くの変化が社会の各方面でみられた。

1　社会公益判別会議とイラン＝イラク戦争停戦

転機のきっかけとなったのは、一九八八年一月にホメイニーが出した「社会公益」(maṣlaḥat)を唯一の基準とする立法行為を認めるという教令(fatvā)である。この教令によると、国家は統治秩序の維持という社会公益のために、イスラーム法を一時停止し、イスラーム法の枠を越えて立法することができることになる。ホメイニーは、同年二月には、これを実施するために社会公益判別会議(majmaʻ-ye tashkhīṣ-e maṣlaḥat-e neẓām)を設置し、そのメンバーを自ら選出した。

そもそもイスラーム共和国の立法機関は、イスラーム国民議会と憲法擁護評議会(shourā-ye negahbān-e qānūn-e asāsī)の二つによって構成されている。後者は、議会で通過した法案がイスラーム法に合致しているかどうかを審査する機関であるが、議会で通過した法案が、憲法擁護評議会によって却下されることが多く、立法機能は麻痺状態にあった。ホメイニーは、それまでにもイスラーム法に反する法律であっても、議会の大多数が賛成した場合には、これを認めるという超法規的な措置をとることで、緊急の課題に対応してきたが、そのような方法に限界を感じ社会公益判別会議の設置に踏み切った。これによって、議会と憲法擁護評議会を越える立法機関が出現したことになる。(1)

この教令が出された半年後の一九八八年七月、イランは、イラン゠イラク戦争停戦に関する国連安全保障理事会決議五九八を受諾し、一九八〇年九月の開戦以来、約八年に及ぶ戦争状態に終止符を打つことになった。戦争の終結によって、イランは戦時体制を解除することができたのだが、それと同時に、戦争を理由に放置されてきた数々の諸問題の解決を迫られることになった。停戦後、政府がしなければならなかったのは、戦争による人的・物的被害の補償である。特に、人々を戦争に動員するために、自己犠牲や殉教を奨励してきたことから、殉教者や帰還兵士などの処遇は、政府にとっては重要な問題となった。

しかし、現実には、八年に及ぶ戦争によって石油産業をはじめ、多くの生産設備が著しい被害を被ったために、経済の低迷が長引き、若者の雇用創出に成功していない。インフレと高い失業率のために人々の不満は増大している。(2)

2　ホメイニーの後継者

一九八九年の教科書には、次のような記述がある。(3)

専門家会議(majles-e khebregān)は、マルジャエ・タグリードの一人を単独で指導者として公表することができる。また、マルジャエ・タグリードのうちのいずれも単独で指導者となる資格を有しない場合には、三人ないしは五人のマルジャエ・タグリードを指導評議会のメンバーに定め、人々に紹介することができる。我々祖国の人々は、一三六一年アーザル月一九日に投票に出かけ、イスラーム法学者のなかから八二名を専門家会議の代表に選んだ。専門家会議もまた、その会合で、ハズラテ・アーヤトッラー・アルオズマー・モンタゼリーを最高指導者の後継者に選出した。（社会中三、一九八九年度、一七頁）

モンタゼリーは、一九八六年夏に正式に最高指導者後継者候補として選出されて以来、ポスト・ホメイニー時代のイランを担う人物と目されてきた。イラン・イスラーム共和国の憲法は、ヴェラーヤテ・ファギーフ体制を支える最高指導者は、宗教界の最高位マルジャエ・タグリードの地位にある者と定めていた。革命当時、ホメイニー以外に六名のマルジャエ・タグリードが存在していたが、それぞれ、ホメイニーの提唱するヴェラーヤテ・ファギーフに反対していたことから、当時、アーヤトッラーであったモンタゼリーをマルジャエ・タグリードに昇格させることで有資格者とする措置が採られた。

しかし、モンタゼリーは、一九八八年一月の社会公益判別会議の設置を憲法違反とみなし、これに反対した。これに対して当時大統領であったハーメネイーやラフサンジャーニー国会議長は、ホメイニーを支持し社会公益判別会議のメンバーとして、体制運営に意欲を見せた。一九八八年一〇月末、モンタゼリーの憲法遵守の呼びかけに賛同する国会議員九七名が国会を越える立法機関の設置を憲法違反とする質疑書をホメイニーに提出した。これがきっかけとなり、ホメイニーとの間に亀裂が生じ、モンタゼリーは、一九八九年三月に失脚した。

社会公益判別会議は、ホメイニーの超法規的な権限によって存在するに至ったが、ホメイニーの後継者となるハーメネイーを含むこの教令を支持する人々は、憲法改正によって社会公益判別会議の存在を憲法上で保障すべきだと主張した。これに基づき一九八九年四月に、憲法改正会議が設置された。しかし、ホメイニーは憲法改正が終了する八月を待たずに、一九八九年六月三日に他界した。

モンタゼリーが失脚したために、ホメイニーの死後、新たに後継者の選出がおこなわれた。しかしながらこの時、選出されたハーメネイーは、憲法一〇九条の定める最高指導者の要件であるマルジャエ・タグリードではなかったことから、この点についても憲法改正が必要となった。改正後の憲法一〇九条は、マルジャエ・タグリードであることを最高指導者の要件には含めずに、単に「イスラーム法学のさまざまな問題について教令を出すために必要な学問的能力」を有する者と定めた。

これまでは、シーア派宗教界の頂点であるマルジャエ・タグリードの地位にあったホメイニーが、国家の最高指導者になっていたことで、宗教界と俗界の最高権威が一致していたが、ハーメネイーが最高指導者に選出されたことで、両者の分化が始まった。

3　現実路線への転向

革命後の社会経済政策は、私有財産の制限や経済活動に対する国家の介入によって、公平な分配を実現させようとする急進派とイスラーム法の保障する私有財産の尊重と政府統制の緩和、没収財産の返却を重視する保守派との間の駆け引きのなかで実施されてきた。

全体的な傾向としては、革命直後から数年間は、国外へ逃亡した王族や財閥の土地、住居、工場などが接収され、これらは殉教者財団や被抑圧者財団(4)などの政府系諸機関の管理下に置かれた。王制期の有力財閥の財産を接収した結果、国の基幹産業のほとんどが政府の支配下に入った。さらに銀行と保険も国有化されたために、統制経済が一挙に進行した。接収とともに進められたのが、政府による物資の配給と価格規制であった。特に物資の直接配給は、貧困層の救済を目的としていたのだが、配給が必ずしも公平には実行されなかったために、またその対象となったのが流通物資の一部にすぎなかったために、闇市場が増大し、結果的には、貧困層よりも中間層や富裕層のなかの

特定の集団に利益をもたらした。(5)

このように革命後、政府による国有化・統制経済が進展したが、イラン＝イラク戦争の長期化にともなう石油収入の激減、産業の不振、国際的孤立など、経済をめぐる状況が急速に悪化するなかで、政策の力点が徐々に、経済の担い手であるバーザール商人や中産階級に利するような私有財産の保護や自由経済を重んじる傾向に移行していった。それとともに、土地改革、外国貿易の国有化、労働法などの法案は、憲法擁護評議会で却下され、議会へ戻されていった。

だが、全体としては、急進派ないしは保守派の一方への偏向は、両者の対立を煽るだけでなく、それぞれの支持基盤である貧困層か、あるいは革命政権の安定のカギとなるバーザール商人や中間層のいずれかを敵にまわすことになることから、ホメイニーの存命中は、いずれか一方が勝利することのないように両者のバランスが取られてきた。

しかし、イラン＝イラク戦争が停戦を迎えると、戦後復興への期待が一挙に高まり、これまで戦争を理由に放置されてきた各種の経済問題が国民の最大関心となった。さらにまた、戦場からの兵士の帰還により都市部の失業率は、二〇％を越えた。このような状況のなかで、革命後のイランを率いてきたホメイニーが死去し、ハーメネイーを最高指導者とし、現実派とよばれるラフサンジャーニーを大統領とする新体制が発足した。

この新しい体制のもとで、イランは、急進派とも保守派とも異なる現実路線を歩み出すことになる。この三派は、明確に区分できるものではなく、その境界も曖昧ではあるが、敢えていうならば、現実派の関心事は革命のイデオロギーよりも体制の存続であり、そのために現実的な対応を重視するというものである。現実派とよばれるラフサンジャーニー大統領は、経済再建という目標を、規制緩和、輸入自由化、民営化によって果たそうとしてきた。このような傾向は、九七年の大統領選挙で圧勝したハータミーにも引き継がれている。

表 6-1　学生数の推移　　（人）

	1961-62 年	1976-77 年	1995-96 年
小 学 校	1,552,623	4,939,800	9,445,917
ガイダンス課程	——	1,368,910	4,955,205
普通高校	307,628	893,481	2,991,265
職業・技術高校	9,539	180,000	318,198
大学・高等教育機関	21,332	154,000	526,621

＊1995-96 年の大学生数には，イスラーム自由大学の 521,472 人は，含まれていない．

出典：*International Year Book of Education*, vol. 24, 1962, p. 176.; Echo of Iran, *Iran Almanac, 1979*, p. 440.; Markaz-e Āmār-e Īrān, *Sālnāme-ye Āmārī-ye Keshvar 1374* (Feb. 1997), p. 469.

4　教育政策の変容

この政治における現実路線への変更は、教育政策にも如実にあらわれている。イランは、三・四六％(九四年)という人口増加率のなかで、革命時三五〇〇万程度だった人口は、九六年には六〇〇〇万人にも膨張したために、一八歳以下が全人口の五〇％以上を占めるほどに若年層が増大した。このような人口動態を教育という観点から見た場合、これは、表6-1に見られるような就学人口の激増を意味している。憲法が掲げる無償教育を実現させるうえで、就学人口の激増は最大の障壁となっている。

政府は、革命以来、学校の増設はもとより公立学校のほとんどで二部制、三部制を導入するなど、就学機会の拡充に努めてきた。政府の教育支出は、表6-2に見られるように一九七〇年代中頃から現在に至るまで一貫して増え続けている。特に、一九八八年のイラン＝イラク戦争停戦後、教育支出の増加が目立っている。一九八九年から九二年のわずか三年の間に、支出額は三倍にも伸びている。

また表6-3のように政府の総支出に占める教育支出の割合をみた場合にも同様の傾向を認めることができる。政府総支出に占める教育支出の割合もまた、一九七〇年代中頃からほぼ一貫して上昇していることから、新政権が、教育支出を優先してきたことがわかる。特に、革命後の一〇年間、一五％から二〇％の間を推移していたものが、イラン＝イラク戦争の停戦によって戦後復興への期待が高まる九〇年代になると、二〇％を越えて一挙に三〇％に近づきつつある点は注目に値する。

しかしながら、増大する教育省予算も、増え続ける就学児童を収容するための学校の建設、教室の増設、二部制の実施、教員の増員、教科書の印刷といった量的な需要を満たすために支出され、質的な改善にまわす余裕がない。それでも、増え続ける就学児童を収容することはできず、結果的には、農村部を中心に多くの未就学児を生み出している。教育省の報告によれば、一九八八年現在、六〜一〇歳の児童のうち、小学校に在籍しているのは、都市部

表 6-2　教育費総額の推移

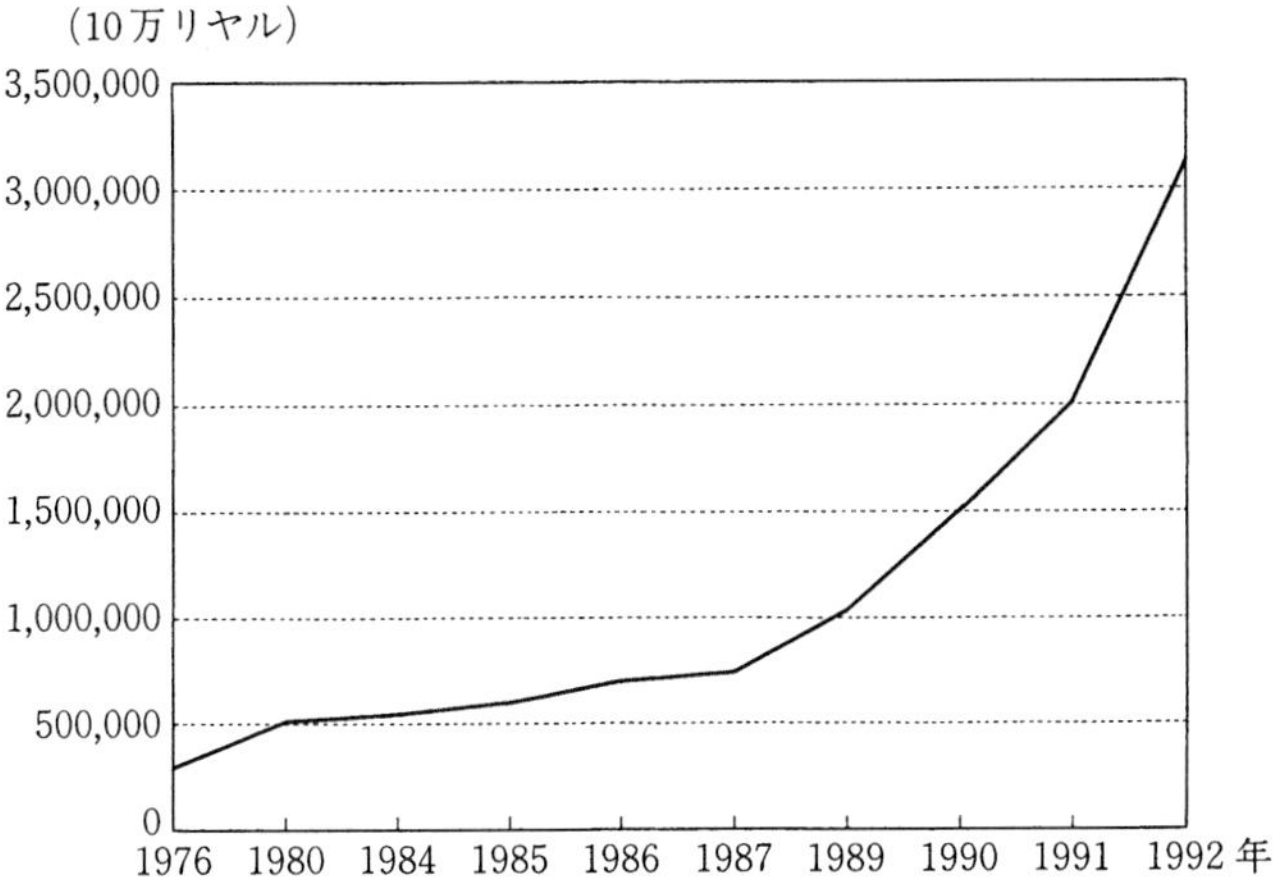

出典：『ユネスコ文化統計年鑑・1994 年』，原書房，1994 年，p. 550.

表 6-3　政府総支出に占める教育支出の割合

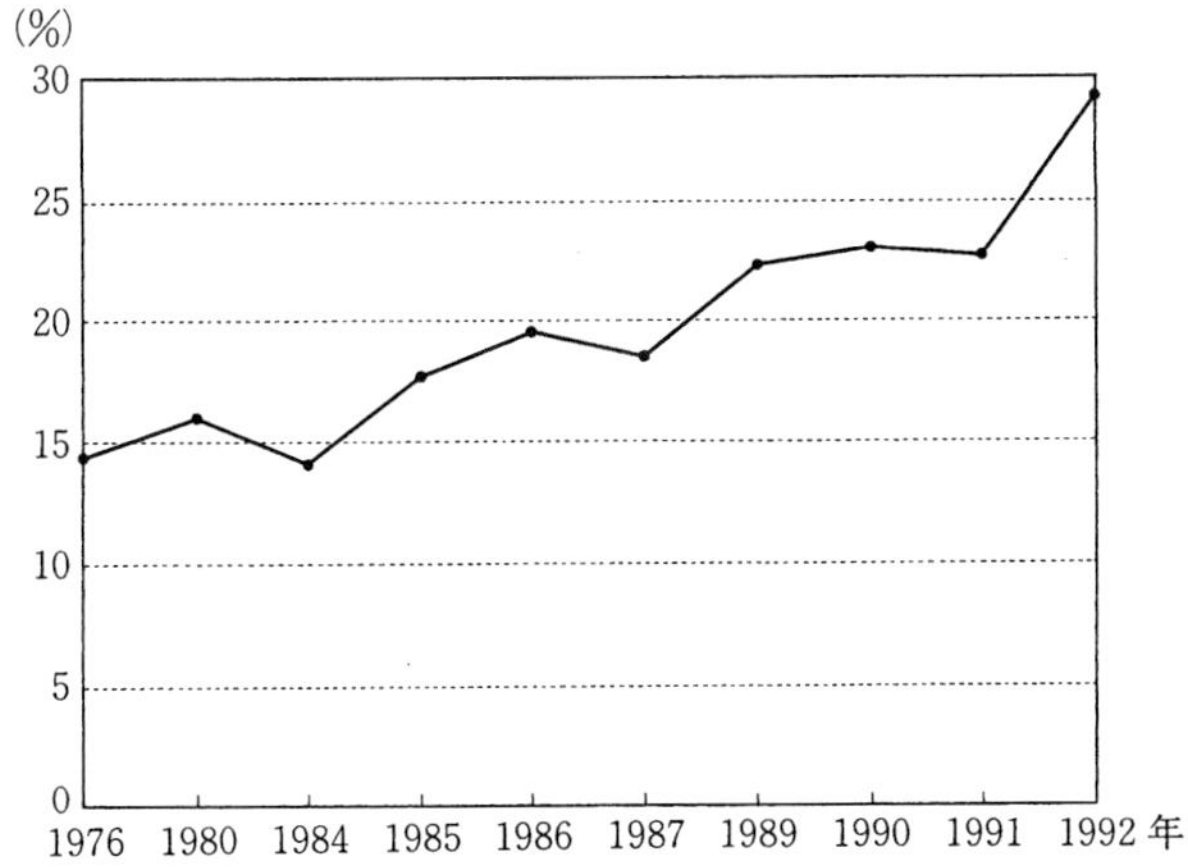

出典：『ユネスコ文化統計年鑑・1994 年』，原書房，1994 年，p. 550.

で八六・九%、農村部で七〇%となっている。また、一九八八年の小学校の落第率は、三八%となっている[6]。

教育人口の急増と国の教育予算の伸び悩みという現実のなかで、もはや政府の力だけでは学校数の絶対的な不足を解消することは不可能であることが明らかとなっていった。このような状況のなかで、革命によって廃止した私立学校(madrese-ye khoṣūṣī)を非営利学校(madrese-ye gheir-e entefāʿī)というかたちで正式に許可しようという機運が次第に高まっていった[7]。

一九八五年、文化革命高等審議会(shourā-ye ʿālī-ye enqelāb-e farhangī)が、高等教育における非営利学校設立法を承認したことがきっかけとなり、初等・中等教育においても非営利学校を認めようとする動きが活発化した。教育省の草稿した非営利学校設立法案は一九八六年、政府によって承認された後、議会に提出された。この法案は、一九八八年議会において承認されたが、憲法擁護評議会で却下された。しかし、最終的に社会公益判別会議がこれを承認したために[8]、一九八九年度よりその活動が正式に認められることになった[9]。

量的な拡大に努める一方、政府は平等化という革命初期の目標とは反対に、近年、学校間格差を是認する政策を採っている。保護者からの月謝で運営される非営利学校は、給食や課外授業などの各種サービスや質の高さで富裕層を惹きつけている。公立学校にも、学力に基づき生徒を選抜する模範学校(madrese-ye nemūne)[10]や英才学校(madrese-ye tīzhūshān)[11]などの区別が導入された。

一九八六年、文化革命高等審議会の承認を受けて教育制度刷新審議会(shourā-ye taghyīr-e bonyād-e neẓām-e āmūzesh va parvaresh)が発足し、一九九一年には新しい教育制度の在り方を定めたイラン・イスラーム共和国教育制度総計画(ṭarḥ-e kolliyāt-e neẓām-e āmūzesh va parvaresh-e Jomhūrī-ye Eslāmī-ye Īrān)が文化革命高等審議会によって採択された。新しく構想された教育制度は、九年の普通課程と三年の高等学校、一年の大学予備課程(doure-ye pīsh dāneshgāhī)を基本とし、普通課程は、五歳から入学する基礎課程(asās)二年、土台課程(arkān)

四年、指導課程(ershād)三年に分かれる。[12]

ただし、新構想に基づく全面的改革は困難なことから、問題が山積している高等学校の改革から着手されることになった。一九九〇年に提出された高等学校制度改革プログラムは、従来の四年制高校を三年制にし、五年制の技術系高等専門学校を別置した。大学進学希望者は、卒業後、統一試験を受けて一年制の大学予備課程に入学する。そして、ここでの修了試験に合格した者だけが、大学入学試験(konkūr)の参加資格を得る。

改革の狙いは、大学への進学を最終目標とする教育ではなく、実社会で活用できる知識の習得を重視し、それを実現させるために職業高校を活性化する一方で、大学予備課程の導入によって大学進学者数を制限することにある。[13]これ以外にも、留年や中途退学者を減らすために半期制を導入し、夏休みに単位の取り直しができるようにしたり、選択科目を導入するなどが試みられた。新制度にむけて、一九九二年度から一〇%の高校で大学予備課程の試験的導入が始まり、一九九八年度までに全高校で導入する計画になっている。

大学進学希望者は王制時代から一貫して増えつづけているために、毎年、大学入学試験の参加者は増加しているが、九三年度の大学や高等教育機関が受け容れた学生数は一〇万人にすぎず、入学を果たせなかった若者に多くの不満を与えている。革命後、大学進学に対する人々の期待に応えるために、ハーメネイーやラフサンジャーニーら、体制の要人たちは、文化高等教育省の管轄外にイスラーム自由大学(dāneshgāh-e āzād-e eslāmī)を設立した。この大学は、国立大学に入学を果たせなかった学生の受け皿として急速に発展し、一九九五年度には、約五二万一〇〇〇人の在籍者を持つに至っている。[14]ちなみに同年度、文化高等教育省や保健医療医学教育省などが設立した国立大学の在籍者総数は、これとほぼ同数の約五二万六〇〇〇人である。しかし、文化高等教育省は、質や設備などが国立大学の基準に達しないとの理由から、この大学の卒業証書を正式に認可していない。[15]

ある学歴別失業者数の統計によると、高卒者の失業が全体の三〇%を占めている。[16]子どもたちを教育競争に駆り立てているのは、革命に奔弄された世代の親たちである。親たちは、子どもの教育に投資することで不確かな将来に備えようとしている。

二　ポスト・ホメイニー時代の教科書

ホメイニーは、カリスマ的な人気と憲法において保障された最高指導者としての権限により、一九七九年の革命から一九八九年六月に死去するまで、拮抗する諸勢力間の調整をしながら体制の制度化をはかってきた。晩年は、政治の表舞台に登場することは少なくなったとはいえ、すでに見てきたように社会公益判別会議の設置、イラン＝イラク戦争の停戦合意、モンタゼリーの解任など、死の直前まで重要な決断を下し、ポスト・ホメイニー時代の進路をも方向づけた。政治の世界に生じたこれらの変化は、九〇年代に入り徐々に教科書の記述にも影響を与え始めている。

1　教科書再考

革命後、矢継ぎ早に改訂された教科書に対して、改訂作業が一段落する一九八〇年代後半になって社会科教科書の見直しのためのセミナー等が開催されたり、教育雑誌に、教科書改善のための提言を目的とする研究論文などが掲載されるようになった。当然のことながら、現政権の根幹に関わるような記述の是非を問うことは許されないが、教育的な見地から内容の妥当性が議論されるようになってきている。

一九八八年一月一二日から一六日まで、テヘランで「学校における社会科教育」と題するセミナーが開催された。このセミナーには、ハッダード・アーデル調査教育計画協会会長、タバッソリー・テヘラン大学社会学部長をはじめ、この分野の第一線で活躍する人々が参加し、社会科教科書の内容について議論した。このセミナーで、問題点として浮かび上がったのは、教科書内容の一部が社会の需要と合致していない。教科書の主題の一部に現実と釣り合っていないものがある。必要な部分の説明が不足していたり、ある部分が過剰である。概念や用語の説明が不足しているなどである。

より具体的には、中学三年の社会科の教科書の「第二部は、生徒には理解できない。もっと平易に書かねばならない」、中学一年の社会科教科書は「生徒の年齢からみて、内容がむずかしく、複雑すぎる」、小学五年の社会科には、「相違や不統一が多い」、高校四年の社会科の中の「宗教、政治、評議会、指導者の条件についての議論は非常に混乱し、繰り返しが多く理解できない(17)」といった批判が出された。これらの批判がその後の教科書改訂においてどのくらいの影響力を持ったかを具体的に指摘するのはむずかしいが、一九九〇年代中頃に出版された新版教科書を見る限り、これらの批判は、かなり考慮されているといえるだろう。

2　教科書改訂

ホメイニーの死に伴う政治的な変化は、ただちに教科書でも説明された。最高指導者の資格を規定した憲法第一〇九条の改正に伴い、一九九〇年度版の中学三年社会科教科書には、新しい憲法の条項が印刷された。現実の変化にともなう加筆修正以外に注目すべき点は、教科書の見開きにホメイニーの写真が入ったことである。すでに述べたように王制期の教科書の見開きに必ず添付されていた国王の肖像写真は、革命後の改訂で完全に除去され、ホメイニーの存命中には、最高指導者の肖像写真が挿入されることはなかった。しかし、ホメイニーの死を契機に、再び指導者の肖像写真が復活しただけでなく、ホメイニーの写真そのものが増えた。さらに、ホメイニーの表情にも変化がみられ、これまでの厳しい表情のものに代わって、穏和、慈悲、敬虔、老齢といったイメージを漂わせたものが好まれるようになった。僧衣も黒だけでなく、茶、赤などが登場している。さらに、九五年度の中学三年歴史教科書の最終ページは、現最高指導者アーヤトッラー・ハーメネイーの肖像写真である。

以上は、加筆・修正を基本とする部分的改訂であるが、一九九〇年代中頃から、新しい企画の新版教科書が出版されはじめた。ガイダンス課程の国語と社会の教科書は、すでに新版が出ている。九五年度版ガイダンス課程社会科二年の教科書には、新しい教科書の編集方針が次のように記されている。

市民(shahrvandān-e jāme'e)として、彼らの社会的責任を生徒たちに熟知させることが社会科の新しい教科書の基本目標をなしている。……我々は、「人間が他者を必要としていること」を社会生活における基本軸とみなし、学習目的をこの基本軸のうえに作成した。……

ガイダンス課程一年の社会科教科書では、……「家族」、その後に「集団」を、人間が必要としているものを確保するうえで基本的な影響を持つ二つの要素として学習させた。……

ガイダンス課程二年の社会科の教科書では、さまざまな社会組織や社会運動と、人間や社会の多様なニーズを確保するための要素とを紹介する。社会のニーズは、複雑であるがゆえに、家族や小集団では個人のニーズを確保することはできない。そして必然的に多様な社会組織が存在するに至った。これらの組織のどれもが人々に対して義務をもち、特定のニーズを確保しなければならないのである。しかし、人々(市民)もまた組織に対して義務を負っている。……(社会中二、一九九五年度、二頁)

この新学習方針を一九八〇年代の社会科教科書の方針と比較すると、変化の様子が一層明らかになる。

ガイダンス課程社会科教科書の三冊のセットは、イラン・イスラーム共和国憲法の説明である。憲法は、イスラームの世界観の原則ならびにイスラーム社会の思考の基礎を説明した確固たる文書である。

この憲法は、イスラーム共和国の訓令であり、イマーム・ホメイニーの指導のもとで、イスラーム政府を樹立するためのイラン人民の長い闘争の結果であり、またイスラーム革命の勝利のために自らの命を捧げた殉教者たちへの賠償金である。

憲法を知ることは、イランのすべての人々、特に若者や生徒にとって必須であり、また、生徒の義務教育が、ガイダンス課程の終わりで修了することから、生徒たちはガイダンス課程で憲法を教わる必要がある。（社会中三、一九九〇年度、一頁）

これらのことから明らかなように、一九八〇年代の社会科が、新しく誕生したイスラーム共和国という国家の枠組みを教えることを課題とし、個人の存在にはほとんど触れていないのとは対照的に、新版社会科は、社会を構成する最小単位としての個人から出発し、家族や学校などの小集団のニーズや地域社会の仕組みを説き、最後に国家という枠組みの説明に至っている。また、一九七九年の革命以来、ガイダンス課程社会科の教科書の大部分を手掛けてきたハッダード・アーデルの名は、この新版の教科書には見られない。彼の名は、九六年度版の小学校社会科教科書の編者の欄には掲載されていることから、引退したわけではないようだが、教科書編集者の間に移動があったことが窺われる。

社会科教科書の場合も含め、全般的な傾向としては、政治的イデオロギーの伝達を主目的とした内容編成から、学習者の年齢や関心を考慮した教材選択に変わりつつあることが認められる。全体に内容的も平易になり、量的にも減少傾向にある。

3　指導者像の変化

ホメイニーの死後、彼の人柄を伝える文章が教材として取り入れられるようになった。

イスラーム革命がはじまる何年も前、著名なロウハーニユーンの一人であったホメイニーは、ゴムの神学校で教えていた。当時のある年に、イマーム(18)(ここではホメイニーを指す―筆者注)は数名のウラマーたちとイマーム・レザー廟に巡礼をするためにマシュハドへ出かけ、滞在期間中マシュハドである家を借りた。彼らは、毎日午後、集団でレザーの聖所へ赴き、巡礼と祈禱を済ませて帰宅し、中庭に座り、お茶を飲んでいた。

イマームは、毎日、他の人たちと一緒に聖所へ出かけたが、巡礼を終え、祈りを捧げると、同行者たちよりも先に家に戻った。それから中庭を掃除した。他の人たちが帰宅した時に、彼らにお茶をもてなそうと絨毯を敷き、お茶の準備をしていた。

ある日、同行者の一人が、友達をもてなすために巡礼や祈禱を減らすのは残念ではありませんかとイマームに尋ねた。イマームは、私はこの仕事の御利益が巡礼や祈禱よりも少ないとは思ってはいませんと答えた。(国語小五、一九九四年度、一六五～一六六頁)

この文章は、政治の場を離れたホメイニーの人柄を伝える数少ない教材である。掃除をしたり、お茶を沸かすホメイニーの姿を描くことで、革命を知らない世代がホメイニーに親近感を感じるよう配慮したものであろう(図6-1)。

ホメイニーの存命中は、教科書でわざわざホメイニーについて語る必要がないほどに、その存在は人々の中に浸透していた。晩年、高齢ゆえに人々の前に姿を現わす機会が減ってはいたが、それでも存在しているという事実がイランを支えていた。しかし、イラン＝イラク戦争が停戦を迎え、ホメイニーもこの世を去り、革命後の緊張が弛緩するにつれて、ホメイニーさえも人々の記憶の彼方へと遠ざかっていくのは必然である。ホメイニーの死後に誕生した世代が小学校へ入学する時代がすでに訪れている。九〇年代に入って新たに発行された教科書に、ホメイニーの人物像を伝える教材が挿入されるようになったのは、ホメイニーの姿を後世に伝えるためである。また、ホメイニーが、国民に愛された偉大な指導者であったことをホメイニーの葬儀の模様を通じて次世代に伝えようとしている。

私はイマーム・ホメイニー廟に巡礼に来るたびに、一三五七年バフマン月一二日(19)のことを思い出す。その日、イマームは、一五年の国外生活からイランに戻り、空港からべヘシュテ・ザフラーへ赴いた。そしてシャフリーヴァル月一七日(20)の殉教者とその他、イスラーム革命の殉教者の慰霊のために祈りを捧げ、コーランの序章を朗読した。……私は、決してあの日のことを忘れない。なんと多くの人々がイマームを出迎えに来ていたことでしょう。……

私は、イマーム・ホメイニーの死という辛い記憶を思い出すたびに非常に悲しくなる。しかし、私は、あの偉大な人物がわが国においてイスラーム革命を勝利に導いたことを神に感謝している。そしてイランの人々が今もアーヤトッラー・ハーメネイーの指導のもと、イマーム・ホメイニーの道を引き継いでいることがうれしい。

図 6-1　お茶の準備をするホメイニー
（国語小 5，1992 年度，p. 166）

図 6-2　ホメイニーと小学生（社会小 3，1992 年度，見開き）

（社会小三、一九九二年度、四三～四四頁）

ホメイニーは、死後、「写真」のかたちで教科書のなかにたびたび姿を現わすようになった。生前の教科書に登場するホメイニーは、革命闘争や政治の場に身を置いた姿であったが、新版の教科書では、日常的な姿に出会うことができる。その表情は、生前のホメイニーにみられるような厳しい表情のホメイニーであるよりは、子どもたちに語りかける穏和な笑みをたたえた老人の顔であることの方が多い（図6-2）。

また、写真とならんで、以下のように子どもたちに対する語りかけの言葉が並ぶようになった。

私の希望は、あなたたち小学生にあります。私の希望はあなたたちなのです。それは神の思し召しがあれば、私たちの国の運命は、これからあなたたちにかかっているからであり、あなたたちは、この国の相続人だからです。（国語小三、一九九二年度、見開き）

＊

小学校に通わせているこの子どもたちは、私の愛しい子どもたちであり、祖国の未来の希望であります。教師や両親が、子どもたちを人道的かつイスラーム的に育てるために努力することを希望します。（宗教小五、一九九二年度、見開き）

新規に編集された一九九六年度版のガイダンス課程国語教科書に、革命後はじめてホメイニーの伝記が登場した。伝記の登場は、ホメイニーの人物像そのものが、家庭や地域社会のなかで話題として取り上げられなくなったことを示している。伝記は次のような書き出しで始められている。

イマーム（ここではホメイニーを指す──筆者注）は、全生涯を質素に暮らしたが、八七年の生涯で革命を起こし、イランの運命を完全に変えただけでなく、全イスラーム諸国、全世界に影響を与えた。彼自身は、この世に執着をもたなかったが、この世の多くの人々に関心を寄せた。（国語中三、一九九六年度、六頁）

伝記のなかで特に強調されているのは、ホメイニーが、革命の指導者として、イスラーム共和国の樹立者として、イランの運命を完全に変えた偉大な人物であったにもかかわらず、個人的には、全生涯を通じて私利私欲とは無縁の非常に質素な暮らしを貫いたという点である。ホメイニーの生家とイスラーム共和国の最高指導者であったホメイニーが暮らしていた家の写真（図6-3）が並列して掲載され、「イマーム・ホメイニーは、この間、生家と同じように質素な家に暮らし、一三六八年ホルダード月一四日[21]に他界した」と記されている。

図6-3　若き日のホメイニーと彼の家（国語中3，1996年度，p.7）

一九八〇年代の教科書は、ホメイニーのカリスマ性への依存を最小限に抑えることで「イスラーム法学者による統治」を制度化しようとしてきた。しかし、九〇年代以降の教科書は、ハーメネイーの権威を高めるために、また「イスラーム法学者による統治」の有効性をアピールするために、ハーメネイーを教科書に登場させている。教科書は、ハーメネイーの資質について次のように説明している。

> イマーム・ホメイニーの死後ただちに、指導者専門家会議(majles-e khebregān-e rahbari)が開かれ、即日、敬虔かつエジュテハードの能力を有し、イマームの思考、路線、方法について熟知し、革命のために戦い、政治的な洞察力と政治や行政の経験が認めれているアーヤトッラー・ハーメネイーを国の最高指導者に選出した。（歴史高三、一九九四年度、二五五頁）

また、「我々の路線は、イマーム・ホメイニーの路線[22]」といった言

図 6-4　ホメイニーの後継者としてのハーメネイー(国語小 1，1994 年度，p. 1)

葉にも現われているように、ホメイニーの死後は、ホメイニーの権威によって現政権の権威を補おうとする傾向がみられる。ホメイニーの写真とハーメネイーの写真を並列して飾った挿絵(図6-4)などは、ハーメネイーがホメイニーの正当な後継者であることを印象づけるだけでなく、ハーメネイーに不足している権威をホメイニーによって補うという役割も果たしていると考えられる。

九六年度版の教科書には、イスラーム共和国の最高指導者ハーメネイーが若者に送った革命続行のメッセージが掲載された。

> 私の最大の希望はあなたがた若者です。あなたがた生徒や学生は、重要な義務を負っています。あなたがたは、生徒や学生の本分である勉学の他に、学校や大学という環境のなかで、革命的、イスラーム的、宗教的な義務も負っているのです。
>
> この戦いは、今日や昨日の、あるいは一年、二年の戦いではなく、何世代にもわたる戦いなのです。革命の出発点、革命の始まりにいた世代からは遠くなってしまいました。イランに栄光をもたらし、イランを建設し、イランを偉大にし、イランを他の諸民族の生きた手本にし、高慢な者どもの鼻を地べたにこすりつけたいのならば、革命的でイスラーム的な信心深き世代にならねばなりません。それが、あなたがた世代なのです。(国語中三、一九九六年度、一五頁)

革命の続行を訴えたこのメッセージは、九〇年代の改訂で新しく加えられたものであるが、全体に革命色が後退しているなか、若者に革命的であることを期待するこのメッセージだけが、八〇年代の名残のような印象を与えている。イラン革命から二〇年、イラン＝イラク戦争から一〇年近い歳月が流れ、かつてのように戦うべき「敵」が目前に存在しない状況のなかで、中学生は、このメッセージをどのように受け止めることになるのだろうか。革命的、イスラーム的であることによって、若者たちがどのような未来に到達することができるのか、その具体的なイメージが浮かび上がらないところに現在の教科書が抱えている問題がある。

4　共同体像の変化

九〇年代に入り、教科書が描く共同体像にも大きな変化が見られる。第一の変化は、『シャー・ナーメ』とその著者フェルドウスィーの復権である。『シャー・ナーメ』は、王制時代に王制賛美とペルシア・ナショナリズムの象徴的作品とされてきたために、革命後、教科書から姿を消していたが、九〇年代に改訂された教科書は、フェルドウスィーを「民族の情緒、人類の理想を最も美しく、最も輝かしい形[23]」で作品にした人物として紹介し、彼が詠った『シャー・ナーメ』を「たとえ歴史ではなくとも、イラン人の暮しのなかの出来事をどんな歴史よりも、上手に、いきいきと描い[24]」た作品と評している。一九九四年度版のガイダンス課程国語の教科書には「フェルドウスィー、民族叙事詩人」というタイトルの教材が登場し、以下のように高い評価を与えている。

(フェルドウスィーは―筆者注)我々民族の叙事詩をしたため、新しい生命を与え、我々イラン人の昔の勝利、敗北、喜び、悲しみを詠った。この人こそが、真実、純潔、恥、自由を我々に示した輝ける模範であり、また、我々が邪悪、損失、恥知らずや契約違反にならぬように導いた人である。彼は、ペルシア文学、イラン文化における最も道徳的で、かつ最も高貴な人物である。(国語中一、一九九四年度、一四四頁)

フェルドウスィーは、民族叙事詩人として復活しただけでなく、イランを代表する詩人としての地位も回復した。

ガイダンス課程国語の教科書に新しく登場した課題の一つに、「私たちの国イラン」という題で作文を執筆するというものがある。一〇あまり例示されている作文の書き出しの一つが「サアディーとフェルドウスィーの国イランは、……」となっている。[25]

王制時代の教科書は、『シャー・ナーメ』に登場する英雄ロスタムを理想のイラン人とみなしているが、改訂された教科書にも同じような評価がみられる。ガイダンス課程の国語教科書は、ロスタムの活躍を紹介しながら、彼をイランの英雄叙事詩のなかの最も偉大なる勇者と称え、「ロスタムは、この偉大なる詩人の言葉のなかで新しく蘇り、英雄の全特質を純潔、敬虔、賢明とともに持っている」と評価している。[26]

王制期の教科書は、古代ペルシア帝国の栄華と偉大なる王たちを民族の誇りとするペルシア・ナショナリズムを賞揚した。それに対して、一九九〇年代になって復活してきたナショナリズムは、帝国の繁栄や王の偉業ではなく、イラン高原で活躍した学者、詩人、芸術家といった文化人たちの仕事を民族遺産とみなすことで、自国に対する誇りを育てようとするものである。

私たちの愛しい祖国、イランは、大昔から学問と文化の地、偉大なる学者、詩人、芸術家の揺りかごに数えられてきた。そしてイラン人は常にその素養、才能、学問、文学、芸術で名が知られてきた。この土地には、二〇〇〇年以上も前から多くの学校や大学が存在し、そこでは、学者である教師たちが、有益な本を教え、また編集し、学生を教育することで、学問・文化の灯火をもやし、明るく保ってきた。（国語中一、一九九四年度、一五二頁）

このような「文化」ナショナリズムの登場と平行して、一九八〇年代に見られた「革命の国」イランという自己イメージは大きく後退している。それと同時に、新たなイラン人像が模索されている。イラン人の共通財産として、領土の重要性が強調される一方で、八〇年代にみられたような国籍、民族、人種を越えた全ムスリムの連帯についての言及の頻度が減っている。

カスピ海の海岸からペルシア湾にあるイランの最南端の地、アブー・ムーサー地方まで、ホラーサーンの東からクルディスターン、アゼルバイジャンの西まで、すべての土地が、我々イスラームの祖国であり、そこでは、州の境界線や国の区分にもかかわらず、全体が一つの単位をなし、そこでは、皆が我々の同胞であり、トルコ、クルド、ロル、アラブ、ファールス、バルーチ、遊牧民、農民、都市住民は、手に手をとって、発展と栄誉のために努力している。……私たちは、何処にいようとも、イラン人であり、ムスリムである。そして私たちは、勝利の神秘がもたらす栄誉と栄光の極に到達するために団結し、努力すると確信する。（国語中三、一九九六年度、八六〜八七頁）

領土以外にも、国語としてのペルシア語の重要性が、強調されている。

ペルシア語は、最も重要で、他をもって代えることのできない、人々の連帯とわが国の領土保全の柱の一つである。多様な言語を話すイランの諸民族の間で、ペルシア語だけが会話に用いられ、一致団結をもたらすことができる。（国語中三、一九九六年度、一五五〜一五六頁）

イランのさまざまな地域の紹介も積極的におこなわれている。特に辺境地域の人々が、イランの歴史に貢献してきたことを強調している点が印象的である。例えば、パキスタンとの国境地域一帯にバルーチとよばれる遊牧民が居住しているが、イラン側に住むバルーチを以下のように紹介している。

『シャー・ナーメ』に詠われているケイ・ホスローと彼の軍隊が、古代イランの敵であったアフラースィヤーブとの戦いに備えている時に、彼の勇敢な軍隊の一部をなしていたのは、バルーチェスターンの遊牧民であった。（国語中二、一九九五年度、一〇三頁）

イラン＝イラク戦争で大きな被害を受けたイラン西部の国境地帯にあるエーラム州については、「押しつけられた戦争の間、多くの打撃と人的・物的損失を被った。しかし、この地域の勇者である男たち、女たちは、勇敢にかつ献身的に敵に対峙し、イスラーム革命と自国を守った[27]」と紹介している。これらは、イラン社会の周辺に位置する人々の貢献を積極的に評価することによって、国家としてのイランの統合を促進しようとする試みといえる。

九〇年代に入り、「革命の輸出」や超大国の支配に対する政治闘争といったテーマの扱いにも変化が見られ始めた[28]。イスラーム革命を守るための戦いは、政治的なレベルから文化的なレベルへ、外へ向けての解放闘争から自己改革へと向かっている。一九九四年度の教科書には、次のようなホメイニーの言葉が引用されている。

疑いなく、あらゆる社会の存在に根本的に関わる最も上位の、最も高貴な要素は、その社会の文化である。基本的に各社会の文化は、その社会の本質、実在を構成している。そして、いかに経済、政治、産業、軍事面において強力であっても、文化が倒錯していては、それらは、実のない空虚なものである。……あらゆる社会の独立と実在は、その社会の文化的独立より生じる。単純に考えて、文化的に従属している状態で、他のレベル、あるいはそのなかの一つのレベルにおける独立は、ありえない。(国語高一、一九九四年度、一七三頁)

最新版の中学三年の教科書に登場した「自由と解放」に、新しい傾向をはっきりとみることができる。

解放と自由は異なる。何と多くの解放された人々が、自由でないことか。たとえ解放されていなくとも何と多くのイラン人が自由であることか。解放とは、他人に捕らわれた状態から救われることであり、自由とは、自分自身に捕らわれた状態から救われることである。

解放は、誰かが人間を支配しなくなれば生じるが、自由は、人間が己を支配する時に得ることができる。……

解放とは、外的な障害を除去し、外的状況に秩序を与えることによって獲得するものである。しかしながら、自由とは己を知り、己を作る内面世界の力や動機に力を与えた結果として生まれる。……

現代世界における困難は、次のようなものである。つまり解放についての議論は多いが、自由についての議論は少ないということである。皆は行きたいところは何処へでも行けるように、外的な生活環境における障害を人間の足下から除去したがるが、人類は何処へいくべきなのか、何をすべきなのかを問うものは極めて少ない。……

なぜ皆が解放の支持者であるにもかかわらず、日々、剝奪された人や被抑圧者はより捕らわれ、より悲惨になっていくのか。これはみな次のような理由による。現代世界において、我々は自由を忘れてしまい、誰も内面世界について心配しない。そして昼夜解放を叫ぶ人たちの誰も、道徳や己を知ること、自己形成、魂の浄化について本気で話し、行動しない。

宗教的社会と宗教から遠ざかっている社会との大きな、そして根本的な違いは、宗教的社会では、内面の信仰、敬虔、純潔、意志の健全さが外的世界に関わるあらゆる事柄に優先していることである。……

宗教の重要な教えは、次のようなものである。つまり、自己を制することのできないものは、解放と力を手にして、他者を支配すべきではないということだ。……

我々のイスラーム革命があらゆる革命に優っているのは、宗教的な基礎のうえに築かれたからであり、我々の生活の外的環境におけるあらゆる変化に先立って、我々の内面世界における変化が自由に向けて生じるように注意を払っているからである。イスラーム革命は、イスラームを知り、宗教的価値の支配を築くための革命である。……

我々人民は、自由を解放よりも重要と考え、外的環境において真の解放に到達するためには、まずはじめに、内面世界において自由に到達しなければならない。まさにこのような理由から、我々人民は、ファギーフの支配と統治に同意し、学問と正義を指導の条件とした。なぜならば、見て知っているように、世界は、解放されているが自由ではない利己的な指導者たちの欲望の炎に焼かれているからである。（国語中三、一九九六年度、

> 一〇六〜一〇八頁）

ナショナリズムの復活とともに、イスラームの扱いにも微妙な変化があらわれている。革命後、イスラームは、ひたすらに政治的イデオロギーとして評価されてきたが、九〇年代になって、文化的シンボルとしてのイスラームへの見直しがなされていることから、新たなイスラーム像の模索が始まったと考えられる。例えば、これまでは、革命運動の拠点や政治的連帯形成の場として描かれることの多かったモスクが、九〇年代に改訂された教科書には、「イスラーム期のイランでは、モスクは、神を崇拝したり、心のなかを打ち明けたり、礼拝をする場所だけではなく、学問や文学を学ぶ場所でもあった[29]」といった表現で語られるようになった。

王制期の教科書は、国王の英知と指導によって古代ペルシア帝国の栄光を現代世界に再現しようという夢をたびたび語っていた。九〇年代に改訂された教科書にもこれに類する記述がみられるが、再現したいのは、イスラーム文化であり、夢を託すことのできる人物は、学者であり、また神学校や大学で学問に取り組む学生たちである。

> 今日イラン全土で、何百万の女子ならびに男子生徒が、また何万の大学生や神学生の若者が、学校や大学やゴムの神学校のような多くの神学校で、学問の習得に真摯に取り組んでいる。彼らは、努力と禁欲によって、再び自分たちの国が、昔のように学問や文化の先駆者になれるようにと願っている。（国語中一、一九九四年度、一五四〜一五五頁）

九〇年代以降の教科書においても、それ以前のものと同様に、革命運動への参加は、国民の「共通体験」として、あるいは、国民の団結の徴として重視されているが、革命から二〇年近い歳月が経過し、革命はもちろんのことホメイニーを知らない世代が就学しているために、革命を「共通の記憶」として存続させることが目下の課題となっている。教科書に掲載されている革命期の写真も当時の空気を伝える重要な役割を果たしている（図6-5）。

> ついに、一三五七年バフマン月二二日[30]、イラン人民のイスラーム革命は勝利を遂げた。一三五八年ファルヴァ

ルディーン月一〇日ならびに一一日には、[31] イランの人々はそろって投票箱のもとに出かけ、イスラーム共和国に「賛成」投票をした。ファルヴァルディーン月一二日に投票結果が公表され、イランの人々は、イスラーム共和国を望んでいたことが明らかとなった。

このような理由から、私たちの最愛の指導者イマーム・ホメイニーは、この日を「イスラーム共和国の日」と名付け、すべての国民がこの日を祝福することを望んだ。その年以来、私たちは、「イスラーム共和国の日」を祝福し、イスラーム共和国の日を最良の日とみなす。なぜならば、イランのすべての国民にとって解放と自由の日だからだ。（国語小二、一九九四年度、二四二〜二四三頁）

図 6-5　革命運動に参加する人々（社会小 5，1992 年度，p. 196）

革命という「共通体験」をいかに重視しているかは、ホメイニーの次のような言葉に端的にあらわれている。以下の文章は、「イラン・イスラーム共和国」の賛否を問う国民投票に、当時、一定の年齢に達していないという理由で投票に参加できなかった小学生たちが、そのことを心配して、ホメイニーに相談したという話である。このような悩みを打ち明けられたホメイニーは、以下のように答えたという。

私は、ある理由で心配していますが、ある理由で喜んでいます。心配しているのは、あなたがた子どもたちに許可しなかったことです。しかしながら、このような理由で大変に喜んでいます。それは、親愛なるあなたがた子どもたちの情熱を見たからであり、あなたがたが自分の社会の出来事に対して注意を示し、自らイスラームに関心をもっているからです。投票を禁止したのは、親愛なる子どもたちのことを考えなかったからではありません……

あなたがたは、私たちの最愛の人です。あなたがたは、この国の未来の宝です。私たちは、自分たちの社会や政治に対してこのように情熱をもっているあなたがたを誇りに思います。心配は無用です。あなたがたは、この運動に参加したのです。あなたがたも血を提供したのです。あなたがたもこの運動でデモをし、そして叫んだのです。(国語小五、一九九二年度、一六四〜一六五頁)

この文章はホメイニーの死後、教科書に掲載されるようになった。したがって、このホメイニーのメッセージを学習する小学生は、革命はおろか実在のホメイニーさえ記憶にない世代である。このような革命体験を共有しないポスト革命世代の登場は、教科書に新しい課題を突き付けている。パフラヴィー朝末期の反体制運動、イスラーム革命、イラン＝イラク戦争、そして多くの殉教者の誕生という重要な体験をどのように継承させ、イラン国民の団結の基盤として機能させていくことができるのかが、今後の課題となることは必須である。

5 服従の形態

九〇年代になって殉教者に対する記述にも大きな変化がみられる。第一に指摘できるのは、「殉教」をテーマとする教材が減少していることである(32)。例えば、一九九〇年度ガイダンス課程二年の国語の教科書に掲載されていた「祖国愛」という教材が削除された。これは、イラン＝イラク戦争時、村を守るために殉教した郡長の物語であり、その一部は本書の一八四頁で紹介したものである。また「殉教」という単語が、別の単語に置き換えられるなどの現象も見られる。小学三年の宗教の教科書に掲載されている同一内容の物語の題名は、「殉教者の子ども」(一九八五年度、九〇頁)から「勇敢な子ども」(一九九四年度、五三頁)に変わっている。

量的な変化だけでなく、内容にも変化がみられる。八〇年代の教科書に登場していた殉教者の多くは、無名の人であった。例えば、一九九〇年度版のガイダンス課程一年国語の「回想」という章の主人公は、イラン＝イラク戦争で殉教した無名の戦闘員である。しかし、改訂後、この教材は姿を消し、代わりに二年の教科書に、トンドグーヤーン石油大臣の殉教話が登場している。それによると、

シャヒード・モハンマド・ジャヴァード・トンドグーヤーンは、自分の学問と知識を信仰と祖国に奉仕するために使い、腐敗した政府、国王の裏切りと戦い、ついに捕虜として何年も耐えた後、イスラームの祖国に奉仕するために殉教した。（国語中二、一九九五年度、二四頁）

殉教のモデルが、無名の若者から著名な人物に変わることで、殉教に対するリアリティは減少すると考えられる。社会的成功者の殉教は、一般の人にとっては、別世界のことに感じられるからである。

新しく登場した教材の一つに「民族の子」[33]という題名のものがある。一九八一年八月に起きた首相府爆破事件で殉教した故ラジャーイー首相の伝記である。ラジャーイー首相は、しばしば「殉教者ラジャーイー」の名で呼ばれるが、この物語は、「殉教」物語としてではなく、イスラームへの揺るぎなき信仰と学問に対する真摯な姿勢と努力によって、貧困やあらゆる困難を乗り越え、首相の地位にまで昇りつめた成功者の物語として語られている。

（1）　Asghar Schirazi, translated by John O'Kane, *The Constitution of Iran : Politics and the State in the Islamic Republic*, London : I. B. Tauris Publishers, 1997, pp. 63-64, pp. 234-235.

（2）　一九八八年の公式発表失業率は、一七％となっているが、実際には、四〇％台に達している。（*Iran Year Book '93*, op. cit., pp. 410-411.）。インフレ率は、一九九二年が二二・九％、一九九三年が二三・八％となっている。（中東調査会『中東年鑑九五・九六』三〇九頁）

（3）　モンタゼリーが失脚したのは、一九八九年三月だったために、イランの新年度が始まる九月までに改訂が間に合わ

なかったようだ。著者は、イランの中学生から八九年度版の教科書を譲り受けたが、その際に、先生の指示で、引用部分のうち、「我々祖国の人々は、……代表に選んだ」以外を削除し、代わりに「この会議は、一三六八年ホルダード月一四日(西暦一九八九年六月四日)、ハズラテ・アーヤトッラー・ハーメネイーをイラン・イスラーム共和国最高指導者に選出した」という文章を挿入したとの説明を受けた。一九九〇年度版は、このとおりに印刷されていた。なお一三六一年アーザル月一九日は、西暦一九八二年一二月一〇日。

(4) 一九八二年現在、被抑圧者財団の支配下に、一四九製造プラント、六四鉱山、六〇農業会社、四一二果樹園、一〇一建築不動産会社、二五文化施設、二三八貿易会社、二七八六ビルがあった。(Myron Weiner & Ali Banuazizi (eds.), *The Politics of Social Transformation in Afghanistan, Iran, and Pakistan*, Syracuse : Syracuse University Press, 1994, p. 255.)

(5) Vahid F. Nowshirvani & Patrick Clawson, "The State and Social Equity in Postrevolutionary Iran", in Myron Weiner & Ali Banuazizi (eds.), op. cit., p. 255.

(6) 小学校における二部制ないし三部制の実施率は、都市部三七%、農村部一〇%となっている。小学校就学率は、男女間にも格差がある。全就学率七八・五%のうち、男子は、八三・八%に対し、女子は、六三・二%である。(Ministry of Education, *Education in The Islamic Republic of Iran*, 1990, pp. 50-53.)

(7) 非営利学校導入に関する詳細は、桜井啓子「イランの教育政策——非営利学校をめぐる一考察」(『上智アジア学』第一四号、一九九六年)参照。

(8) *Keyhān-e Havā'ī*, 26 October 1988.

(9) 非営利学校設立法の第一条によれば、「非営利学校とは、人々の共同参加によって、また、教育省の定める一般目的、規則、カリキュラム、活動方針にしたがって、教育省の監視のもとに設立され、かつ運営される学校である」。また非営利学校を設立できる個人ないし法人は、イスラーム信仰をもつとともに、イスラーム共和国の統治体制であるヴェラーヤテ・ファギーフならびに憲法を遵守するイラン・イスラーム共和国の臣民であることが条件となっている。さらに、前政権、非合法集団、逸脱組織などと関係がないことや、既婚者でありかつ三〇歳を越えていること、教育や文化関係の仕事の経歴を持ち、最低高卒あるいはそれと同等以上の学歴をもつことが条件であるということが、第二条、

第三条に定めれている。(*Ettelā'āt*, 5 Esfand 1366〔24 Feb. 1988〕.)

(10) 一九八六年から模範学校に指定された一部の公立学校では、学力に基づく学生の選抜とともに、公立学校として公的予算をもちながらもカリキュラム外の活動費を保護者が負担するという名目で、月謝の徴収が認められた。(*Ettelā'āt*, 6 Khordād 1365〔27 May 1986〕.)

(11) 英才学校は、王制時代の一九七六・七七年に才能育成国民協会(sāzmān-e mellī-ye parvaresh-e este'dādhā-ye derakhshān)によって設立され、革命後、同協会が教育省に吸収されたために、教育省の管轄する学校として存続しているものである。大都市では人々の関心を集めているが、模範学校と比較するとその数は限られている。一九八七〜八八年にガイダンス課程と高校レベルの英才学校に在籍している生徒は一三〇一人にすぎない。そのうち一一〇一人がテヘランで、残りは、ハマダーンとケルマーンの学生である。しかし、この英才学校も、現在、増設される傾向にある。(Keyhān-e Havā'ī, 16 November 1988.)

(12) Moḥammad Taqī & Moḥammad Ḥosein Borūj, *Āmūzesh va Parvaresh-e Ebtedā'ī, Rāhnamā'ī-ye Taḥṣīlī va Motavasseṭe*, Enteshārāt-e Mehrdād, 1373 summer (1994), pp. 255-256.

(13) 一九九五年度の統計によると、普通高校在籍者、約二九〇万人に対し、職業・技術高校の在籍者は、三二万人となっている。(Markaz-e Āmār-e Īrān, *Sālnāme-ye Āmārī-ye Keshvar 1374*, Feb. 1997, p. 469.)

大学予備課程導入にともなう高等学校再編に関する法や実施の詳細は、教育省発行の以下の本を参照。Vezārat-e Āmūzesh va Parvaresh, *Kollīyāt-e Neẓām-e Āmūzesh-e Motavasseṭe*, 1373 (1994-95), pp. 24-27.

(14) 大学入試は毎年、一〇倍程度の倍率である。(*Sālnāme-ye Āmārī-ye Keshvar 1374*, op. cit., p. 502, p. 506.)

革命後に設立されたイスラーム自由大学は、文化高等教育省の監視下にない極めて特殊な大学として、発達してきた。この大学の構想は、当時国会議長だったラフサンジャーニーが、一九八二年四月二一日のテヘラン金曜礼拝で提案したもので、ホメイニーらの賛同を得て、一九八三年一月に大学憲章が採択されて正式の存在となった。設立委員会の委員となったのは、ハーメネイー現最高指導者、ラフサンジャーニー前大統領をはじめ、当時の首相ムーサヴィー、ホメイニーの息子アフマド・ホメイニーなどであることからも明らかなように、体制の肝煎りで設立された大学である。一九八五年一月に文化革命高等審議会が非営利大学設置に関する規定を設定したために、新大学憲章が作成され、一九八七年一〇月に承認された。

この大学は高等教育機関の不足を補うために、生徒からの月謝と寄付金によって運営することで、財政的な独立を確保している。また、イスラーム自由大学は、特定のキャンパスをもたず、必要に応じて既存の建物を利用して教室を増設していくという方法で、多くの支部を開設してきた。とくに、高等教育機関が不足する小さな町や辺境の都市に支部を開設することで、地方の教育水準の向上と地方学生の都市への流入を抑制することをめざしている。(Islamic Azad University Publication Office, *A Guide to Islamic Azad University*, 1987-88, pp. 1-3.)

(15) *Iran Year Book '93*, op. cit., pp. 457-458.

(16) 一九八五年三月から一九八七年九月の間に労働省に求職登録した人々の学歴をみると、高卒者が全体の三〇%を占め、小卒二〇%、中卒一四%を引き離している。(Ibid., pp. 410-411.)

(17) *Ettelā'āt*, 1 Bahman 1366 (21 Jun. 1988), *Keyhān*, 6 Bahman 1366 (26 Jun. 1988)

(18) シーア派において、「イマーム」という呼称で呼ばれるのは、アリーを一代とする一二人の「イマーム」である。しかし、ここでは、ホメイニーに対する尊称として使用されている。一九七〇年代にホメイニーの支持者らが、ホメイニーに「イマーム」という呼称を与えたが、これは、シーア派の歴史において前例のないことである。「イマーム」がもつ神聖にして不可謬の指導者という意味が、ホメイニーのカリスマ性を高める役割を果たした。(Said Amir Arjomand, *The Turban for the Crown*, New York : Oxford University Press, 1988, p. 152.)

(19) 一三五七年バフマン月一二日は、西暦一九七九年二月一日。

(20) 一三五七年シャフリーヴァル月一七日は、西暦一九七八年九月八日。

(21) 国語中三、一九九六年度、九頁。一三六八年ホルダード月一四日は、西暦一九八九年六月四日。

(22) 歴史高三、一九九四年度、二五五頁。

(23) 国語中一、一九九四年度、一四五頁。

(24) 同右、一四四頁。

(25) 同右、四七~四九頁。サアディーは、『ゴレスターン』『ブースターン』などを著わした一三世紀のペルシア詩人。フェルドウスィーとともに一四世紀ペルシアの抒情詩人、ハーフェズも復権したが、『ルバイヤート』の作品を残した四行詩人オマル・ハイヤームは復権していない。(Shireen T. Hunter, *Iran after Khomeini*, New York : Praeger, 1992, p. 95.

(26) 国語中一、一九九四年度、一四四頁。
(27) 国語中二、一九九五年度、九八頁。
(28) 例えば、「国語中二、一九九〇年度」に掲載されていた「勝利のノウ・ルーズ」という反米、抵抗運動をテーマとする教材は、「国語中二、一九九五年度」から削除されている。
(29) 国語中一、一九九四年度、一五四頁。
(30) 一三五八年バフマン月二二日は、西暦一九七九年二月一一日。
(31) 一三五八年ファルヴァルディーン月一〇日、一一日は、西暦一九七九年三月三〇日、三一日。
(32) 例えば、「宗教小五、一九八五年度」では、「自由と殉教」というタイトルの章で、三代イマーム・ホセインの殉教を扱っている(一一一〜一一二頁)。この章は九四年度版には、存在しない。
(33) 国語中二、一九九五年度、一七〜一九頁。

第七章　むすびにかえて

一　革命政権による国定教科書制度の継承

王制からイスラーム共和制へ。この劇的な国家体制の変化のなかで、革命政権は、パフラヴィー王制から何を継承し、また何を切り捨てたのであろうか。これは、イスラーム革命を考察する場合の一つの重要な問いであるように思われる。本書は、その問いを、教科書制度とその内容という限られた対象において分析したものである。したがって、そこから得られた結論を教科書という枠を越えて、安易に一般化することはできない。しかしながら、イラン社会のさまざまな領域における革命前後の変化を考察するにあたって、「国家的メディア」としての教科書に生じた変化や連続性は注目に値するものである。

そこで、まずはじめに革命による変化や連続性を、「国家的メディア」としての教科書の発行を支えてきた制度的な側面から振り返ることにしたい。まずはじめに指摘できるのは、革命による政治体制の変化にもかかわらず王制時代に制度化された国定教科書という「国家的メディア」は継承されたという事実である。革命後の政権は、王制時代の教育政策を徹底的に批判し、教育のイスラーム化を目標としてきた。しかし、西洋近代の公教育制度のなかで発達してきた教科書を「主たる教材」とする教育方法を捨てることはなかった。それどころか、革命政権は、革命による混乱の最中も「国家的メディア」としての教科書の発行を維持するための努力を続けることによって、教科書の安定供給、教科書による教育水準の向上、教育内容の平準化、教育内容の国家統制といった王制時代の目標も継承してきた。

一般に王制時代の遺産を継承することに激しい抵抗を示してきた現体制は、なぜ国定教科書という王制時代に制度化されたメディアを放棄せずに、むしろ積極的にこれを活用したのであろうか。それは、革命後の政権が、他のメディアにはみられない教科書に固有な役割を高く評価していたからに他ならない。

第一に、それは教科書の未来志向性とでもいえるものである。教科書は、短期的な目標に対する同調や動員よりも、教育という営みのなかで次代の担い手の世界観形成や思考様式に影響を与えることによって、未来を方向付けようとする志向性をもっている。教科書に対する新政権の高い関心を見る限り、指導者たちはイスラーム共和制の樹立当初から体制の永続化に強い意欲を持っていたと考えられる。それはホメイニーのカリスマ性が際立っていた革命直後に、改訂・出版された教科書が、現実のイラン社会の状況とは対照的に、ホメイニーの存在を控えめにしか記述していないということからも明らかである。新政権は、政権樹立直後からすでに、ポスト・ホメイニー時代の到来に備え、ホメイニーのカリスマ性に依存しないヴェラーヤテ・ファギーフ体制の正当化を試みていたことになる。

第二は、学校教材としての教科書がもっている権威である。教科書は「正当な知識」を学習するためのテキストであり、その内容は教師という生徒にとっての指導者を通じて教授される。新体制の教育方針を表わしたホメイニーの言葉「訓練と浄化は教育に優先される(1)」にみられるように、子どもたちが多様な情報に接し、批判力を身につける前に、教育の名のもとに現体制のイデオロギーを「信仰」として浸透させようとするものである。

第三は、教科書がもつ強制的性格である。新政権は、新聞、雑誌、テレビ、ラジオなどのマス・メディアやモスクの集団礼拝や宗教集会での説教を通じて、多くのメッセージを流してきた。しかし、これらのメディアに接する機会は、性別、階層、年齢、学歴、地域などによって一様ではないのに対して、教科書はすべての生徒に等しく、かつ強制的に与えられるものである。これは、新体制にとって重要な意味をもっている。なぜならば、王制時代に西洋的な価値観やライフ・スタイルに親しんできた大都市の上層や中層の子弟を親世代の「西洋かぶれ」志向から引き離すための、あるいは子どもを通じた親世代の再教育を促すための武器にすることができるからである。これらの階層は、一般に教育熱心であるために、かなりの効果を期待することができる。

第四に、国定教科書の発行は、文化的自立の象徴でもある。王制時代、国定教科書制度を軌道に乗せるにあたって教育省は、アメリカの非営利団体であるフランクリン図書計画の支援を受けてきたことはすでに述べた。しかし、フランクリン図書計画は、当初からイラン人職員を主体に運営する方針をとっていたことや一九七〇年代にイランの教科書出版から撤退したことから、王制時代の末期には教科書出版はイランの自立的な活動となっていたと推察できる。革命後のイランは、革命、戦争、経済封鎖、国際的孤立などの要因によって、財政的にも技術的にも出版産業を維持することが極めて難しい状況にあったはずだが、教育省は、第二次世界大戦中に実施したような教科書発行の自由化や民間への委託はおこなわなかった。

しかし、これらの財政的、技術的な問題以上に、支配者の側に国定教科書の出版を死守しようとする強い姿勢が存在していたことが重要であると考えられる。西洋からの文化的自立を至上の目標とするイスラーム共和国は、外国の影響を最も排除しやすい教科書のなかに理想のイスラーム社会を描き出そうとしたのではないだろうか。衛星放送の受信をめぐる市民と政府との確執(2)に象徴されるように、国境を越えた情報の往来を遮断することは不可能に近い。そのような状況のなかで外国の介在を許さないメディアである教科書は現政権の文化的自立の象徴といえるだろう。

最後に、ポスト・ホメイニー時代の到来とともに、教科書内容にもさまざまな変化が訪れ、ナショナリズムの復活を思わせる教材の登場とともに革命色は大幅に後退した。しかし、いまのところ教科書の民営化や検定制の導入が検討されているという情報は得ていない。

二 革命政権による教科書改訂

次に教科書の形式や内容にみられる変化と連続についてまとめたい。革命政権は、王制時代に制度化された国定教科書を「主たる教材」とする学校教育を継承した。そのために教科書の形式を決定する教材配列、章ごとの構成、教科編成はもとより、教科書において扱われる主題の多くを踏襲した。本書が考察してきた国家権威のイメージ、共同体のイメージ、服従の獲得といった主題は、王制期から革命を経て、現在に至るまで一貫して教科書が取り上げてきたものである。(一)国家権威のイメージ、(二)共同体のイメージ、(三)服従の獲得、という三つの主題ごとに、変化の流れを追ってみたい。

1 国家権威のイメージ

革命によって国家権力は、国王の手からイスラーム法学者の手に渡った。この過程でいくつかの重要な変化がみられる。第一の変化は、国家権威の代表者が個人から集団へ移行したことである。王制時代には実際に権力を独占し、また国家権威を代表していたのは、モハンマド・レザー・シャー・パフラヴィーという個人であったが、革命後は、ホメイニーやハーメネイーといった特定の個人による統治ではなく、イスラーム法学者と呼ばれる集団が国家権威を代表するようになった。ホメイニーはイスラーム法学者集団のなかの最も傑出した人物として、革命後の国家権威を象徴する存在であったが、ホメイニーという個人がモハンマド・レザー・シャーの役割のすべてを継承したわけではなかった。

また、世襲制を基本とする王制時代は、血縁が重要な意味をもち、王だけでなく王妃や皇太子など王族たちもまた国家を代表する権威ある存在として描かれた。これに対して、イスラーム法学者という専門家集団を国家の最高権力の座に据えたイスラーム共和国では、最高指導者の地位は、血縁ではなく、信仰、学識、経験、判断力、指導力といった能力の所持者によって継承される。

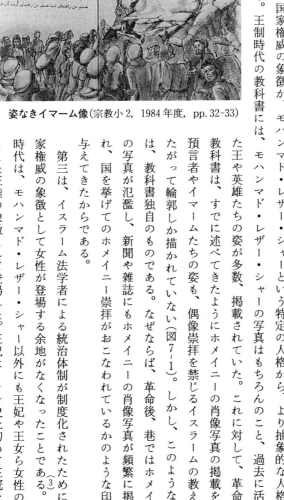

第二の変化は、国家権威の象徴が、モハンマド・レザー・シャーという特定の人格から、より抽象的な人格へと移行した点である。王制時代の教科書には、モハンマド・レザー・シャーの写真はもちろんのこと、過去に活躍した王や英雄たちの姿が多数、掲載されていた。これに対して、革命後の教科書は、すでに述べてきたようにホメイニーの肖像写真の掲載を控え、預言者やイマームたちの姿も、偶像崇拝を禁じるイスラームの教えにしたがって輪郭しか描かれていない（図7-1）。しかし、このような傾向は、教科書独自のものである。なぜならば、革命後、巷ではホメイニーの写真が氾濫し、新聞や雑誌にもホメイニーの肖像写真が頻繁に掲載され、国を挙げてのホメイニー崇拝がおこなわれているかのような印象を与えてきたからである。

図7-1　姿なきイマーム像(宗教小2, 1984年度, pp. 32-33)

第三は、イスラーム法学者による統治体制が制度化されたために、国家権威の象徴として女性が登場する余地がなくなったことである(3)。王制時代は、モハンマド・レザー・シャー以外にも王妃や王女ら女性の王族もまた王権の象徴として登場した(4)。王妃はイラン史上初めて王冠を授けられた女性である。さらには、一九六七年九月の憲法改正によって、皇太子が成年に達する以前に国王が死去した場合に、王妃が摂政に就任することが定められていた。

このような相違にもかかわらず、過去、現在、未来という時間の流れのなかでの現在の指導者の位置づけに類似性が見られる。国王の任務は、古代ペルシア帝国の栄光を現代世界に再現することであり、近代化はそのための方策であった。イスラーム共和国においても、歴史の目的は預言者モハンマドやイマームらが統治する理想の共同体を現代世界に築くことであり、イスラーム法学者による統治は、イマーム不在の現代世界における最良の選択とされる。過去の理想的な時代を現代世界に再現することによって、苦難の歴史に終止符を打ち、輝かしい未来を構築するのだという歴史観は、革命後も受け継がれている。

さらにまた国際社会における自己の位置づけについても類似性をみることができる。近代化の優等生を自認する国王は、中東世界のリーダーとして君臨することを欲していた。これに対してイスラーム法学者らは、自らを第三世界の解放運動のリーダーとみなす。役割こそ異なるものの発展途上国、第三世界のリーダーであるという自己イメージは共通したものである。

2　共同体のイメージ

王制期の教科書が描いてきた共同体は、国王を尊崇する人々の集合体であり、人々は、古代ペルシア帝国を築いた偉大なる民族の末裔である。領土国家としてのイランの存在は、古代ペルシアの栄光を文化的な核とするペルシア・ナショナリズムによって正当化された。これに対して革命後の教科書は、ナショナリズムを、以下のような理由で否定する。

ナショナリズムは、ネイションという単語から派生したもので、民族志向、愛国心を意味し、それに基づいて「民族」に真実を与えてきた学派である。この思想の支持者たちは、極端に走った場合には、自分たちの民族が他の民族よりも優れていると確信する。そしてこのような考え方こそが世界中で悲惨な戦争や多くの覇権主義の原因となってきた。（社会高四、一九九〇年度、一二七頁）

そして「文化、政治、人種、経済、地理などの国境は、イスラームにおいては真理ではない。イスラーム社会の基礎にあるのは、信仰だけである」[5]と言い切る。イスラーム共和国が理想とするのは、イスラーム共同体ウンマだけである。

しかしながら、革命後の教科書が理想とするウンマは、必ずしも国家の消滅を前提としたものとして、あるいは国家の代替物として描かれているわけではない。それどころか、イランという特定の領土を支配する統治機構としての国家は、革命とイスラーム信仰を守るために不可欠の機構とみなされている。つまり、教科書が、否定しているのは、特定の領域を支配する統治機構としての国家ではなく、ナショナリズムを統合原理とする国民国家という理念上の構築物である。

言葉を換えれば、革命後の教科書は、特定の領土を支配する統治機構としての国家を、民族主義としてのナショナリズムによって正当化するのではなく、信仰共同体を守るという名目において是認しようとしている。そうすることによって西洋近代の生み出した国家像とは異なるものを創出しようとしているのである。さらにまた、冷戦終結後、世界各地で民族を拠り所とする分離独立運動が噴出するなかで、多民族国家であるイランが、大多数の国民が信仰するイスラームを唯一の統合原理とみなすことは、現実的な選択でもある。

3　服従の獲得

教科書による国家権威のイメージや共同体イメージの形成は、国家に対する人々の服従意欲を高めることを目的としたものである。モハンマド・レザー・シャーという人格への服従が強要された王制期と神から統治を委託された専門家としてのイスラーム法学者への服従が絶対視されるイスラーム共和制期とでは、それぞれに服従すべき対象は異なっているものの、国民が指導を必要とする存在であること、また、指導者に追従することによってのみ安寧や発展を手に入れることができる存在として描かれている点に共通性がみられる。

しかしながら、服従することによって国民が手にするもの、すなわち服従の対価に対する両体制の扱いには差がある。王制時代の教科書は、愛国心に基づいて祖国を豊かにし、祖国の栄光を高めるように行動することを奨励してきた。そして、神話の世界で活躍する英雄たちのように、時には祖国のために命を捨てることさえも要求してきた。しかし、これらの行動が何をもたらすのかについては具体的に語られていない。イラン近代化の成功はモハンマド・レザー・シャー個人の努力と英知にのみ帰され、人々の寄与が、人々の成果として評価されることはなかった。

これに対して、革命後の教科書は、人々の服従を高く評価するだけでなく、人々の服従がイラン社会にどのように貢献してきたかを具体的に記述することによって、服従のための動機付けを与えようとしている。特に、革命運動を成功に導くとともに、イラン＝イラク戦争を戦い抜き、革命体制を維持するうえで、人々の積極的なコミットメントや服従が不可欠であったことを強調している。

そして、いうまでもなく、数ある服従のなかで自己犠牲の最高形態とされる殉教には、最高の報酬が用意されている。それは永遠の命であり、天国における至福の生活である。来世の存在と最後の審判を信じるイスラーム教徒にとってこれは、最高の贈り物となろう。だが、実際には、戦死を殉教とすることで戦場で命を放棄しなければならない兵士たちの死に意味を与えてきたといえよう。革命後の教科書は、殉教こそが、この世に生を受けたことの証であり、また後世にまでそれを伝える最良の方法であるということを確信させることによって、若者を献身競争へと駆り立てようとしてきた。このような精神的な動員こそが、教科書に課せられた最大の使命である。革命後の全教科書の表紙を飾る「教育は信仰なり」という言葉の意味もそこにある。

4　ポスト・ホメイニー時代と教科書

以上の比較によって革命前と革命後の教科書の相違点が明確となったが、ここで、ポスト・ホメイニー時代の教科書をどのように位置づけるかという問題に直面する。すでにみてきたように、全体的な傾向としては、革命によって全面否定された革命前の教科書のなかのいくつかの特徴が、再評価され始めている。国家権威の扱いに関しては、革命後の教科書にみられたような抽象的な指導者像の解説ではなく、イスラーム共和国の最高指導者であった故ホメイニーや現職のハーメネイーに直接に言及したり、彼らの写真を掲載することで、具体的な指導者像を示し始めている。ホメイニーの存命中は、「イスラーム法学者による統治」を制度化するために、ホメイニーという個人の人気にできるだけ依存しない方法が模索されてきたが、ホメイニーの死後は、若い世代に受け容れられるようなホメイニー像を演出し、その姿を盛んに描いている。そして注目すべき点は、現職の最高指導者ハーメネイーではなく、イスラーム共和国の創始者であるホメイニーを積極的に登場させている点である。ここから明らかになることは、ポスト・ホメイニー時代の教科書は、宗教的地位においても、政治的業績においても、現職の最高指導者を遥かに凌ぐホメイニーの権威を積極的に利用して、「イスラーム法学者による統治」の制度化という政治的目的を達成しようとしていることである。

ポスト・ホメイニー時代の到来とともに、ナショナルな文化遺産への回帰という新しい傾向がみられるようになった。民族の文化遺産として復活した『シャー・ナーメ』。民族の魂としてのペルシア語。ペルシア文化の礎を築いた学者たち。新版教科書は、これらのナショナルな文化要素の学習に多くのページを割いている。重要なことは、イラン人口の九割が信仰するシーア派よりも、ペルシア語を母語とする五割の人々を主な担い手とするペルシア文化を強調している点である。新しい教科書は、全世界のムスリムによるイスラーム共同体の形成という理想を保持しながら、その一方で、ペルシア文化の再評価にもとづく新たな「文化」ナショナリズムによってイランという領土国家内の統合を促進させようとしている。つまり、王制時代のペルシア文化礼賛が、イスラームを排除していくための方策であったのに対し、現在進行しているペルシア文化の再評価は、ムスリムの連帯という理想との共存を前提としている。

これらの変化は、当然に服従の在り方にも影響を与えている。革命や戦争が終わり、人々の目前から、命を投げ出してまで戦わなければない「敵」の姿が消えてしまった。そのような状況のなかで、かつてのようなかたちで殉教へのいざないを続けるわけにはいかない。それだけでなく、殉教者を続出させていた時代の興奮が冷め、殉教という犠牲が、イラン社会に何をもたらしたのかが冷静に判断される時代が到来した。革命、戦争、殉教は、そこに存在するものを破壊することによって何かを得ようとする行為である。それに対して、現在、求められているのは、すでにある命を殺すのではなく生かすことで、経済再建をはじめ、山積する問題を解決していくことである。体制の存続は、人口の半数を占める若年世代のエネルギーを建設的な目標に方向付けることができるか否かにかかっている。しかし、現在のところ殉教に代わる明確な目標は示されていない。すでに紹介したように外的な障害を取り除く解放闘争から、内面の自己改革へ目標を移行させるべきことが訴えられているが、「敵」の見えにくい状況のなかで、自己改革という目標で若者を十分に惹きつけることができるのであろうか。ポスト・ホメイニー時代の教科書は、国家への献身を求めながらも、それによって得られる対価を明確に示すことができなかった王制時代の教科書と同じ問題に直面している。

本書では、一九六三年の国定化決議から一九七九年の革命までの王制期、一九七九年のイスラーム革命から約一〇年つづいた革命期、一九八九年のホメイニーの死後に訪れたポスト・ホメイニー期、という三つの時代の教科書内容を比較し、時代とともに教科書内容が大きく変化してきたことを明らかにしてきたが、どの時代の教科書も、その方法に相違はあったものの、イランという領土国家の枠のなかに、人々が一体感を共有することができるような共同体を形成するとともに、その共同体の統合の象徴であり、かつ指導者である人物あるいは人物たちの権威を認め、進んでこれに服従するような若者を育てるという目標を追究していたことがわかる。そして、全時代を通じて、教育省は、国定教科書の存在とその配付によって、イランという領土国家の存在を証明してきたといえよう。

（1）　宗教小三、一九八五年度、奥付。
（2）　アジア経済研究所編『第三世界のメディア』明石書房、一九九五年、一五〇～一五一頁。
（3）　モーメンによれば、女性にはモジュタヘドになる能力は備わっていないというのがシーア派ウラマーの主たる見解である。(Moojan Momen, *An Introduction to Shi'i Islam*, New Heaven : Yale University Press, 1985, p. 245.) ただし、歴史的には、シーア派は、エジュテハードを行使できるほどに研鑽を積んだ女性のイスラーム学者の存在を許容していたという。しかし、これらの女性をモジュタヘドと呼びうるか否かについては、シーア派の学者らの間に統一見解はなく、多くの学者は、男性であることを、モジュタヘドの条件とみなしている。(Nahid Yeganeh & Nikki R. Keddie, "Sexuality and Shi'i Social Protest in Iran", in Juan R. I. Cole & Nikki R. Keddie (eds.), *Shi'ism and Social Protest*, New Haven : Yale University Press, 1986, p. 119.)
（4）「二五〇〇年の帝国の歴史のなかで貴き婦人が公式に戴冠したのは、初めてのことである」。(社会高三、一九七一年度、九七頁)
（5）　社会高四、一九九〇年度、一三六頁。

あとがき

一九七七年二月、砂漠の乾いた雰囲気やタイルばりのモスク建築に憧れていた高校生の私は、東京の三越で開かれた「大ペルシャ文明展」を見に行った。どのようなものが展示されていたのか、いまになってみるとほとんど記憶にないが、会場の入口に飾られていたパフラヴィー国王の肖像だけが、なぜか記憶に残っている。それというのも、その写真が、私の初めて見る「イラン人」であり、それは、私のイメージしていた「砂漠の人々」とは、かなり違った印象だったからである。

翌年の春、漠然とペルシアに憧れていた私は、歴史を勉強しようという気持ちで史学科に入学したのだが、予想に反して、ペルシアを含めたこの地域に関する講座がなく、いささか拍子抜けしてしまった。そうはいうものの、新入生にとってやはり大学生活はそれなりに刺激に満ちていて、いつのまにか夏休みを迎えたのだが、その頃からイラン各地で発生する反体制運動がテレビや新聞で報じられるようになり、その数は次第に増えていった。一九七九年、年明けとともにあの肖像写真の国王は祖国を去り、それと入れ替わるようにホメイニーが亡命先のパリから帰国し、二月一一日には、イスラーム革命の成就が報じられた。私にとって、「大ペルシャ文明展」のイメージから、あまりにかけ離れたイランの革命は、非常な衝撃だった。それ以来、私の関心は古代ペルシアから一足飛びに現代イランへと移ってしまい、史学科の学生として期待されていた「歴史研究」に相応しい「時代」やテーマからも逸脱することになってしまったのである。

しかし、当時の私は、「イラン革命」に興味を抱いたとはいうものの、正直なところ、一体どのようにしてこの巨大なテーマに近づくことができるのか、手がかりさえなかった。そのような時に参加したのが、比較社会学という立場から多様な発展のプロセスを探求し、「内発的発展論」を提唱しておられた鶴見和子先生のゼミだった。中国、ラテン・アメリカ、東欧、東南アジア、日本……。そこでは、ゼミ生たちの持ち込む多様な地域に関する思いのテーマが、鶴見先生の魔術のもとで、つぎつぎに輪郭を与えられていった。「イラン革命」というテーマを持ち込んだ私は、結局、学部から大学院を通じて、鶴見ゼミのお世話になった。常に異質なものとの出会いを大切にされ、未熟な学生の発言にも耳を傾けて下さった先生は、御自身の御専門からは遠い私のテーマを快く受け入れて下さり、厳しく、かつ刺激に満ちた指導をして下さった。実のところ、私にとっては、深い洞察と暖かな眼差しに支えられた先生の学問は、「イラン革命」以上に、魅力的であったともいえる。もし先生のゼミに参加することがなければ、おそらく研究を続けてはいなかっただろう。九五年の冬に病に倒れられ、その後遺症を背負われることになってしまったが、それをも軽やかに乗り越えられ、さらなる情熱をもってその志を貫かれ、今も学問と向かい合っておられる先生には、遥かに及ばないが、人生の一時期に学生として先生から、言葉には尽くせないほど多くのことを学ばせて頂いた者として、わずかでもその幸運に報いることができればと願っている。この場を借りて、感謝と御礼を申し上げます。

ところで、大学院へ進学し、「イラン革命」について少々分かったような気分になっていた時期に、私は再び、大きな衝撃を味わうことになる。それは、神田の穂高書店で革命後に出版されたイランの教科書を手にした時のことだった。たまたま、王制時代の教科書を使ってペルシア語を勉強していたために、教材のどの部分が書き換えられているのかがすぐにわかった。革命や殉教賛美の字句が並ぶ教科書のなかに、はじめて「イラン革命」のリアリティを見るような思いがし、現代イランへの入口がみえたような気がした。

それ以来、教科書が気になりだしたのである。穂高書店で購入した数冊の教科書から出発して、私の教科書集めがはじまった。一九八八年、一九九〇年、一九九六年には、教科書を探しに、テヘラン大学周辺の書店街を歩き回った。最初は、事情が分からず闇雲に本屋を覗いているばかりだったが、そのうちに教科書を専門に扱う書店があることを知った。しかし、一般書籍とは異なり、余部が少ないために、なかなか必要なものを揃えることができなかった。特に、書店で扱っていない小学校教科書や教科書不足の深刻な一九八〇年代のものの収集は、イランの友人たちの助けに負うところが大きい。一九八〇年代の小学校教科書の多くは、テヘランで小学校の教師をしている友人から譲って頂いたものである。また、小学校や中学校に通う小さな友人たちからも、使用済みの教科書を譲り受けた。そうやって集めた教科書を日本に持ち帰るにあたっても多くのイラン人のお世話になった。イラン＝イラク戦争の停戦まもない頃は、発送前の検査で、外国人が教科書を持ち出してはいけないと拒否されることも多く、その度に、段ボール箱を担ぎながら郵便局を変えたり、イラン人に発送を代行してもらったりした。不思議なことに郵便局や担当者を変えると規則も変わった。最新版の教科書は、日本の大学に通うイラン人留学生の方々の御協力によって集めることができた。私の教科書集めは、イランの友人たちとの思い出と重なっている。

革命前の教科書は主に日本で集めた。東京外国語大学図書館、日本イラン協会、ユネスコ・アジア文化センター、天理大学図書館で王制時代の教科書を見ることができた。そのほか、内外の多くの方々から王制時代の教科書を譲って頂いたり、コピーを撮らせて頂いた。教科書集めはもちろんのこと、さまざまな折りに本当にたくさんの方々にお世話になった。心から御礼を申し上げたい。

教科書への関心は、革命前と革命後の教科書を読み比べるなかで一層強くなったが、それだけではない。日本、イラン、アメリカで知り合った個性豊かなイランの人々との交流がなければ、おそらくは、その関心も長くは続かなかったと思う。

特にイランで知り合った友人の多くは、小中学生の子どもを持つ親だったことから、教科書について、あるいは教育についてのいろいろな意見や体験談を聞くことができた。

一九八八年八月末、私が初めてイランを訪ねた時は、国連安全保障理事会の停戦決議が発効された直後だった。戦争が終わったとはいえ、テヘランの街の至るところで空襲の惨害を目撃したし、人々もまだ長い戦争による疲労と緊張のなかにあった。学校のことを話題にすると、多くのイラン人が教育への不安を口にした。なかでも、革命前に西洋化の洗礼を受けた親たちの不安は大きく、教科書の字句通りに息子が殉教精神に心酔したり、イスラーム・イデオロギーに傾倒しすぎることを恐れ、帰宅した子どもたちに再授業を試みる人もいたそうだ。しかし、そのような「努力」は、あまり長続きするものではないらしい。やはり学校の影響力は、大きいということのようである。

しかし、一九九六年に訪ねた時には、イランもすっかり変わっていた。親達の話題は、もっぱら受験と就職だった。大学進学を控えた子どもを持つある友人は、革命と戦争の時代、幼い子どもたちをもつ親たちは互いの身を案じ、何かと結束していたけれども、最近は、子どもたちの進学や受験の話ばかりで、親戚でさえも競争相手になってしまい、以前のような付き合いはできなくなってしまったとぼやいていた。

イランで出会った子どもたちからも多くのことを教わった。ホメイニーが存命していた一九八八年、小学校に入学したばかりの女の子に、「ホメイニーは好き?」と聞いてみた。誇らしげに「バレ、バレ(はい)」と答えたその子にもう一度「じゃあ、どんなところが好きなの?」と聞き返すと、隣の部屋にいるお兄さんを意識してか、やや小声で「本当はね、よくわからないの。だって、まだ、会ったことがないからね」と教えてくれた。外出する時にスカーフを被るのをいやがって、すぐにはずしては、親をヒヤヒヤさせていたその女の子も二年後に会った時には、すっかり優等生になっていた。「一番好きな授業は、なんといっても宗教よ。一生懸命やるとものすごく誉められるんだから」と、お祈りなんて面倒くさいといっているお兄さんの前で、「正しい礼拝」の仕方を教えてくれた。

子供にとって学校で認められることが大変な誇りなのは、洋の東西変わらないのだろう。

しかし、そんな彼女も、一九九六年に再会した時には、お洒落や流行歌に夢中な女学生に成長していた。お祈りをいやがっていた兄の方は、料理が得意で、将来コックさんになってもいいなといっていた。

一九九九年二月、本書の脱稿後、三年ぶりにイランを訪ねた。ハータミー政権の誕生は、予想以上に若者の間に自由な空気をもたらしていたし、至るところで元気な女性たちに遭遇した。訪問したアルザフラー女子大学では、教員の半数を女性が占め、大学内に保育所も設置されていた。黒いスカーフとコート姿は相変わらずだが、女学生たちの明るさと自己表現力に圧倒された。最も保守的な宗教都市ゴムでも女性パワーを感じた。ゴム神学校イスラーム布教所の女子教育センターを訪ねた。この学校の入学条件は、高卒であること、入学試験に合格すること、父、兄、夫など男性親族がウラマーであることで、卒業後は、布教活動に従事するか、宗教の先生になる。厳格な雰囲気の学校だったが、教室のなかは、予想外に明るく活気に満ちていた。案内してくれた女の先生は、私に「うちは母も妹も教員よ。あなたのところは？」「最近、私だってチャードルの下に色物を着るのに、何であなたは、真っ黒ばかり着てきたの？」「日本では、女性の進学率はどのくらい？」など次々に質問した。ゴムには、このほかに全世界から女子留学生を受け入れている宗教学校ジャーメ・アルザフラー、ファーテメ女子医科大学などもある。

一九八八年から一九九〇年に滞在していたアメリカのバークレーという大学町で親しくなったイラン人たちからも、イランの教育についてのさまざまな想いを聞かせてもらった。イラン革命後、アメリカ在住のイラン人の多くが帰国を断念し、あるいは革命の行く末を案じてアメリカに渡った。その数は三〇万とも四〇万ともいわれている。私が知り合ったイラン人はもちろんそのなかのごく一部にすぎないが、都会に暮らす彼らは、概して学歴が高く、子どもの教育に熱心であり、教育の話になると自然に熱が入る。彼らの間では、初等、中等教育に関するかぎりアメリカよりもイランの教育方法に軍配が上がる。理由は、学校に秩序があり、先生に権威があるからだ。また、イランの生徒の方が学習熱心だと考えている人も少なくない。その際、彼らが、学習熱心だという根拠は、教科書の字句をよく暗記しているということだった。アメリカの教育を受けたことのある彼らの間にも暗記学習の信仰がまだ生きているようである。ただし、革命後の教育内容、特に政治、宗教教育にはかなり批判的であった。

また、アメリカ在住のイラン人は、アメリカ社会でたくましく生き延び、マイノリティーでありながらも比較的成功している人が多い。彼らの間の同胞意識は強く、医者、弁護士、不動産業から食料品店、レストラン、ナイトクラブ、ペルシア語書籍を専門に扱う書店、放送局、文化講座に至るまであらゆる分野に進出し、ペルシア語だけで成り立つネットワークを形成している。彼らは、祖国の言葉、習慣、文化に強い関心と愛着を持ち続けている。

ある時、そんな友人の一人が、「高学歴で才能のあるイラン人が、アメリカのために尽くしているなんて皮肉ね」とぼやいたので、「革命がなかったらイランのために尽くしていた?」と聞き返すと、彼女は戸惑ったようだった。

「どうかしら。私たちの世代は、イランに誇りを持つように教えられたわ。イランの詩、文学、歴史、みんな私たちの誇りよ。それにイラン人の暮らし方、家族や人の絆はとてもすばらしいものだと信じているわ。でも、国のために尽くすっていう感覚はあまりないかもね。だいだいアメリカにいたって、イラン人として誇りをもって生きることができれば、それでいいって考えている人も結構多いのよ」。

彼女は一九五〇年代のはじめ、テヘランのバーザールで宝石商を営む家に生まれ、短大卒業後にフランスに遊学し、そこでイランの青年と結ばれてアメリカに渡った。アメリカ流の自由や個人主義が気に入っている彼女も、アメリカの学校には秩序がないと批判的だった。彼女は、日本の公文式に惹かれ、公文式の塾に息子を通わせながら、自らも指導員の資格をとって教えていた。私は革命前の教科書を読みながら、彼女の言葉を想い出した。

本書は、限られた体験から得た発想や疑問から出発し、イラン・イスラーム革命という複雑かつ巨大な対象に、私なりに何とか近づこうとしてきた拙い試みを記したものである。学部から博士課程を終えるまでの長い学生時代を過ごした上智大学では、優れた先生方や学友に恵まれた。大学院在学中、特にお世話になった石澤良昭先生はじめ、多くの先生方から厳しくも暖かいご指導を賜った。また、折に触れて励ましのことばを掛けてくださった東京国際大学の豊田俊雄先生にも御礼を申し上げたい。学部に入学した時から数えて、実に二〇年もの歳月が経過し、非力ながらも教える立場になったものの、教えることの難しさに日々、直面している。今さらながら、先生方の御指導がどれほどに貴重なものであったかを痛感し、感謝の念に耐えない。

長い学生時代を経て、一九九一年、はじめて就職した学習院大学東洋文化研究所では、博士論文の執筆に格別の御理解と御配慮を賜わった。在職当時の所長、吉田敦彦先生ならびに川嶋辰彦先生に、厚く御礼申し上げます。

なお本書は、一九九七年度、上智大学に提出した博士(国際関係論)の学位論文を大幅に加筆・修正したものである。指導教授としてまた、論文審査の主査として、御指導を賜った中岡三益先生はじめ、副査を引き受けて下さいました綿貫譲治先生、石井米雄先生、関西外国語大学の加賀谷寛先生には、改めて御礼を申し上げる次第です。また、一九九六年四月から九八年三月まで勤務いたしました明治学院大学国際平和研究所では、自由な研究環境のなかで、本書の執筆を奨励して下さいました武者小路公秀所長をはじめ、所員の先生方、スタッフの方々に深く感謝申し上げます。国際平和研究所における二年間の研究成果として本書を上梓いたしたいと思います。

最後に、このような形で本書を出版する機会を与えて下さいました岩波書店に心より御礼申し上げます。

一九九九年二月　革命二〇周年のイランから帰国して

桜井啓子

■岩波オンデマンドブックス■

革命イランの教科書メディア
——イスラームとナショナリズムの相剋

1999年5月21日　第1刷発行
2015年7月10日　オンデマンド版発行

著　者　桜井啓子《さくらいけいこ》

発行者　岡本　厚

発行所　株式会社　岩波書店
〒101-8002 東京都千代田区一ツ橋2-5-5
電話案内 03-5210-4000
http://www.iwanami.co.jp/

印刷／製本・法令印刷

ISBN 978-4-00-730229-9　　Printed in Japan

索　引

あ 行

か 行

さ 行

た 行

な 行

は 行

ま 行

や 行

ら 行

教科書リスト

( )内は引用の際の略式表示

小学校1年ペルシア語(国定化以前)

Ketāb-e Avval-e Dabestān, 1337, Enteshārāt-e Farānklīn (国語小1, 1958年度)

小学校2年ペルシア語(国定化以前)

Ketāb-e Dovvom-e Dabestān, 1340, Enteshārāt-e Farānklīn (国語小2, 1961年度)

小学校1年ペルシア語

Fārsī, Avval-e Dabestān, 1352 (国語小1, 1973年度)
Fārsī, Avval-e Dabestān, 1353 (国語小1, 1974年度)
Fārsī, Avval-e Dabestān, 1364 (国語小1, 1985年度)
Fārsī, Avval-e Dabestān, 1366, Enteshārāt-e Mehr (国語小1海外版, 1987年度)
Fārsī, Avval-e Dabestān, 1373 (国語小1, 1994年度)
Fārsī, Avval-e Dabestān, 1375 (国語小1, 1996年度)

小学校2年ペルシア語

Fārsī, Dovvom-e Dabestān, 1353-54 (国語小2, 1974年度)
Fārsī, Dovvom-e Dabestān, 2535 (国語小2, 1976年度)
Fārsī, Dovvom-e Dabestān, 1360 (国語小2, 1981年度)
Fārsī, Dovvom-e Dabestān, 1371 (国語小2, 1992年度)
Fārsī, Dovvom-e Dabestān, 1373 (国語小2, 1994年度)
Fārsī, Dovvom-e Dabestān, 1375 (国語小2, 1996年度)

小学校3年ペルシア語

Fārsī, Sevvom-e Dabestān, 1353-54 (国語小3, 1974年度)
Fārsī, Sevvom-e Dabestān, 2536 (国語小3, 1977年度)
Fārsī, Sevvom-e Dabestān, 1361 (国語小3, 1982年度)
Fārsī, Sevvom-e Dabestān, 1371 (国語小3, 1992年度)
Fārsī, Sevvom-e Dabestān, 1373 (国語小3, 1994年度)
Fārsī, Sevvom-e Dabestān, 1375 (国語小3, 1996年度)

小学校4年ペルシア語

Fārsī, Chahārom-e Dabestān, 1349 (国語小4, 1970年度)
Fārsī, Chahārom-e Dabestān, 1353 (国語小4, 1974年度)
Fārsī, Chahārom-e Dabestān, 1361 (国語小4, 1982年度)
Fārsī, Chahārom-e Dabestān, 1371 (国語小4, 1992年度)

小学校5年ペルシア語(新学制移行期・イラン教科書協会認定教科書)

Fārsī va Dastūr, Barāye Sāl-e Panjom-e Dabestān, 1344 (国語小5, 1965年度)

小学校5年ペルシア語

Fārsī, Panjom-e Dabestān, 1350-51 (国語小5, 1971年度)
Fārsī, Panjom-e Dabestān, 1353 (国語小5, 1974年度)
Fārsī, Panjom-e Dabestān, 1364 (国語小5, 1985年度)
Fārsī, Panjom-e Dabestān, 1371 (国語小5, 1992年度)

Fārsī, Panjom-e Dabestān, 1373 (国語小 5, 1994 年度)

小学校 6 年ペルシア語(新学制移行期・イラン教科書協会認定教科書)

Fārsī va Dastūr, Barāye Sāl-e Sheshom-e Dabestān, 1344 (国語小 6, 1965 年度)

ガイダンス課程 1 年ペルシア語

Fārsī 1, Doure-ye Rāhnamā'ī-ye Taḥṣīlī, 1351 (国語中 1, 1972 年度)

Fārsī va Dastūr, Sāl-e Avval, Doure-ye Rāhnamā'ī-ye Taḥṣīlī, 1369 (国語中 1, 1990 年度)

Fārsī, Sāl-e Avval-e Doure-ye Rāhnamā'ī-ye Taḥṣīlī, 1373 (国語中 1, 1994 年度)

ガイダンス課程 2 年ペルシア語

Fārsī 2, Doure-ye Rāhnamā'ī-ye Taḥṣīlī, 1351 (国語中 2, 1972 年度)

Fārsī va Dastūr, Sāl-e Dovvom, Doure-ye Rāhnamā'ī-ye Taḥṣīlī, 1369 (国語中 2, 1990 年度)

Fārsī, Sāl-e Dovvom-e Doure-ye Rāhnamā'ī-ye Taḥṣīlī, 1374 (国語中 2, 1995 年度)

ガイダンス課程 3 年ペルシア語

Fārsī va Dastūr, Sāl-e Sevvom, Doure-ye Rāhnamā'ī-ye Taḥṣīlī, 1369 (国語中 3, 1990 年度)

Fārsī, Sāl-e Sevvom-e Doure-ye Rāhnamā'ī-ye Taḥṣīlī, 1375 (国語中 3, 1996 年度)

高校 1 年〜4 年ペルシア語・文学史

Fārsī, Sāl-e Avval, Dabīrestān, 1361 (国語高 1, 1982 年度)

Fārsī, Avval-e Dabīrestān, 1362 (国語高 1, 1983 年度)

Tārīkh-e Adabīyāt-e Īrān, Sāl-e Avval, Āmūzesh-e Motavasseṭe-ye 'Omūmī, 1369 (イラン文学史高 1, 1990 年度)

Fārsī va Āyīn-e Negāresh, Sāl-e Avval-e Dabīrestān, 1369 (国語高 1, 1990 年度)

Fārsī va Āyīn-e Negāresh 1 va 2, Sāl-e Avval, Neẓām-e Jadīd-e Āmūzesh-e Motavasseṭe, 1373 (国語高 1, 1994 年度)

Fārsī, Sāl-e Dovvom, Dabīrestān, 1361 (国語高 2, 1982 年度)

Fārsī, Sāl-e Sevvom, Dabīrestān, 1361 (国語高 3, 1982 年度)

Adabīyāt-e Enqelāb-e Eslāmī, Sāl-e Chahārom, Āmūzesh-e Motavasseṭe-ye 'Omūmī, 1362 (革命文学高 4, 1983 年度)

Fārsī, Sāl-e Chahārom, Dabīrestān, 1361 (国語高 4, 1982 年度)

Fārsī, Sāl-e Chahārom-e Dabīrestān, 1369 (国語高 4, 1990 年度)

小学校 2 年宗教

Ta'līmāt-e Dīnī, Dovvom-e Dabestān, 1349-50 (宗教小 2, 1970 年度)

Farhang-e Eslāmī va Ta'līmāt-e Dīnī, Dovvom-e Dabestān, 1363 (宗教小 2, 1984 年度)

Ta'līmāt-e Dīnī, Dovvom-e Dabestān, 1373 (宗教小 2, 1994 年度)

小学校 3 年宗教

Ta'līmāt-e Dīnī, Sevvom-e Dabestān, 1349-50 (宗教小 3, 1970 年度)

Farhang-e Eslāmī va Ta'līmāt-e Dīnī, Sevvom-e Dabestān, 1364 (宗教小 3, 1985 年度)

Ta'līmāt-e Dīnī, Sevvom-e Dabestān, 1373 (宗教小 3, 1994 年度)

小学校 4 年宗教

Ta'līmāt-e Dīnī, Chahārom-e Dabestān, 1349-50 （宗教小 4，1970 年度）

Farhang-e Eslāmī va Ta'līmāt-e Dīnī, Chahārom-e Dabestān, 1364 （宗教小 4，1985 年度）

Ta'līmāt-e Dīnī, Chahārom-e Dabestān, 1373 （宗教小 4，1994 年度）

小学校 5 年宗教

Ta'līmāt-e Dīnī, Panjom-e Dabestān, 1349-50 （宗教小 5，1970 年度）

Farhang-e Eslāmī va Ta'līmāt-e Dīnī, Panjom-e Dabestān, 1364 （宗教小 5，1985 年度）

Ta'līmāt-e Dīnī, Panjom-e Dabestān, 1371 （宗教小 5，1992 年度）

Ta'līmāt-e Dīnī, Panjom-e Dabestān, 1373 （宗教小 5，1994 年度）

小学校 5 年宗教（新学制移行期・イラン教科書協会認定教科書）

Ta'līmāt-e Dīnī, Barāye Sāl-e Panjom-e Dabestān, 1344 （宗教小 5，1965 年度）

小学校 6 年道徳（新学制移行期・イラン教科書協会認定教科書）

Akhlāq, Barāye Sāl-e Sheshom-e Dabestān, 1343 （道徳小 6，1964 年度）

ガイダンス課程 1 年宗教

Farhang-e Eslāmī va Ta'līmāt-e Dīnī, Sāl-e Avval, Doure-ye Rāhnamā'ī-ye Taḥṣīlī, 1362 （宗教中 1，1983 年度）

Farhang-e Eslāmī va Ta'līmāt-e Dīnī, Sāl-e Avval, Doure-ye Rāhnamā'ī-ye Taḥṣīlī, 1375 （宗教中 1，1996 年度）

ガイダンス課程 2 年宗教

Ta'līmāt-e Dīnī, Sāl-e Dovvom, Doure-ye Rāhnamā'ī-ye Taḥṣīlī, 2535 （宗教中 2，1976 年度）

Farhang-e Eslāmī va Ta'līmāt-e Dīnī, Sāl-e Dovvom, Doure-ye Rāhnamā'ī-ye Taḥṣīlī, 1366 （宗教中 2，1987 年度）

Farhang-e Eslāmī va Ta'līmāt-e Dīnī, Sāl-e Dovvom, Doure-ye Rāhnamā'ī-ye Taḥṣīlī, 1375 （宗教中 2，1996 年度）

ガイダンス課程 3 年宗教

Farhang-e Eslāmī va Ta'līmāt-e Dīnī, Sāl-e Sevvom, Doure-ye Rāhnamā'ī-ye Taḥṣīlī, 1374 （宗教中 3，1995 年度）

ガイダンス課程 1 年～3 年少数派用宗教

Ta'līmāt-e Adyān-e Elāhī va Akhlāq, Vīzhe-ye Aqallīyathā-ye Maẕhabī, Sāl-e Avval, Doure-ye Rāhnamā'ī-ye Taḥṣīlī, 1368 （少数派用宗教中 1，1989 年度）

Ta'līmāt-e Adyān-e Elāhī va Akhlāq, Vīzhe-ye Aqallīyathā-ye Maẕhabī, Sāl-e Dovvom, Doure-ye Rāhnamā'ī-ye Taḥṣīlī, 1368 （少数派用宗教中 2，1989 年度）

Ta'līmāt-e Adyān-e Elāhī va Akhlāq, Vīzhe-ye Aqallīyathā-ye Maẕhabī, Sāl-e Sevvom, Doure-ye Rāhnamā'ī-ye Taḥṣīlī, 1368 （少数派用宗教中 3，1989 年度）

高校 1 年～4 年宗教

Darshā'ī az Qor'ān, Sāl-e Avval-e Dabīrestān, 1369 （コーラン高 1，1990 年度）

Darshā'ī az Qor'ān, Sāl-e Dovvom-e Dabīrestān, 1369 （コーラン高 2，1990 年度）

Bīnesh-e Eslāmī, Sāl-e Avval-e Dabīrestān, 1362 （宗教高 1，1983 年度）

Bīnesh-e Eslāmī, Sāl-e Avval-e Dabīrestān, 1369 （宗教高 1，1990 年度）

Bīnesh-e Eslāmī, Sāl-e Dovvom-e Dabīrestān, 1362 （宗教高 2，1983 年度）

Bīnesh-e Dīnī, Sāl-e Chahārom-e Dabīrestān, 1362 （宗教高 4，1983 年度）

Bīnesh-e Dīnī, Sāl-e Chahārom-e Dabīrestān, 1363 (宗教高 4, 1984 年度)

高校 1 年～3 年少数派用宗教

Ta'līmāt-e Adyān-e Elāhī va Akhlāq, Vīzhe-ye Aqallīyathā-ye Mazhabī, Sāl-e Avval-e Dabīrestān, 1368 (少数派用宗教高 1, 1989 年度)

Ta'līmāt-e Adyān-e Elāhī va Akhlāq, Vīzhe-ye Aqallīyathā-ye Mazhabī, Sāl-e Dovvom-e Dabīrestān, 1369 (少数派用宗教高 2, 1990 年度)

Ta'līmāt-e Adyān-e Elāhī va Akhlāq, Vīzhe-ye Aqallīyathā-ye Mazhabī, Sāl-e Sevvom-e Dabīrestān, 1369 (少数派用宗教高 3, 1990 年度)

小学校 3 年社会

Ta'līmāt-e Ejtemā'ī, Sevvom-e Dabestān, 1349 (社会小 3, 1970 年度)

Ta'līmāt-e Ejtemā'ī, Sevvom-e Dabestān, 1364 (社会小 3, 1985 年度)

Ta'līmāt-e Ejtemā'ī, Sevvom-e Dabestān, 1371 (社会小 3, 1992 年度)

Ta'līmāt-e Ejtemā'ī, Sevvom-e Dabestān, 1375 (社会小 3, 1996 年度)

小学校 4 年社会

Ta'līmāt-e Ejtemā'ī, Chahārom-e Dabestān, 1349-1350 (社会小 4, 1970 年度)

Ta'līmāt-e Ejtemā'ī, Chahārom-e Dabestān, 1364 (社会小 4, 1985 年度)

Ta'līmāt-e Ejtemā'ī, Chahārom-e Dabestān, 1371 (社会小 4, 1992 年度)

Ta'līmāt-e Ejtemā'ī, Chahārom-e Dabestān, 1375 (社会小 4, 1996 年度)

小学校 5 年社会

Ta'līmāt-e Ejtemā'ī, Panjom-e Dabestān, 1349-1350 (社会小 5, 1970 年度)

Ta'līmāt-e Ejtemā'ī, Panjom-e Dabestān, 1364 (社会小 5, 1985 年度)

Ta'līmāt-e Ejtemā'ī, Panjom-e Dabestān, 1371 (社会小 5, 1992 年度)

Ta'līmāt-e Ejtemā'ī, Panjom-e Dabestān, 1375 (社会小 5, 1996 年度)

小学校 6 年社会(新学制移行期・イラン教科書協会認定教科書)

Ta'līmāt-e Madanī, Sāl-e Sheshom-e Dabestān, 1344 (公民小 6, 1965 年度)

ガイダンス課程 1 年社会

Ta'līmāt-e Ejtemā'ī, Sāl-e Avval, Doure-ye Rāhnamā'ī-ye Taḥṣīlī, 1369 (社会中 1, 1990 年度)

Ta'līmāt-e Ejtemā'ī, Sāl-e Avval, Doure-ye Rāhnamā'ī-ye Taḥṣīlī, 1374 (社会中 1, 1995 年度)

ガイダンス課程 2 年社会

Ta'līmāt-e Ejtemā'ī, Sāl-e Dovvom, Doure-ye Rāhnamā'ī-ye Taḥṣīlī, 1366 (社会中 2, 1987 年度)

Ta'līmāt-e Ejtemā'ī, Sāl-e Dovvom, Doure-ye Rāhnamā'ī-ye Taḥṣīlī, 1369 (社会中 2, 1990 年度)

Ta'līmāt-e Ejtemā'ī, Sāl-e Dovvom, Doure-ye Rāhnamā'ī-ye Taḥṣīlī, 1374 (社会中 2, 1995 年度)

ガイダンス課程 3 年社会

Ta'līmāt-e Ejtemā'ī, Sāl-e Sevvom, Doure-ye Rāhnamā'ī-ye Taḥṣīlī, 1368 (社会中 3, 1989 年度)

Ta'līmāt-e Ejtemā'ī, Sāl-e Sevvom, Doure-ye Rāhnamā'ī-ye Taḥṣīlī, 1369 (社会中 3, 1990 年度)

Ta'līmāt-e Ejtemā'ī, Sāl-e Sevvom, Doure-ye Rāhnamā'ī-ye Taḥṣīlī, 1374
(社会中 3, 1995 年度)

旧制中等教育課程社会(新学制移行期・イラン教科書協会認定教科書)

Ta'līmāt-e Ejtemā'ī, Barāye Sāl-e Avval-e Dabīrestānhā, 1342 (社会中 1, 1963 年度)

Ta'līmāt-e Ejtemā'ī, Barāye Sāl-e Dovvom-e Dabīrestānha, 1342
(社会中 2, 1963 年度)

Ta'līmāt-e Ejtemā'ī, Barāye Sāl-e Sevvom-e Dabīrestānhā, 1342 (社会中 3, 1963 年度)

Ta'līmāt-e Ejtemā'ī, Barāye Sāl-e Chahārom-e Dabīrestānhā, 1344
(社会高 1, 1965 年度)

Ta'līmāt-e Ejtemā'ī, Barāye Sāl-e Panjom-e Dabīrestānhā, 1342 (社会高 2, 1963 年度)

高校 1 年～4 年社会・社会学

Dānesh-e Ejtemā'ī, Sāl-e Avval, Dabīrestān, 1362 (社会高 1, 1983 年度)

Dānesh-e Ejtemā'ī, Sāl-e Avval, Dabīrestān, 1369 (社会高 1, 1990 年度)

Dānesh-e Ejtemā'ī, Sāl-e Dovvom, Āmūzesh-e Motavasseṭe-ye 'Omūmī, 1369
(社会高 2, 1990 年度)

Dānesh-e Ejtemā'ī, Sāl-e Chahārom, Āmūzesh-e Motavasseṭe-ye 'Omūmī, 1366
(社会高 4, 1987 年度)

Dānesh-e Ejtemā'ī, Sāl-e Chahārom, Āmūzesh-e Motavasseṭe-ye 'Omūmī, 1369
(社会高 4, 1990 年度)

Jāme'e shenāsī, Sāl-e Dovvom, Āmūzesh-e Motavasseṭe-ye 'Omūmī, 1366
(社会学高 2, 1987 年度)

Jāme'e shenāsī, Sāl-e Dovvom, Āmūzesh-e Motavasseṭe-ye 'Omūmī, 1369
(社会学高 2, 1990 年度)

Jāme'e shenāsī, Sāl-e Sevvom, Āmūzesh-e Motavasseṭe-ye 'Omūmī, 1361
(社会学高 3, 1982 年度)

Jāme'e shenāsī, Sāl-e Sevvom, Āmūzesh-e Motavasseṭe-ye 'Omūmī, 1374
(社会学高 3, 1995 年度)

Eqteṣād-e Eslāmī, Sāl-e Chahārom, Āmūzesh-e Motavasseṭe-ye 'Omūmī, 1366
(イスラーム経済高 4, 1987 年度)

小学校 5 年～6 年歴史(ガージャール朝時代)

Tārīkh-e Mokhtaṣar-e Īrān, Barāye Sāl-e Panjom va Sheshom-e Madāres-e Ebtedā'ī-e Īrān, ヒジュラ暦 1343 (歴史小 5&6, 1924 年度)

小学校 5 年～6 年歴史(国定化以前)

Tārīkh-e Īrān, Az Āghāz tā Eslām, Barāye Sāl-e Panjom-e Dabestān, 1340
(歴史小 5, 1961 年度)

Tārīkh-e Īrān, Doure-ye Eslāmī, Sheshom-e Dabestān, 1340 (歴史小 6, 1961 年度)

小学校 6 年歴史(新学制移行期・イラン教科書協会認定教科書)

Tārīkh-e Īrān, Doure-ye Eslāmī, Sheshom-e Dabestān, 1349 (歴史小 6, 1970 年度)

ガイダンス課程 1 年～3 年歴史

Tārīkh 1, Doure-ye Rāhnamā'ī-ye Taḥṣīlī, 1351 (歴史中 1, 1972 年度)

Tārīkh, Sāl-e Avval, Doure-ye Rāhnamā'ī-ye Taḥṣīlī, 1374 (歴史中 1, 1995 年度)

Tārīkh 2, Doure-ye Rāhnamā'ī-ye Taḥṣīlī, 1351 (歴史中 2, 1972 年度)

Tārīkh, Sāl-e Dovvom, Doure-ye Rāhnamā'ī-ye Taḥṣīlī, 1361 (歴史中 2, 1982 年度)

Tārīkh, Sāl-e Dovvom, Doure-ye Rāhnamā'ī-ye Taḥṣīlī, 1364 (歴史中 2, 1985 年度)

Tārīkh, Sāl-e Dovvom, Doure-ye Rāhnamā'ī-ye Taḥṣīlī, 1374 (歴史中 2, 1995 年度)

Tārīkh, Barāye Sāl-e Sevvom, Doure-ye Rāhnamā'ī-ye Taḥṣīlī, 1361 (歴史中 3, 1982 年度)

Tārīkh, Barāye Sāl-e Sevvom, Doure-ye Rāhnamā'ī-ye Taḥṣīlī, 1374 (歴史中 3, 1995 年度)

旧制中等教育課程歴史(新学制移行期・イラン教科書協会認定教科書)

Tārīkh, Barāye Sāl-e Sevvom-e Dabīrestān, 1351 (歴史中 3, 1972 年度)

高校 1 年～4 年歴史

Tārīkh 1, Sāl-e Avval, Āmūzesh-e Motavasseṭe-ye 'Omūmī, 1369 (歴史高 1, 1990 年度)

Tārīkh 2, Sāl-e Dovvom, Āmūzesh-e Motavasseṭe-ye 'Omūmī, 1374 (歴史高 2, 1995 年度)

Tārīkh 3, Sāl-e Sevvom, Āmūzesh-e Motavasseṭe-ye 'Omūmī, 1374 (歴史高 3, 1995 年度)

Tārīkh 4, Sāl-e Chahārom, Āmūzesh-e Motavasseṭe-ye 'Omūmī, 1374 (歴史高 4, 1995 年度)

Tārīkh-e Īrān 2, Sāl-e Dovvom, Neẓām-e Jadīd-e Āmūzesh-e Motavasseṭe, 1374 (歴史高 2, 1995 年度)

Tārīkh-e Tamaddon va Farhang, Sāl-e Dovvom, Āmūzesh-e Motavasseṭe-ye 'Omūmī, 1369 (文明と文化の歴史高 2, 1990 年度)

Tārīkh-e Mo'āṣer-e Īrān, Sal-e Sevvom-e Dabīrestān, 1369 (現代史高 3, 1990 年度)

Tārīkh-e Mo'āṣer-e Īrān, Sal-e Sevvom-e Dabīrestān, 1373 (現代史高 3, 1994 年度)

Tārīkh-e 'Omūmī, Sāl-e Chahārom, Āmūzesh-e Motavasseṭe-ye 'Omūmī, 1362 (世界史高 4, 1983 年度)

Tārīkh-e 'Omūmī, Sāl-e Chahārom, Āmūzesh-e Motavasseṭe-ye 'Omūmī, 1369 (世界史高 4, 1990 年度)

Tārīkh-e 'Omūmī, Sāl-e Chahārom, Āmūzesh-e Motavasseṭe-ye 'Omūmī, 1374 (世界史高 4, 1995 年度)

小学校 6 年地理(新学制移行期・イラン教科書協会認定教科書)

Joghrāfiyā-ye Īrān, Barāye Sāl-e Sheshom-e Dabestān, 1349 (イラン地理小 6, 1970 年度)

ガイダンス課程 1 年～3 年地理

Joghrāfī 1, Doure-ye Rāhnamā'ī-ye Taḥṣīlī, 1350 (地理中 1, 1971 年度)

Joghrāfī, Sāl-e Dovvom, Doure-ye Rāhnamā'ī-ye Taḥṣīlī, 1361 (地理中 2, 1982 年度)

Joghrāfī, Sāl-e Sevvom, Doure-ye Rāhnamā'ī-ye Taḥṣīlī, 1369 (地理中 3, 1990 年度)

高校 1 年～4 年地理

Joghrāfiyā-ye Īrān, Sāl-e Dovvom-e Dabīrestān, 1369 (イラン地理高 2, 1990 年度)

Joghrāfiyā-ye Qārrehā va Keshvarhā, Sāl-e Avval, Āmūzesh-e Motavasseṭe-ye 'Omūmī, 1369 (地理高 1, 1990 年度)

Joghrāfiyā-ye 'Omūmī, Sāl-e Chahārom, Āmūzesh-e Motavasseṭe-ye 'Omūmī, 1369 (世界地理高 4, 1990 年度)

Joghrāfiyā-ye Keshvarhā-ye Mosalmān, Sāl-e Chahārom, Āmūzesh-e Motavasseṭe-ye 'Omūmī, 1362 （ムスリム諸国の地理高 4，1983 年度）

ガイダンス課程 2 年～3 年防衛

Āmādegī-ye Defā'ī, Sāl-e Dovvom, Doure-ye Rāhnamā'ī-ye Taḥṣīlī, 1366 （防衛中 2，1987 年度）

Āmādegī-ye Defā'ī, Sāl-e Sevvom, Doure-ye Rāhnamā'ī-ye Taḥṣīlī, 1374 （防衛中 3，1995 年度）

小学校 1 年～4 年算数

Riyāẓī, Avval-e Dabestān, 1364 （算数小 1，1985 年度）

Riyāẓī, Avval-e Dabestān, 1373 （算数小 1，1994 年度）

Riyāẓī, Dovvom-e Dabestān, 1363 （算数小 2，1984 年度）

Riyāẓī, Sevvom-e Dabestān, 1364 （算数小 3，1985 年度）

Riyāẓī, Chahārom-e Dabestān, 1364 （算数小 4，1985 年度）

小学校 1 年～5 年理科

'Olūm-e Tajrobī, Avval-e Dabestān, 1364 （理科小 1，1985 年度）

'Olūm-e Tajrobī, Sevvom-e Dabestān, 1364 （理科小 3，1985 年度）

'Olūm-e Tajrobī, Chahārom-e Dabestān, 1364 （理科小 4，1985 年度）

'Olūm-e Tajrobī, Panjom-e Dabestān, 1364 （理科小 5，1985 年度）

その他

Honar, Chahārom va Panjom-e Dabestān, 1361 （芸術小 4&5，1982 年度）

Shenākht-e Ḥerfe va Fann, Sāl-e Avval, Doure-ye Rāhnamā'ī-ye Taḥṣīlī, 1366 （職業技術中 1，1987 年度）

Engelīsī, Sāl-e Avval-e Dabīrestān, 1374 （英語高 1，1995 年度）